中国社会科学院陆家嘴研究基地
Lujiazui Institute of Chinese Academy of Social Sciences

基地报告

REPORT OF LUJIAZUI INSTITUTE, CASS

主编■李 扬 殷剑峰 本书作者■裴长洪 谢 谦 等

第12卷

裴长洪 谢 谦 等■著

中国（上海）自由贸易试验区评估研究

经济管理出版社
ECONOMY & MANAGEMENT PUBLISHING HOUSE

图书在版编目（CIP）数据

基地报告. 第 12 卷/裴长洪，谢谦等著. —北京：经济管理出版社，2017.12
ISBN 978-7-5096-5495-8

Ⅰ.①基… Ⅱ.①李… ②殷… Ⅲ.①区域经济发展—研究报告—上海
Ⅳ.①F127.51

中国版本图书馆 CIP 数据核字（2017）第 279036 号

组稿编辑：宋　娜
责任编辑：宋　娜　李红贤
责任印制：黄章平
责任校对：董杉珊

出版发行：经济管理出版社
　　　　　（北京市海淀区北蜂窝 8 号中雅大厦 A 座 11 层　100038）
网　　　址：www. E-mp. com. cn
电　　　话：（010）51915602
印　　　刷：玉田县昊达印刷有限公司
经　　　销：新华书店
开　　　本：720mm×1000mm/16
印　　　张：16
字　　　数：213 千字
版　　　次：2017 年 12 月第 1 版　2017 年 12 月第 1 次印刷
书　　　号：ISBN 978-7-5096-5495-8
定　　　价：78.00 元

课题组成员

主持人：裴长洪

成　员：陈丽芬　杨志远　饶云清

　　　　陆梦龙　谢　谦　钱学宁

目 录
CONTENTS

中国（上海）自由贸易试验区
总体进展情况

中国（上海）自由贸易试验区（China（Shanghai）Pilot Free Trade Zone），简称上海自由贸易区或自贸试验区，是中国政府设立在上海的区域性自由贸易园区，位于浦东境内，属中国自由贸易区范畴。2013 年 9 月 29 日，中国（上海）自由贸易试验区正式成立，面积 28.78 平方公里，涵盖上海市外高桥保税区、外高桥保税物流园区、洋山保税港区和上海浦东机场综合保税区四个海关特殊监管区域。2014 年 12 月 28 日，全国人大常务委员会授权国务院扩展中国（上海）自由贸易试验区区域，将面积扩展到 120.72 平方公里。设立上海自由贸易试验区是我国中央政府在经济全球化的新形势下实施更加积极主动的开放战略的新尝试。上海自由贸易试验区承担着为全国深化改革和改革开放探路的责任，需要进一步转变政府职能，建立和完善国际化、法制化、市场化的营商环境。

扩展后的上海自由贸易试验区范围涵盖上海市外高桥保税区、外高桥保税物流园区、洋山保税港区、上海浦东机场综合保税区、金桥出口加工区、张江高科技园区和陆家嘴金融贸易区七个区域。其中，综合保税区 28.78 平方公里，是此次扩区前的自贸试验区，已有 27 项制度创新成果在全国或部分地区推广。下一步，投资管理、贸易便利化、金融、服务业开放、事中事后监管等领域的 28 项措施将在全国复制推广，海关监管和检验检疫 6 项制度创新将在全国其他海关特殊监管区域复制推广。陆家嘴金融片区 34.26 平方公里，包含陆家嘴金融贸易区、世博前滩地区。陆家嘴金融片区是上海国际金融中心的核心区域、上海国际航运中心的高端服务区、上海国际贸易中心的现代商贸集聚区。这里将探索建立与国际通行规则相衔接的金融制度体系，与总部经济等现代服务业发展相适应的制度安排，持续推进投资便利化、贸易自由化、金融国际化和监管制度创新，加快形成更加国际化、市场化、法治化的营商环境。世博前滩地区是上海新一轮发展的重点区域，正在打造总部经济、航运金融、文化体育旅游业、高端服务业集聚区。金桥开发片区 20.48 平方公里，于 1990 年成立，经过 20 多年的持续开发，已经成为上海的先进制造业核心功能区、生产性服务业集聚区、战略性新兴产业先行区和生态工业示范区。这里将以创新政府管理和金融制度、打造贸易便利化营商环境、培育能代表国家参与国际竞争的战略性新兴产业为重点，不断提升经济发展活力和创新能力。张江高科技片区 37.2 平方公里，是上海贯彻落实创新型国家战略的核心基地。这里将推动自贸试验区建设与张江国家自主创新示范区建设深度联动，提升张江园区创新力，重点在国家科学中心、发展"四新"经济、科技创新公共服务平台、科技金融、人才高地和综合环境优化等领域开展探索创新。

中国（上海）自由贸易试验区自 2013 年 9 月 29 日挂牌以来，按照国务院批准的《中国（上海）自由贸易试验区总体方案》（以下简称《总体方案》），着力推进投资、贸易、金融、事中事后等领域的制度创新。在建立与国际投资贸易通行规则相衔接的基本制度框架上，取得了重要的阶段性成果。目前，以负面清单管理为核心的投资管理制度已经建立，以贸易便利化为重点的贸易监管制度平稳运行，以资本项目可兑换和金融服务业开放为目标的金融创新制度加速推进，以政府职能转变为导向的事中事后监管制度基本形成。扩区后的自贸试验区将进一步扩大先行先试，以制度创新为核心，把防控风险作为重要底线，把企业作为重要主体，充分发挥浦东新区创新基础好、开放度高的优势，加快政府职能转变，在更广领域和更大空间范围内积极探索以制度创新推动全面深化改革的新路径，率先建立符合国际化和法治化要求的跨境投资和贸易规则体系，为实现中华民族伟大复兴的中国梦作出贡献。

一、中国（上海）自由贸易试验区建设取得重要阶段性成果

自贸试验区挂牌以来，在投资自由、贸易便利、税率优惠以及金融改革等方面取得了一系列成果。协同创新中心也在服务国家自由贸易区战略、服务政府决策等方面做了大量工作，基本包揽了以"自贸试验区"为主题的国家重大项目，深度参与完成了负面清单、第三方评估、自贸试验区条例等重大改革任务。在此基础上，协同创新中心产出了一大批具有实际操作意义的研究成果，形成了一批具有代表性的系列理论专著和决策咨询报告，研究成果多次获国家和上海市主要领导批示，社会关注度与影响力不断提升，为自贸试验区建设发展作出了积极的贡献。

自贸试验区总体方案共包含 98 项改革事项，目前已全部进入实施阶段。其中，形成了 27 项复制、推广的经验，28 项经国家有关部门认定后可推广的创新措施。此前自贸试验区范围全部为海关特殊监管区，纳入全新的三个片区不仅是为了扩大区域，还是为了功能测试，也就是在更广的范围内检验制度创新对不同产业类型的实际效果。

（一）以负面清单管理为核心的投资管理制度初步建立

自贸试验区为扩大开放，首次实施了外资准入的负面清单管理模式，改变了我国实行了 30 多年的外资准入审批管理制度，大大提高了外资准入的透明度。2013 年负面清单的长度为 190 条，2014 年为 139 条，2015 年缩

短到 122 条。自贸试验区在金融服务、航运服务、商贸服务、专业服务、文化服务和社会服务六个领域进一步扩大开放，提出了几十项扩大开放的举措，目前在这些领域已经有 1000 多项外资项目落地。自贸试验区还率先放开了中资企业到海外投资的审批，两年内累计办结境外投资项目 600 多个，中方投资金额近 200 亿美元。自贸试验区以市场优先为取向，实施了注册资本任缴制，投资者可以自主决定出资的比重和出资的期限。在绝大多数行业，可以先设立企业，再按照需要去申请金融许可。自贸试验区还实施了企业年报共识的制度，提高了企业运营的自身透明度。两年多来，自贸试验区引进了来自 91 个国家和地区的 4500 多个投资项目，90% 左右在负面清单以外。2015 年，负面清单管理仍然是一个最大的亮点；2016 年，最大的亮点转向建设科技创新中心和国际金融中心，目前这两个中心已经有了很好的方案。下一步要深化负面清单管理和投资领域改革，主要有三个方面：一是要深化推进服务业扩大开放，二是要进一步完善政府权力清单和责任清单，三是要建立全国统一的市场准入负面清单。

（二）以贸易便利化为重点的贸易监管制度不断完善

为保证以贸易便利化为重点的贸易监管制度有效运行，海关、检验检疫等贸易监管部门按照合格假定和分类监管的原则，创新"一线放开、二线安全高效管住"的监管制度，陆续推出了近百项的改革举措，进口平均通关时间比区外减少 41.3%，出口平均通关时间比区外减少 36.8%，从而对标国际规则，创新贸易监管制度，进一步提高通关的便利化水平。2015 年 6 月，上海国际贸易单一窗口正式上线运营，涵盖了海关、检验检疫、海事等 17 个与贸易相关的监管部门，实现了货物进出口、船舶进出港的电子申报和跨部门的联合监管。下一步还将优化整合贸易监管流程，实施国际贸易单一窗口制度，把贸易许可、支付结算、资质登记等多种功能放进单一窗口的平台，破除国际贸易存在的多头监管、难以协同的难题，并提高监管效力，帮助企业应对市场的变化。

（三）以资本项目可兑换和金融服务业开放为目的的金融创新制度加速推进

为建立国际和国内的资金通道，自贸试验区创设了自由贸易账户体系，实现了账户内的资金与境外自由流通，既满足了企业融资的需要，又实现了对跨境资金实行监管的监管目标，以资本项目可兑换和金融服务业开放为目标的金融创新制度有序推进，自由贸易账户、扩大人民币跨境使用和深化外汇管理改革等试点稳步实施。截至 2015 年 11 月底，自贸试验区共有 40 家机构接入分账核算单元体系，开设 FT 账户超过 4 万个，账户收支总额为 1.83 万亿元；78 家企业参与跨国公司总部外汇资金集中运营试点，354 家企业办理外汇资本金意愿结汇业务，涉及金额 23.93 亿美元；2015 年 1~11 月，跨境人民币境外借款 67.33 亿元，跨境人民币结算总额已达 10494 亿元。

为构建面向国际的金融要素交易市场、提高金融服务实体经济的能力，自贸试验区以人民币加速国际化为契机、自由贸易账户体系为支撑，启动实施了黄金国际版交易、大宗商品的保税交易、跨境人民币的支付结算、人民币跨境资金池等一批金融服务的创新，进一步丰富了要素资源的配置工具。自贸试验区设立开放环境下的金融安全网，通过建立跨部门的监管协调机制，跨境资本流动的监测机制，反洗钱、反恐怖融资、反逃税的监管机制，完善金融宏观审慎管理措施，切实加强机构实施风险管理的主体责任。

（四）以政府职能转变为核心的事中事后监管制度初步形成

自贸试验区的战略定位面向全球、对标国际，探索和实践高标准的国际投资贸易新规则。自贸试验区将加强与上海"四个中心"和科技创新中心建设的有机结合，更加侧重制度创新与功能创新的紧密联动，使自贸试验区政府职能转变加快。自贸试验区积极探索政府管理体制机制创新，深化自贸试验区与国际规则的对接，推进经济领域的治理体系和治理能力现代化。以政府职能转变为核心的事中事后监管制度初步形成，区内 27 项制度创新成果已先后在全国或部分地区复制推广。

二、中国（上海）自由贸易试验区在全国范围内复制推广的改革事项

中国（上海）自由贸易试验区设立以来，围绕外商投资负面清单管理、贸易便利化、金融服务业开放、完善政府监管制度等，在体制机制上进行了积极探索和创新，形成了一批可复制、可推广的经验做法。在全国范围内复制推广的改革事项包括以下几方面。投资管理领域：外商投资广告企业项目备案制、涉税事项网上审批备案、税务登记号码网上自动赋码、网上自主办税、纳税信用管理的网上信用评级、组织机构代码实时赋码、企业标准备案管理制度创新、取消生产许可证委托加工备案、企业设立实行"单一窗口"等。贸易便利化领域：全球维修产业检验检疫监管、中转货物产地来源证管理、检验检疫通关无纸化、第三方检验结果采信、出入境生物材料制品风险管理等。金融领域：个人其他经常项下人民币结算业务、外商投资企业外汇资本金意愿结汇、银行办理大宗商品衍生品柜台交易涉及的结售汇业务、直接投资项下外汇登记及变更登记下放银行办理等。服务业开放领域：允许融资租赁公司兼营与主营业务有关的商业保理业务、允许设立外商投资资信调查公司、允许设立股份制外资投资性公司、融资租赁公司设立子公司不设最低注册资本限制、允许内外资企业从事游戏游艺设备生产和销售等。事中事后监管措施：社会信用体系、信息共享和综合执法制度、企业年度报告公示和经营异常名录制度、社会力量参与市场监督制度以及各部门的专业监管制度。在全国其他海关特殊监管区域复制

推广的改革事项包括以下几方面。海关监管制度创新：期货保税交割海关监管制度、境内外维修海关监管制度、融资租赁海关监管制度等。检验检疫制度创新：进口货物预检验、分线监督管理制度、动植物及其产品检疫审批负面清单管理等。

推广自贸试验区可复制改革试点经验具有重大意义。将推广工作作为全面深化改革的重要举措，积极转变政府管理理念，以开放促改革，结合本地区、本部门实际情况，着力解决市场体系不完善、政府干预过多和监管不到位等问题，更好地发挥市场在资源配置中的决定性作用和政府的作用。要适应经济全球化的趋势，逐步构建与我国开放型经济发展要求相适应的新体制、新模式，释放改革红利，促进国际国内要素有序自由流动、资源高效配置、市场深度融合，加快培育参与和引领国际经济合作竞争的新优势。

党中央、国务院已决定在更大范围推开、推动实施新一轮高水平对外开放。深化自贸试验区改革开放，进一步压缩负面清单，在服务业和先进制造业等领域再推出一批扩大开放举措，并将部分开放措施辐射到浦东新区。除涉及法律修订等事项外，在全国推广包括投资、贸易、金融、服务业开放和事中事后监管等方面的 28 项改革试点经验，在全国其他海关特殊监管区域推广 6 项海关监管和检验检疫制度创新措施。依托现有新区、园区，在广东省、天津市、福建省特定区域再设三个自由贸易园区，以自贸试验区试点内容为主体，结合地方特点，充实新的试点内容。

三、中国（上海）自由贸易试验区存在的问题

上海自由贸易试验区的实践证明，在国际经济大环境和国内经济发展同时发生变化的情况下，制度创新是适应新一轮国际和国内经济深刻调整的重要路径。以负面清单管理模式为核心的投资管理制度，以贸易便利化为重点的贸易管理制度，以资本项目可兑换和金融服务业开放为目标的金

融创新制度，以政府职能转变为核心的事中事后监管制度，仍旧是自贸试验区改革的重点领域。自贸试验区设立以来，不断释放着制度创新的红利，国内外投资者的热情不减，截至 2015 年 8 月 31 日，自贸试验区共新设外商投资企业 4891 家，累计投资总额 731.6 亿美元；新设内资企业 26111 家，注册资本总额 9971.1 亿元。特别需要指出的是，其中新增各类金融企业超过 2100 家，足以证明体制、机制、法制创新是自贸试验区发展的动力所在。同时，政府管理方式的转变激发了市场主体创新创业的活力，"互联网+"等一批市场创新加速发展，成为经济增长的新热点。2015 年，中国（上海）自由贸易试验区按照中央"开放程度最高的自贸试验区"要求，对标国际通行贸易规则，不断探索中国与其他经济大国在经济发展、贸易往来方面的未来趋势。要进一步放大自贸试验区效应，把创新制度转化为发展优势。在政府职能转变方面，要让改革成果在更广的区域内落地，处理好政府与市场的关系。在准入前国民待遇加负面清单的外商投资管理模式、贸易便利化、资本项目可兑换和金融服务业开放等金融制度创新以及加强事中事后监管等做法的基础上，继续总结可复制、可推广的经验。加入了新的三个片区后，自贸试验区要加大服务企业发展的力度，服务于上海的转型发展，把建设自贸试验区与建设"具有全球影响力的科技创新中心"有机结合起来。

（一）资本市场开放应有新突破

截至 2015 年 6 月末，自贸试验区共有 62 家企业办理人民币境外借款业务，合计金额 247 亿元，远远低于央行计算的上限额度，主要原因是信息不对称、办理业务便利化程度不高等，下一步应该推出便利化改革措施，继续扩大人民币境外借款规模。在资本项目可兑换方面，个人对外投资的有关资本项目开放应当加快推进，相关配套规则应尽早出台；同时，研究证券保险等非银行机构开展自贸试验区分账核算业务的可行性，完善国际金融资产交易平台等。自贸试验区的金融制度和政策设计上不应是"洼地"，但也不能是脱离全球金融服务体系要求、缺乏国际竞争力的"高地"，而是应该建成符合国家金融宏观审慎管理目标、有效服务实体经济、与现有国际金融中心站在同一起跑线的"金融开阔平地"。

自贸试验区发展离岸金融业务的市场空间巨大，应放宽国内外金融机构开展离岸金融业务的准入资格，争取更多离岸金融机构入驻；在做大、做强离岸银行业务和期货保税交割等的基础上，逐步拓展离岸保险、离岸证券、离岸信托、离岸货币、离岸同业拆借等离岸金融业务；抓紧制定以离岸银行业务管理、离岸账户管理、离岸业务税收、离岸公司登记注册为主要内容的法律法规，不断完善离岸金融法律体系，探索建立自贸试验区鼓励境外股权投资、离岸业务发展的税收制度。在金融业务扶持政策方面：在岸方面，自贸试验区可实施"营改增"试点，统一金融各行业征税标准，试点降低区内银行准备金率，逐步放宽金融机构在在岸与离岸账户互转限额；离岸方面，对于金融机构离岸业务所产生的收入免征营业税，免除离岸存款的准备金缴纳义务，减少或免除离岸业务凭证、合同的印花税。在创新自贸试验区金融监管制度方面：自贸试验区金融政策分别由人民银行、外汇管理局、商务部和金融行业监管部门等会同制定，金融开放的相关配套政策出台步调不一致、细则操作不到位，影响区内金融机构业务拓展与创新。同时，自贸试验区资本项目可兑换与混业竞争对监管制度提出了挑战。自贸试验区或可借鉴迪拜金融监管规范的经验，成立将"一行三会"监管功能合为一体的金融管理局或者管理委员会来负责监管与协调工作。落实自贸试验区建设与上海国际金融中心联动方案主要有五方面内容：争取率先实现人民币资本项下可兑换，逐步提高资本项下可兑换程度；进一步扩大人民币跨境使用，实行贸易、实业投资与金融投资三者并重，推动资本和人民币"走出去"，使人民币成为全球主要的交易储备和定价货币；扩大金融服务业对内、对外开放，对接国际高标准，推动金融服务业对符合条件的民营资本和外资金融机构扩大开放；加快建设面向国际的金融市场，依托自贸试验区金融制度创新和对外开放优势，推进面向国际的金融市场平台建设，拓宽境外投资者参与境内金融市场的渠道；构建与金融开放运行相宜的金融风险防范机制，建立适应自贸试验区发展和上海国际金融中心建设的联动监管机制等。未来，我国资本项目可兑换将推动六项具体改革，包括合格境内个人投资者（QDII2）试点、证券交易所互联互通、取消大多数外汇管理的事前审批事项、为海外机构投资者投资中国资本市场提供更多便利、进一步促进人民币在国际上的使用和紧急情况下采取必要的手段防控风险。自贸试验区金融改革的重点，就是在这六方面实现全面突破和落地，同时也是人民币全面资本项目可兑换之时。

自贸试验区已为资本项目可兑换做好技术准备，包括建立了有管理的可兑换制度、资金大进大出的总量调控和应急政策、强大的多角度账户管理体系等 10 项措施。例如，资本项目可兑换后，央行会同有关部门建立资本项目可兑换的市场化规则；各类经济主体根据规则自主安排跨境资金流动，不再需要审批；监管部门从事前审批到事中、事后监管；背后有强大的账户信息管理系统；管理部门有对异常状态下总量调控和危机处理的应急工具箱，这是隐性的，正常情况下不干扰经济主体的跨境资金流动。自贸试验区金融改革下一步还将梳理扩区后各个片区的产业类型，明确各自的金融创新侧重点，比如陆家嘴（包括世博前滩）片区将更加侧重金融机构的集聚，尤其是国际性的功能型金融机构。同时，进一步扩大金融服务业对内和对外开放：对内是对民营资本的开放，继续推动民营资本组建各类金融机构，包括民营银行、财务公司等；对外则是逐步放宽外资在金融机构的股权比例，同时拓宽业务范围等。自贸试验区在推出金融改革 54 条措施后，将继续推出"金改新 51 条"，预计将有四方面先行先试：稳步推进人民币资本项目可兑换；进一步扩大人民币跨境使用，实现贸易、金融投资、实业投资并重；继续扩大金融服务业对外开放，在华瑞银行已经落户自贸试验区的基础上，力争出现更多具有业务特色和独特商业模式的民营银行；为自贸试验区各大板块提供分类金融支持。资本项目可兑换的先行先试，是自贸试验区金融改革的重要内容之一。资本项目可兑换计划分两步走：第一步是建立自由贸易账户，这是资本项目可兑换的基础设施建设；第二步才是资本项目可兑换。现在完成了第一步，正在走向第二步的路上。在整个推进资本项目可兑换等金融创新改革的过程当中，自贸试验区把握三个原则，即坚持服务实体经济，坚持改革创新、先行先试，坚持风险可控、稳步推进。

（二）服务业扩大开放应进一步推进

推进服务业扩大开放是自贸试验区改革创新和浦东二次创业的重中之重，2014 年浦东梳理出 54 条自贸试验区的扩大开放措施，为企业拓展新领域、开展新业务提供了政策支持。在 54 条措施中，服务业开放措施就有 37 条，目前已累计有 1037 家相关企业落地自贸试验区，在金融、航运、文化、专业服务等领域均有所突破，并形成了 23 个试点案例。在下一步服务业扩大开放工作中，浦东将更多与外资企业、外资行业协会进行接触，了解企业的需求，使新一轮的开放措施开放度更大、针对性更强；解决好开放领域的行业许可问题，让服务业项目能够在取得营业执照后尽快实现开业运营；同时将建立更平等规范、公开透明的市场准入标准，并加强监管部门、行业主管部门改革的协同性，营造更好的营商环境。浦东也将积极制定和实施好"高端服务业三年行动计划"，加快构建立足浦东、服务全国、面向世界的高端服务业体系，树立"浦东服务"品牌，强化浦东城市功能优势和特色，向亚太地区重要的服务业中心城市迈进。

（三）应为"一带一路"更好地服务

自贸试验区的改革探索还应为更好地服务"一带一路"发挥积极的作

用。位于长江经济带和"一带一路"物理空间交会点的自贸试验区，机场、港口等基础设施已实现互联互通，同时贸易畅通也已初步形成。在"一带一路"的资金融通方面，自贸试验区尤其是金融要素齐全的陆家嘴金融片区将大有作为。"一带一路"在金融方面要做的包括扩展沿线国家双边本币的互换和结算，自贸试验区还可以支持"一带一路"沿线国家和信用等级较高的企业以及金融机构在中国境内发行人民币债券。同时在自贸试验区内，符合条件的我国金融机构可以到境外发行人民币债券和外币债券，可以鼓励将海外发债募集的资金用到"一带一路"沿线国家中去。自贸试验区能够把长江经济带的中国要素送到"一带一路"沿线国家，把中国最好的要素、商品送到"一带一路"沿线国家，让它们分享中国改革的红利，促进"一带一路"沿线国家到自贸试验区来投资。自贸试验区可以在投资、贸易、金融等领域提供更加开放、更加规范的制度环境，可以为"一带一路"提供项目、资金和服务的支撑。同时，上海自由贸易试验区还可以为协调国际投资贸易规则的新领域提供可行的试点经验。总之，为全面贯彻落实党的十八大和十八届二中、三中、四中全会精神，应按照党中央、国务院决策部署，紧紧围绕国家战略，进一步解放思想，坚持先行先试，把制度创新作为核心任务，把防控风险作为重要底线，把企业作为重要主体，以开放促改革、促发展，加快政府职能转变，在更广领域和更大空间积极探索以制度创新推动全面深化改革的新路径，率先建立符合国际化、市场化、法治化要求的投资和贸易规则体系，使自贸试验区成为我国进一步融入经济全球化的重要载体，推动"一带一路"建设和长江经济带发展，做好可复制、可推广经验的总结推广，更好地发挥示范引领、服务全国的积极作用。

（四）打造自贸试验区开放平台，推进文化领域发展

自贸试验区设立以来，国家对外经济整体形势在不断发生变化，随着

自贸试验区单一格局被打破，天津、广东、福建三地自贸试验区相继获批设立，协同创新中心紧密对接国家新战略、新需求，不断拓宽研究领域、提升研究平台、扩大研究范围；名称也由"中国（上海）自由贸易试验区协同创新中心"变更为"中国自由贸易试验区协同创新中心"，各项协同工作也随之全面推进，特别是津、粤、闽三地高校加入协同体后，有力助推了协同创新中心的研究工作迈上新台阶，其在全国范围内的社会影响力更是与日俱增。在对外开放方面，自贸试验区将成为重要的开放平台，要拓展投资贸易网络，建立与自贸试验区战略相关的贸易投资领域重点项目储备库，推动长江经济带发展。同时，加快 APEC 亚太示范电子口岸网络运营中心建设。在自贸试验区迈入第三年后，就中美双边投资协定主要内容进行必要的试验，当是责无旁贷、十分紧迫的任务。只要我们坚持习近平总书记所要求的"大胆闯、大胆试、自主改"的方向，以国际化、市场化、法治化为目标，建设全球开放度最大、开放层次最高的自贸试验区，自贸试验区一定会为国家的全面改革和扩大开放作出新贡献。

推进文化领域发展是自贸试验区的一项重要试验内容，自贸试验区成立以来，在文化领域体制机制的改革方面，进行了先行先试，成效显著。同时，自贸试验区起到了牵线搭桥、衍生辐射、带动引领的作用，通过专业性的服务，极大地便利了中外文化之间的贸易。更难能可贵的是，通过自贸试验区这个平台，培养了一批具有国际对话能力和国际运营能力的文化领域人才。下一步，自贸试验区要推进文化领域的发展，就要加强顶层设计，借助国家文化领域"十三五"规划的契机，对自贸试验区已经取得的经验进行全面梳理，并结合现在文化领域已有的政策，做好进一步深化和辐射的探索。

四、中国（上海）自由贸易试验区未来发展举措

上海将站在更高的起点、更广的领域、更大的空间深化改革开放，紧紧围绕国家战略，着力把自贸试验区建设与浦东综合配套改革相结合，与上海"四个中心"建设相结合，与科技创新中心建设相结合，与"一带一路"和长江经济带发展相结合。第一，投资管理制度创新应与深化、与扩大开放相适应，进一步扩大服务业和制造业等领域开放，推进外商投资和境外投资管理制度改革，深化商事登记制度改革，完善企业准入"单一窗口"制度。第二，进一步推进贸易监管制度创新，在自贸试验区内的海关特殊监管区域深化"一线放开、二线安全高效管住"的贸易便利化改革，推进国际贸易"单一窗口"建设，统筹研究推进货物状态分类监管试点，推动贸易转型升级，完善具有国际竞争力的航运发展制度和运作模式。第三，深入推进金融制度创新，加大金融创新开放力度，加强与上海国际金融中心建设的联动。在自贸试验区内进行资本项目可兑换的先行先试，逐步提高资本项下可兑换的幅度；进一步扩大人民币跨境使用范围，贸易与实业投资、金融投资并重，使人民币成为全球主要的支付、交易、储备和定价货币；探索金融服务业实施负面清单加准入前国民待遇管理模式，对符合条件的民营资本和外资金融机构扩大开放；推进面向国际的金融市场平台建设，提升金融市场配置境内外资源的能力；更好地服务、支持上海科创中心建设，完善覆盖科技企业全生命周期的金融服务体系；探索建立自贸区发展和上海国际金融中心建设的金融联动监管机制，加强金融风险防范，营造良好的金融发展环境。第四，加快政府职能转变，完善负面清单管理模式，加强社会信用体系应用，加强信息共享和服务平台应用，健全综合执法体系，健全社会力量参与市场监督制度，完善企业年度报告公示和经营异常名录制度，健全国家安全审查和反垄断审查协助工作机制，

推动产业预警制度创新、信息公开制度创新、公平竞争制度创新和权益保护制度创新，深化科技创新体制机制改革。第五，加强法制和政策保障，健全法制保障体系，探索适应企业国际化发展需要的创新人才服务体系和国际人才流动通行制度，完善创新人才集聚和培育机制，支持中外合作人才培训项目发展，加大对海外人才服务力度，提高境内外人员出入境、外籍人员签证和居留、就业许可、驾照申领等事项办理的便利化程度，研究、完善促进投资和贸易的税收政策。

提升自贸试验区贸易便利化水平研究

一、国际贸易便利化概述

贸易便利化（Trade Facilitation）是近年来国际贸易领域中出现的新兴话题，但很快就成为了当前各类国际贸易谈判中的重要内容，为诸多国家所关注。不同的国际组织对贸易便利化含义的理解以及衡量方法也有所差异。

（一）国际贸易便利化的含义

目前，国际贸易便利化的概念已经被许多与之相关的机构或组织所运用，但是其含义界定并不完全一致；即便是同一机构，对于国际贸易便利化的理解也会随着现实情况与贸易理论的发展而变化。

联合国贸易和发展组织（UNCTAD）是较早从事贸易便利化工作的机构。根据该机构 2005 年的专家会议文件——《作为发展引擎的贸易便利化》，狭义的国际贸易便利化主要强调货物过港时的物流效率以及跨境贸易中相关文件的传递效率；广义的贸易便利化还包括贸易活动所处的环境、海关及规制环境的透明化与专业化、标准的协调以及与国际或地区性规则的一

致 [1]。世界贸易组织（WTO）将贸易便利化定义为国际贸易过程的简化和协调，其中的贸易过程包括用于收集、提供、沟通、处理有关国际贸易中货物流动所需数据及其他信息的行为、惯例及手续 [2]。经济合作与发展组织（OECD）对贸易便利化的解释较为宽泛，是指通过国际贸易流程的合理化与简化，使国家与国际层面的货物流动与贸易变得更加便利。OECD 关注贸易便利化的核心原则，包括透明化、可预测性、非歧视性、简化，还关注在国家层面导入贸易便利化措施的可能途径 [3]。亚太经济合作组织（APEC）是重要的区域性经济合作组织，曾先后两次提出"贸易便利化行动方案"。根据其所下定义，贸易便利化是指简化及合理化可能妨碍、拖延跨境货物流动或增加其成本的海关及其他行政手续；换句话说，就是为进出口商削减烦琐的边境手续，从而使货物能够以最有效和最节约成本的方式流动 [4]。

总的来看，主要国际性组织目前对于贸易便利化的定义体现了提高跨境贸易效率并节约成本的目的，其实现方式则主要在于信息的简化与标准化以及行政手续的协调与合理化。多数国际组织所提出的要求主要针对以海关为代表的国家层面的管理机构，而 OECD 的界定则更为宽泛，还包括部分国内层面的规制措施，并且从涉及的产业范围来看，还包括部分服务贸易的内容。

（二）推动贸易便利化的主要国际组织

WTO 是目前大力推进国际贸易便利化的主要国际组织之一，以组织政府间多边谈判为主要形式。自 2001 年进入多哈回合谈判并通过《多哈部长

---

[1] 参见 Expert Meeting on Trade Facilitation as an Engine for Development, Geneva, 21-23 September 2005.

[2] 参见 http://gtad.wto.org/trta_subcategory.aspx? cat=33121.

[3] 参见 http://www.oecd.org/tad/facilitation/whatistradefacilitation.htm.

[4] 参见 APEC's Second Trade Facilitation Action Plan.

宣言》以后，贸易便利化就成为了 WTO 的主要谈判议题。2004 年，《多哈回合贸易谈判框架协议》达成，贸易便利化的主要谈判模式得以确定。此后，经过 10 年左右的详细谈判，在 2014 年底召开的临时总理事会上通过了《贸易便利化协定》。2015 年 9 月，中国正式接受 WTO《贸易便利化协定》，成为接受该协定的第 13 个成员国。

联合国作为由主权国家组成的国际性组织，同样致力于经济发展与社会进步事业。与贸易便利化相关的联合国机构主要有三个，除了前述的 UNCTAD 以外，还有贸易便利化与电子业务中心（UN/CEFACT）和联合国国际贸易法委员会（UN/CITRAL）。UNCTAD 是联合国大会常设的与处理贸易、资金、投资、技术及可持续发展等相关领域事务的综合性机构，在贸易便利化方面的主要作用在于推动相关研究与技术合作的开展。UN/CEFACT 是联合国从业务与技术角度推动国际贸易便利化的政府间国际组织。截至 2015 年底，该机构发布了 40 个建议书、8 套标准和 6 套技术规范，对于跨境贸易手续、程序、单证及操作的简化、协调和标准化起到了积极作用①。UN/CITRAL 是联合国在国际贸易法领域的专门机构，其贸易便利化方面的职责主要是起草可供各国在制定本国法律时采纳的法律文书以及供进出口商采用的合同范本等非法律文书，从而推进国际贸易法律的协调一致。

世界海关组织（WCO）是全球范围内专门研究海关事务，并旨在提升其成员的海关工作效率及效益、促成海关领域执法合作的国际政府间组织。该机构在其目标表述中，就明确提到"提升国际贸易的安全性和便利性，包括海关程序的简化与协调"②。世界海关组织的主要成果是《关于简化和协调海关制度的国际公约修正案议定书》（又称《京都公约》），以及在

---

① 具体可参见 UN/CEFACT 官方网站介绍（http://www.unece.org/tradewelcome/un-centre-for-trade-facilitation-and-e-business-uncefact/outputs.html）。
② 具体可参见 http://www.wcoomd.org/en/about-us/what-is-the-wco/goals.aspx。

贸易商品名称和编码方面的标准化工作。

OECD 以政策分析和研究为基础，旨在通过问题探讨、专题谈判促进成员形成有益的共同规则或进行必要的改革。与其职能相适应，OECD 主要对贸易便利化相关成本进行量化分析与研究，并对发展中国家的贸易便利化改革进行考察。

除了上述机构以外，还有许多国际性组织也在贸易便利化方面发挥了重要作用。例如，世界银行（WB）在其致力于改善营商环境的大型数据调查项目中，也涉及到了跨境贸易便利性的内容。此外，总部设在日内瓦的非官方国际组织"世界经济论坛"（又称"达沃斯论坛"）所举行的会晤中，贸易便利化也常常是各国首脑所关心的问题，并且该论坛发布的旨在促进贸易活动的年度报告中也大量涉及有关贸易便利化的内容。

（三）贸易便利化的衡量方法

在推进各国贸易便利化进程的过程中，需要有一套能够将抽象理念加以直观表现的评价指标体系。前述与国际贸易便利化相关的国际组织大多在这一方面有所贡献。

WTO 贸易便利化委员会的《WTO 贸易便利化协定自评指南》[①] 从 13 个方面为成员国提升贸易便利化程度进行测度并提供优化方向。该自评指南是在早先制定的《WTO 贸易便利化谈判自评指南》[②] 的基础上，随着谈判的推进和协议的签订发展而来，包括以下具体内容：信息的公开性及可得性；实施新贸易法规时提前公布，使相关主体有机会进行评论和准备；事先裁定；上诉或复审的流程；其他增进公平性、无歧视性和透明度的测度指标；进出口相关收费及罚金的规范；货物清关与放行；边境机构协作；货物的转关管

---

① 具体可参见 WTO Agreement on Trade Facilitation Self-Assessment Guide，17 November 2014.

② 即 WTO Negotiations on Trade Facilitation Self-Assessment Guide.

理；进出口与运输的手续；过境中转自由；海关合作；制度安排与建设。

OECD 目前开发的贸易便利化测量工具主要涵盖以下内容[①]：信息的可获得性，包括咨询点、贸易信息发布（含互联网途径）等；贸易商的参与度，主要是指与贸易商的磋商等；事先裁定，指事先提交有关贸易品的信息并进行税收预估；上诉程序，指对边境机构做出的行政决定进行上诉的可能性及相关特点；费用及收费，指对因进出口活动而收取的费用进行规范和限制；手续—文本准备，包括接受文件副本、简化贸易文本，以及与国际标准的协调；手续—自动化，包括数据的电子交换、风险管理的运用以及自动化的边境事务等；手续—流程，包括一系列的边境控制措施、单一窗口制度、清关后审计、授权经营者（Authorized Economic Operation，AEO）等；内部合作，包括海关机构控制授权以及国内边境代理机构之间的合作；外部合作，包括与周边及第三国的合作；管理及公正性，包括海关构架与功能、问责制以及伦理政策。

世界银行在其 2015 年以后发布的《营商环境报告》中，通过进出口通关及文件准备所需花费的时间和成本来衡量跨境贸易的便利程度；在早先的报告中，则采用了进出口所需的成本、时间以及准备的文件数量来加以测度。

世界经济论坛发布的《全球贸易促进报告》所采用的"贸易促成指数"（Enabling Trade Index，ETI）同样能够刻画贸易便利化程度。根据 2014 年报告所采用的计算方法，其内容主要包括 4 大方面、7 个子项、56 个指标，具体如下：市场准入方面，包括国内市场准入（6 个指标）、国际市场准入（2 个指标）两个子项；边境管理方面，包括海关行政效率与透明度（11 个指标）一个子项；基础设施方面，包括交通基础设施的配套水平与

---

① 具体可参见 OECD Trade Facilitation Indicators: An Overview of Available Tools, September 2015.

质量（7个指标）、交通服务能力与质量（6个指标）、信息通信技术普及程度（7个指标）三个子项；运营环境方面，包括运营环境（17个指标）一个子项。

APEC在《APEC贸易便利化成就2007~2010：贸易便利化第二阶段行动方案最终评估报告》[①]中，主要从海关程序、标准与一致性、商务流动性以及电子商务应用四个方面展开分析，对成员国在贸易便利化方面的推进情况进行评价。

总的来看，上述有关国际机构在评价贸易便利化程度时，都根据这一概念的基本含义，采取了多维度分析的方式。虽然在指标的分类以及繁简程度上有所差异，但内容大多可以分为两个层面：一是直接体现贸易便利化程度的结果性指标，这些指标侧重于综合反映贸易活动的管理效率，典型的如世界银行通过问卷调查取得的关于通关所需时间、成本的数据；二是从公认的贸易便利化手段、措施入手，通过考察是否采取了相应的规则或办法，以及其应用的程度来衡量贸易便利化程度。总的来看，这种方法所采取的指标围绕着透明化、标准化、简化、协调等对于监管措施的原则要求，并涵盖信息手段使用、交通道路建设等基础设施方面的内容。采取这样的方式衡量贸易便利化程度具有更强的专业性，同时也能够得到更为细致和深入的结果。

二、贸易便利化的国际经验

在提升贸易便利化水平方面，许多国家和地区都采取了一定的措施。一些国际贸易较为发达的国家为了减少贸易成本，推动进出口贸易发展，

---

① 参见 APEC's Achievements in Trade Facilitation 2007-2010: Final Assessment of the Second Trade Facilitation Action Plan (TFAP II).

在这一方面采取了大量的措施，积累了不少经验。此部分围绕部分发达国家或经济体，对其在贸易便利化方面的做法加以分析和讨论①，以期能为自贸试验区提升贸易便利化水平提供借鉴参考。

（一）美国：兼顾安全与便利的海关措施

美国是国际贸易相对发达的国家，其贸易便利化水平也处于世界前列。美国海关的管理水平提升因为受到预算约束，必须从成本、效果等多个方面加以全面考虑。海关必须在监管资源和资金投入有限的基础上，充分发挥管理方式与技术进步的作用，提升贸易应征税款率。其主要做法是建立海关与企业共同来承担守法义务的责任机制。海关在尽可能为货物和旅客提供更加便捷的通关服务的基础上，一方面通过多种渠道和方式，让企业充分了解在开展贸易活动过程中所需要遵守的法律法规以及应当承担的义务；另一方面采取跨部门联合的方式，充分运用信息技术等手段，对企业违法的情况进行分析、应对和跟踪，直至强制要求企业守法，并提高企业违法的成本。这种方式使得海关监管与企业行为能够在最大程度上形成一致。

由于受"9·11"等恐怖主义事件的影响和威胁，美国在强调贸易便利化的同时必须将保障国家边境安全作为一项重要的工作。美国海关为了实现安全与便利的双重任务，推出了"海关—贸易伙伴反恐计划"（Custom-Trade Partnership Against Terrorism，C-TPAT）。基于该计划，从事国际贸易的企业可以通过申请成为 C-TPAT 认证合作伙伴，继而享受贸易便利化措施。成为 C-TPAT 认证合作伙伴的企业在进口商品时可以在检查上获得特

---

① 参见刘军梅、张磊、王中美等：《贸易便利化金砖国家合作的共识》，上海人民出版社2014年版；杨莉：《中国贸易便利化改革的成本与利益分析》，经济管理出版社2011年版；胡涵景、张茵芬、李小林：《国际贸易便利化与单一窗口概论》，电子工业出版社2015年版。

别待遇，不仅享受更低的检查率，即当货物需要接受检查时，只需将待检货物（而非整批货物）留滞在海关，同时还可享受排队过程中的提前特权。在美国获得 C-TPAT 认证之后，可以在加拿大、欧盟、日本等与美国签订 C-TPAT 相互承认的国家或地区免去再次认证。

对于集装箱货物，美国海关还在"9·11"事件后的第二年推出了以"运前甄别"为核心特点的"集装箱安全倡议"（Container Security Initiative，CSI）。其主要做法是美国向贸易往来较为频繁的重要境外港口派遣检查员，由他们根据承运人提供的信息，在集装箱装船运往美国之前，就对其安全风险进行甄别和评估。根据评估的不同结果，低风险集装箱可以运往美国并在入境时享受便利化措施；高风险集装箱则可由美国境外的海关进行检查后运往美国，若当地海关拒绝检查，则需在到达美国以后接受详细检查。这一措施的实质是利用了集装箱装船之前的等待时间提前进行检查，从而加快了低风险集装箱在到达美国之后的通关速度，在保证安全的前提下提高了便利化程度。

此外，美国还对一定适用范围内的货物实行最为便利的"立即交货"政策，包括来自加拿大或墨西哥的货物，美国政府机构购买的货物或参展货物、配额货物，提出仓库后用于消费的货物，以及海关边境保护局特批的货物。这些货物只需进口商出具履约保证，或由海关保留一份样本用于日后补缴关税估价，即可在卸货、查验后由进口商运走。实施这一措施，大大提升了相关货物的通关便利性。

（二）欧盟及北欧：区域内的统一与协调

欧洲国家之间的经济往来较为密切，区域内各个海关之间的相互合作能够在很大程度上降低进出口贸易的成本，为企业提供便利。

欧盟的前身——欧共体在 1988 年就实施了旨在统一各个成员国文件格式的"行政管理统一文件制度"（Single Administration Document，SAD），此制度逐渐发展为欧盟 2005 年所采用的"简化程序的统一授权/集中清关制度"（Single Authorization for Simplified Procedures（SASP）/Centralized Clearance）。基于该制度，涉及国际贸易的企业可以在欧盟任意一个成员国内完成清关，各成员国海关对彼此进行的查验鉴定结果相互承认。由此，企业不必在进出口过程中向不同海关重复提交数据资料，从而简化清关程序。如果货物进出口分散在多个成员国，经营者也可以在一个海关对货物关税进行集中清算，从而大大节约这一过程中的财务成本和物流成本。2008 年，欧盟导入了授权经营者（AEO）制度，并且成员国之间彼此互认，即经营者一旦在一个欧盟成员国获得 AEO 认证，其资格即可适用于整个欧盟关境，享受相应的贸易便利化措施。

在欧洲，北欧国家 [①] 的贸易便利化水平居于世界前列，并且国家间的边境贸易管理合作也处在较高的水平。瑞典、挪威、芬兰三国之间的边检合作早在 20 世纪 50~60 年代就基本成形。特别是挪威和瑞典，因为两国之间拥有很长的相邻边境线，彼此合作能够更加有效地安排利用边检部门的人力和物力资源。三国的边检部门在为本国提供服务并行使法律权利的同时，还将这些活动延伸至彼此之间。目前，除了在欧盟框架下与欧盟区国家进行边境合作以外，北欧国家还设立了专门的"北欧海关管理理事会"。该理事会每年举行海关最高负责人的定期会晤，为协商解决问题提供平台。

（三）新加坡：较为完善的单一窗口制度

由于新加坡国内难以通过建立完整的产业链体系来实现自给自足，因此国际贸易对其国民经济的重要性十分突出。新加坡的贸易便利化水平也

---

① 一般而言，北欧国家包括丹麦、芬兰、冰岛、挪威、瑞典，其中挪威、冰岛未加入欧盟；除芬兰以外，其余四国均非欧元国家。

位居世界前列，其相对完善的"单一窗口"制度在其中发挥了重要作用。

20世纪80年代中期，新加坡政府决定简化贸易管理流程，提升其作为贸易中心的国际地位和竞争力。1989年，连接多个政府机构贸易流程的TradeNet® 开始运行，现在已经成为世界第一个全国性的"单一窗口"电子清关系统。新加坡的"单一窗口"系统充分体现了信息化、无纸化特点，并且使得政府部门间的相互协调和高效反馈成为现实。通过该系统，贸易商递交的申请书可以被传递到所有相关的政府主管机构，并且在10分钟内即可得到来自有关管理机构的电子答复及详细说明。

新加坡的"单一窗口"技术先进、功能强大，但是在建设和推广过程中，需要得到足够的支持才能顺利实现。例如电子文件提交的合法性问题：在新加坡，以电子方式提交海关报关材料不仅是合法的，而且是海关强制要求的，需要从事进出口业务的企业都必须登记和安装"单一窗口"系统的前端软件，通过计算机来面对各个相关的政府监管部门。再如导入初期的阻力应对问题：新加坡在推广其"单一窗口"系统时采取了大规模动员的方式，并且目前仍有技术团队专门负责海关、监管机构等关键用户的客户管理。另外，新加坡的"单一窗口"系统完全基于强大的计算机网络系统，不仅对于部门间协作的要求较高，还存在设备维护及软件开发应用、企业信息化管理以及电子政务等多方面的要求，这对于发展基础的要求较高，在地区间发展差异较大的国家可能存在实现上的难度。

（四）日本：电子化管理与提前审单制度

日本经济对于进出口贸易的依赖性同样较高。日本政府为了促进国际贸易，不仅采取了税收减免、贷款优惠等一系列措施，还通过成立专门的"日本贸易振兴机构"来为企业提供专门的服务。无须赘言，提升贸易便利化程度也是其重要举措。

20世纪70年代末，日本就开始推行国际贸易电子化管理系统，并首先在空运货物通关中进行应用。1991 年，海运货物通关实现电子化报关。2010 年，先前独立管理和运行的空运、海运两套电子报关系统成功合并，成为了统一的"日本自动化货运和港口整合信息系统"（Nippon Automated Cargo and Port Consolidated System，NACCS）。目前，该系统还增加了与物流环节相衔接的部分功能。通过这一电子化管理系统，日本进出口贸易的无纸化申报和交易占比不断提升，同时海关监管效率也得到提高。

除了通过电子化管理提升进出口贸易管理效率以外，日本的"提前审单"制度也是提高贸易便利化水平的有力举措。顾名思义，提前审单就是将报关单提交的时间提前到货物通关之前。这一流程上的改变虽然并没有对海关工作产生明显的影响，但能够使企业减少通关环节的等待时间，节约了相应的成本。更加重要的是，对于满足新鲜农产品进出口需求而言，减少通关时间能够大大减少商品的耗损。另外，如果货物通关的处理较为复杂，提前审单可以使企业更加准确地将监管活动所需的时间考虑在内，这对于需要在特定时间完成交易的促销品、节日用品的进出口贸易而言，就显得很有意义。日本海关通过对国际贸易活动的需求进行充分考虑，使企业能够获得更多的便利和实惠。

（五）韩国：通关前与通关后检查相结合

韩国为了提升货物在进出口贸易中的通关效率，采取了通关前审计与通关后审计相结合的方式，并以通关后审计为主，通关前审计为辅。这一制度是在 1996 年导入的，通关前审计主要适用于减税商品、分期付款商品、怀疑报关不实的商品，以及其他不适合通关后审计的商品。通关后审计则适用于绝大多数商品。

对于通关后审计的情况，又可分为个案检查、按计划检查以及全面检查三种情形。企业具体会面临哪一种情形，主要取决于电子化风险管理系统的选择以及对企业的分类。在进口报关受理后 3 个月内，风险管理系统会根据其记录的多种信息选择个案，其中被指定的贸易活动将基于纸质材料接受个案检查。对于发生逃税、避税可能性较高的企业，以及其他规定的交易方式和商品项目，则需接受按计划检查。全面检查则是由海关确定可以采取自评检查的企业，由企业进行自我检查并提交关税缴纳以及通关活动是否合法、正确的自评报告，从而实现检查范围的全面覆盖。在这三种方式中，基于电子风险管理系统的个案检查是"第一道屏障"；分别于2000年和2001年导入的按计划检查与全面检查则是个案检查基础上的有力补充。尤其按计划检查针对的往往是信誉度较差，在个案检查制度下可能会疏漏的企业。对于适用全面检查的企业，如果发现其提交的自评报告存在问题，则韩国海关将对其组织专门的检查，并有可能停止其自评资格而转为其他检查方式。这一对逃税和虚假报关行为进行检查的职能主要是由韩国海关成立的专门审计机构来完成的。近年来，审计环节的力度有所加大，查获并追回的税款损失有所上升。

这种以通关后检查为主的海关监管方式设计，一方面能够大大节约海关用于审核工作的资源投入，另一方面可以使企业产生自我约束的行为动机。通过多年来的运行，守法诚信的企业可享受便利的国际贸易通关流程，而因为偷逃税款或报关不实被认定为信誉不佳的企业则面临更为严格和烦琐的检查。

（六）巴西：一般流程与"蓝线流程"并行

巴西同时作为发展中国家和世界贸易组织成员，近年来的对外贸易发展速度明显加快，现在已经与俄罗斯、印度、中国和南非一同被称为"金砖国家"。在这一过程中，巴西同样为提高贸易便利化程度做出了很多努力，其中一项重要举措就是设立与其一般通过流程相并行的"蓝线流程"①。

———————————

① 参见 Frank、周羽、Robert：《巴西通关的"蓝线程序"》，《中国海关》2007 年第 8 期。

在巴西，一般的进口报关程序分为"绿色通道""黄色通道""红色通道"和"灰色通道"四种。各个通道的要求有所不同，由巴西海关先对所涉及的商品进行预审核，然后根据审核结果分配到不同通道中。在这一报关程序过程中，需要根据情况接受商品检查、材料审核以及海关估价等，全部完成需要一周左右的时间。与一般流程不同，"蓝线流程"（Blue Line）提供了更加简便的通关服务，其核心在于省略货物通关时的部分检查活动，在进出口通关及海关转关中得到便利，而主要接受事后的抽检。这就使得通关时间大大缩短，通常可以在 4~8 小时内完成。满足经营年限、资产规模、进出口规模以及企业内部管理等方面条件的巴西企业可以自愿申请享受"蓝线流程"。近年来，巴西正在积极推广"蓝线流程"，申请加入的条件不断简化。

对加入"蓝线流程"的企业进行常态化的监管，是有效实施这一贸易便利化措施的保障条件。巴西政府将审计重点放在了企业自身的进出口程序和内部控制上，主要包括财务系统、报税及缴纳记录、进出口程序、通关合规等情况。可以看出，巴西的"蓝线流程"实质是将通关环节的监管转化为事后和平时的审计与监督，使得内部管理水平较高且信誉较好的进出口企业能够享受更加便利的通关条件。

三、中国贸易便利化的发展情况

中国是国际贸易的大国，货物进出口对于中国经济的发展有着至关重要的意义。20 世纪 90 年代以来，中国就采取了诸多改革国际贸易体制、优化行政管理效率的举措，经过 20 多年的发展，已经取得了不小的成就，但同时仍存在一定的问题。

中国贸易便利化的发展方向是与国际发展的总体趋势相一致的。围绕建设更加完善、高效的海关制度，1998 年《海关总署关于建立现代海关制度的决定》确定了两阶段的工作方案。1998~2002 年为第一阶段，主要是在全国海关系统初步建立起现代海关制度的基本框架。这一框架将通关作业改革作为中心环节和突破口，在海关信息化建设、海关业务制度改革等方面提出了要求，并涉及通关模式、作业流程、资源配置等方面。2003~2010 年为第二阶段，主要是建成比较完善的现代海关制度。该阶段以风险管理机制为中心环节，提出了与国际通行规则相衔接的要求。

经过 10 多年的改革与发展，采用信息技术的新型海关通关系统已经基本建立，口岸快速通关改革进程明显加快，与贸易便利化相适应的风险管理措施逐渐完善。随着"电子口岸"等大型贸易便利化工程的推进，"单一窗口"模式正逐渐成为现实，无纸化海关通关在范围上不断取得突破。预计在未来几年当中，随着向西开放以及"一带一路"倡议的实施，海关信息化程度的整体提升与系统的不断完善将成为重点，不同地区间通关口岸的自身效率和彼此协同能力都有望获得新的改进。

此外，中国还与东盟、新西兰、新加坡、巴基斯坦、智利、秘鲁等多个贸易伙伴订立了自由贸易协定，这些协定中涉及贸易便利化的措施和内容，进一步体现了未来世界经济新形势下的开放要求。

（一）法律与制度规范建设

法律与制度规范建设是推进贸易便利化的重要基础。中国在与国际通行标准与惯例接轨的过程中，采用、制定或完善了许多相关规则。

根据世贸组织贸易法规透明度的要求，中国海关自 2006 年 2 月起实施《海关关务公开办法》。该办法与 2003 年起实施的《海关规范性文件制定管理办法》一起对信息公开的具体要求做了明确规定，进出口商可以通过多种多样的渠道获取信息。同时，贸易法规制定与修订过程中有关征询、听证的要求也在《海关规范性文件制定管理办法》中得到了体现。在有关行政复议的事项上，中国海关在 1999 年就公布了《海关实施〈行政复议法〉办法》；2003 年 10 月新修订的《进出口关税条例》中又对申请复议以及提起诉讼等内容做出了进一步的明确规定；2007 年，更加正式的《海关行政复议办法》颁布实施，复议程序的公开程度得到进一步提升。

为了提升海关通关效率，诸多适应海关信息化、便利化要求的规则得以出台。2000 年修订并在次年实施的《海关法》在落实海关估价制度、承认电子数据报关单法律效力以及对提供担保货物在办结海关手续前先予放行等方面的规定，也对提升进出口贸易效率起到了重要作用。在标准化工作方面，我国是《商品名称及编码协调制度》（简称《协调制度》，即 Harmonized System，HS）的缔约国之一，自 1992 年起就将其作为进出口关税和商品统计的基础。该制度不断修订，先后实施了 1992 年版、1996 年版、2002 年版和 2007 年版的《协调制度》，目前正在实施的是 2012 年修订的版本[①]。目前，我国已经引进了 UN/EFACT 建议书的部分主要标准并加以应用，如《简化海运单证的程序措施》《进口结关程序中已标识法律问题简化》等。但也必须看到，目前仍有一些涉及进出口贸易的监管部门采取了具有差异的数据标准，接下来的制度规范建设将在更加全面的范围内完善和提升。

（二）自动化信息系统建设

中国边境的自动化信息系统建设在改革开放初期就已经开始，在 2001 年启动"金关工程"以后，海关运行及协同水平取得了较为明显的提升。"金关工程"可分为海关内部通关管理和外部口岸执法两大核心系统。

内部通关管理系统即 2004 年起开始推广并得到应用的"H2000"系统，其目的在于实现全国各地海关以及各项海关业务信息的统一存放和随时调用。通过这一系统，海关内部的通关管理数据得以共享。地区间的信

---

① 参见海关总署官网，http://www.customs.gov.cn/tabid/45892/Default.aspx.

息传递大大提高了转关手续的办理效率，完整涵盖通关流程中各个环节的作业与管理大大提高了海关的现代化水平。该系统具有便于获取进出口信息的优势，还可以根据需要为监测、控制乃至预测和决策提供支持。

外部口岸执法系统即"中国电子口岸"，该系统是由海关牵头，联合工商、税务、海关、外汇、外贸、质检、银行等部门统一建设，并与国际贸易相关的进出口贸易公司、中介服务企业以及买卖货主统一联网的公众数据中心和数据交换平台。该系统同样将进出口过程中涉及的管理、资金、货物等信息集中存放，一方面为行政管理部门提供联网调用功能，另一方面企业也可应用该系统完成保管、退税、支付等业务功能或报关手续。

基于电子口岸系统，"无纸化通关"在一些地区的海关得以成为现实。2012 年，海关总署发布公告，对在北京、天津等十个海关采取部分运输方式的货物，以及杭州和宁波海关之间的转关进出口货物实行通关作业无纸化改革试点。一年以后，试点范围得到进一步扩大。"无纸化通关"企业由 AA 类、A 类新增加了 B 类，试点海关由原先的 12 个扩大到其余 30 个直属海关，首批试点海关的无纸化通关范围则扩大至全部业务现场和所有试点业务。在建立自贸试验区并经过试点以后，自动进口许可证通关作业的无纸化模式在 2015 年得到推广。

（三）"单一窗口"模式建设

早在 2001 年，中国海关就提出"单一窗口、一站式通关"的作业方法，主要针对涉及跨地区业务的通关程序简化。例如 2005 年底，天津海关与石家庄等 11 个内陆海关签署了合作备忘录，天津口岸对于在后者海关报关放行的货物不再要求提交海关转关的纸质单据。"属地报关、口岸验放"的模式使口岸功能延伸到了内地。质检部门对于简化通关的要求也给予了充分支持，出口业务的"产地检验，口岸出单"和进口业务的"口岸转检，属地报检"就是典型的措施。目前，区域通关一体化改革取得突破性进展。

截至 2015 年 7 月，京津冀、长三角、珠三角以及长江经济带等区域已经实现了一体化通关。在这一制度下，出口货物直接在出口口岸放行，企业无须在多个相关海关反复报送材料，这就使得异地报关备案手续和年审手续得到简化，相关的负担明显减轻。

中国正致力于更加完整意义上的"单一窗口"模式建设，在满足贸易便利化要求的趋势下增强部门间信息共享与业务合作，从而进一步提升通关效率。由于中国国内各地区间的发展差异较大，"单一窗口"构建呈现出"中央电子口岸—地方电子口岸"的双层制模式①。近年来，长三角、珠三角以及环渤海地区的地方电子口岸建设均较为迅速，其功能更加综合化、多元化，正在逐渐向"单一窗口"演进。随着自贸试验区的建立，首个国际贸易单一窗口于 2014 年 6 月在上海洋山保税港区上线运行。依托电子口岸平台，企业通过一次性递交格式化单证和电子信息来满足海关、检验检疫、边检等多个行政管理部门的要求。以往使企业来回奔波的"串联式"执法转变为更加高效的"并联式"执法。2015 年，天津市、福建省的国际贸易单一窗口平台相继上线，环渤海的辽宁省、山东省，长三角的浙江省、江苏省，以及珠三角的广州市、深圳市等地口岸也陆续开展了"单一窗口"试点。

接下来的 2~3 年将是中国完成"单一窗口"模式构建的关键时期。国务院在 2014 年底印发的《落实"三互"推进大通关建设改革方案》明确提出要推进"单一窗口"建设和"一站式"作业。目前，在中央层面统筹推进"单一窗口"建设的国务院口岸工作部际联席会议制度已经建立，各地的建设协调机构也纷纷成立。未来，通过"单一窗口"整合报关、报检信息，实现海关与检疫部门之间的"关检合一"将成为重点；进一步地，海

---

① 朱秋沅：《两岸单一窗口构建比较及其制度性启示》，《亚太经济》2015 年第 3 期，第 136—143 页。

关与检验检疫、边检、交通、海事等部门的一站式检验作业也将得到推行。可以预见，这些措施将推动行政部门提高工作效率，增进彼此协同。随着电子口岸平台功能的不断完善、信息共享机制的日益健全，企业跨境贸易活动所需的时间和费用将得到进一步节约。

（四）风险管理措施

在提升通关环节便利化程度的同时，必须对风险实施有效管控。海关总署在 2004 年发布的《2004~2010 现代海关制度第二步发展战略规划》中提出，要以建立健全风险管理机制为中心环节，努力建设"耳聪目明"的智能型海关，使各项改革和建设不断取得新的成果。目前，风险管理方法已经在中国海关得到广泛运用，对海关业务水平与管理效率的提升起到了支持作用。

中国海关自 20 世纪 90 年代开始风险管理研究与平台开发以来，逐步完成了执法评估、关税分析与监控、归类监控分析等一系列系统的开发。上海海关利用风险管理平台的数据整合优势，发现或协助查获了多起走私违法活动。以风险管理过程中所采集的数据与使用的方法为基础，中国海关导入了企业分类管理模式，并逐渐发展为更加全面的信用管理。1999年，海关总署发布《海关对企业实施分类管理办法》，经过一段时间的运行，《海关企业分类管理办法》在 2008 年发布，并在 2010 年进行了修订完善。根据分类管理的要求和原则，海关依据企业遵守各类法律和相关规范的情况以及经营管理和海关监管、统计记录等，将其划分为 AA、A、B、C、D 五个类别，采取有所差异的管理方式，其中"AA、A 类企业适用便利通关措施，B 类企业适用常规管理措施，C 类和 D 类企业适用严密监管措施"。2014 年底，新的《海关企业信用管理暂行办法》公布实施，海关认证的经营者（AEO）体系的采用是其突出特点。与其他国家或地区海关的 AEO 互认与合作管理，较为明显地体现了与国际通行要求相接轨的发展趋势。

（五）订立贸易协定

通过订立区域贸易协定，中国与部分重要贸易伙伴之间形成了有利于贸易便利化水平提升的相互支持与合作机制。截至 2014 年底，中国共签署自贸协定 12 个，涉及 20 个国家和地区，其中与贸易便利化内容相关的协议主要有 6 个。在这些自贸协定中，贸易便利化的相关措施大多被作为重要的核心内容，有的协定中内容较为具体，有的则体现为框架性协议[①]。下面对这 6 个协议中涉及的内容进行简述。

2002 年底签署并在 2010 年正式启动的《中国—东盟全面经济合作框架协议》提出在 10 年内建立中国—东盟自贸试验区。缔约各方通过简化海关程序、实施相互认证安排、推动贸易标准化并进行海关合作等，提高贸易便利化程度。目前，该协议中的贸易便利化的具体措施仍在细化过程当中。

中国与拉美国家智利在 2005 年签署了《中国—智利自贸协定》，并在 2008 年进一步签署了《补充协定》。双方的协定中有诸多涉及贸易便利化的条款，包括双方海关增进磋商，共同提高管理程序和实践的可预见性、一致性和透明度，在技术法规、合格评定等方面加强合作，便利市场进入，以及对税则归类和货物原产资格进行事先裁定等。这些规定的内容较为详细、具体，能够在实践应用中发挥作用。

中国与巴基斯坦先后在 2006 年和 2008 年签署了《中国—巴基斯坦自由贸易协定》和《补充协定》，2009 年又签订了《自贸试验区服务贸易协定》。这些协定中对双方联络沟通、措施公布和通知及信息提供等方面的要求和义务做出了较为细致的规定。这些要求体现了贸易便利化的有关要求，并且具有较强的可操作性。

[①] 王茜、张磊：《多哈回合谈判 2013 年年度报告投资与贸易便利化专题》，法律出版社 2015 年版。

2008 年与新西兰签订的《中国—新西兰贸易协定》是中国与发达国家之间的第一个自贸协定。该协定不仅对双方在货物贸易、服务贸易、投资等多个领域消除关税、降低门槛等方面提出了要求，还对有关提升贸易便利化的措施做出了具体规定。其涉及的内容包括提升海关程序的可预见性、一致性与透明度，开展海关合作，确定复议诉讼规则，实施事先裁定，应用无纸化通关技术，明确风险管理重点，完善信息公布与咨询机制，快件与货物放行，海关程序审议以及双方就贸易便利化问题进行磋商的方式等。

中国与新加坡在 2008 年签署了《中国—新加坡自贸协定》，其中也专门就贸易便利化的内容做出了规定，内容涉及海关程序的透明度，风险管理方法，原产地证书管理、免除及原产地核查的措施和要求，申明获得优惠待遇的相关政策，事先裁定以及双方在复议和司法审查方面的做法等。

2009 年签订并在 2010 年实施的《中国—秘鲁自贸协定》具有"一揽子"贸易协定的性质，其确定的开放程度更高。该协定中专门设置了《海关程序及贸易便利化》一章，对提升海关程序和实践的可预见性、一致性和透明度提出了要求，并对海关估价、税则归类、双方贸易便利化机构设置、海关合作、复议诉讼、事先裁定、无纸化通关应用、风险管理、信息公布与咨询、快件及货物放行、海关程序审议以及贸易便利化问题磋商方式等做出了较为细致和具有可操作性的规定。

四、自贸试验区贸易便利化发展情况及水平评估

（一）贸易便利化改革顺利推进

2015 年，自贸试验区继续深化改革，提升贸易便利化水平。同年，国

务院印发了《深化中国（上海）自由贸易试验区改革开放方案的通知》，要求自贸试验区积极推进贸易监管制度创新，在自贸试验区内的海关特殊监管区域深化"一线放开、二线安全高效管住"贸易便利化改革，推进国际贸易"单一窗口"建设，统筹研究推进货物状态分类监管试点、推动贸易转型升级，完善具有国际竞争力的航运发展制度和运作模式。

上海海关、国检局以及工商行政管理局等部门发布了推进贸易便利化的措施（见表 2-1），有效推进了自贸试验区贸易便利化水平的提升。上海海关推出"23+8"项制度创新，即 2014 年分批推出 23 项改革创新制度，2015 年再次推出 8 项深化监管服务创新的制度（见表 2-2），初步建立了国际通行的海关监管模式。据统计，2015 年 1~10 月，自贸试验区四个特殊监管区累计进出口货值 6113.7 亿元，占同期上海市进出口总值的26.5%，自贸试验区进、出口平均通关时间分别较区外减少 41.3% 和36.8%。上海"单一窗口"1.0 版正式上线，截至 2015 年 10 月底，在"单一窗口"平台开户的企业已经超过 1100 家。"货物状态分类监管"试点从物流类企业扩大到加工贸易企业，截至 2015 年 9 月底，国内货物入区参与配送模式试点已在 9 家试点企业开展常态运作，累计运作 724 票，涉及进出货值约 3.8 亿元。

表 2-1　自贸试验区推进贸易便利化的主要措施（2015 年）

《上海海关关于在中国（上海）自由贸易试验区开展"自主报税、自助通关、自动审放、重点稽核"改革项目试点的公告》	中华人民共和国上海海关公告 2014 年第 44 号	2014 年 12 月 10 日
《在中国（上海）自由贸易试验区深化推进工商登记前置审批改为后置审批工作的实施方案》	沪工商注〔2015〕6 号	2015 年 1 月 20 日
《国务院关于印发进一步深化中国（上海）自由贸易试验区改革开放方案的通知》	国发〔2015〕21 号	2015 年 4 月 20 日
《上海国检局支持上海自贸试验区发展 24 条意见简介》	—	2015 年 6 月 24 日

表 2-2　上海海关推进贸易便利化八项制度

序号	制度名称	改革内容	制度类型
1	海关执法清单式管理制度	摸清自贸试验区海关权力底数，按照"权责对等"原则，编制契合自贸试验区特点的海关行政权力清单和行政责任清单，率先予以公布。根据自贸试验区深化改革、简政放权情况，继续推出风险清单、内部核批管理等不同类别的清单，实现海关行政执法的制度化、透明化、规范化	简政放权
2	离岸服务外包全程保税监管制度	一是突破只有技术先进型服务企业可享受海关保税政策的限制，降低企业准入门槛，对区内企业从事离岸服务外包业务的进口货物实施保税监管。二是改革对生产制造企业实施保税监管的传统监管模式，允许研发设计等企业开设电子手册、自主进行外加工，对设计研发、生产制造、封装测试等企业组成的产业链实施全程保税监管	功能拓展
3	大宗商品现货市场保税交易制度	允许大宗商品现货以保税方式进行多次交易、实施交割，并实现第三方公示平台与海关联网，进而推进大宗商品现货交易的协同监管	功能拓展
4	"一站式"申报查验作业制度	推进关检执法的深度融合，实施高效便捷的"一站式"申报查验作业。一是申报环节，在上海国际贸易"单一窗口"平台上，实现进出口货物及船舶抵港、离港的关检"一次申报"；船舶抵港、离港实现海关、检验检疫、海事、边检"一次申报"。二是查验环节，在有条件的现场优先推动关检查验场所、查验队伍、查验比例的"三融合"改革，选定符合双方监管要求的查验场地挂牌"关检联合查验"；关检组建"联合查验组"负责实际查验工作；在确保各自达到查验要求的前提下，对关检查验比例进行融合	通关便利
5	"一区注册、四区经营"制度	突破区内四个海关特殊监管区域注册企业仅能在其注册区域内办理海关业务的限制，允许在区内任何一个特殊区域注册的企业，都可在其他三个区域共用一个海关注册编码开展海关业务	通关便利
6	美术品便利通关制度	一是一线放开、免证进境。一线进出境保税仓储环节海关不再验核美术品相关批准文件，改为在二线实际进出口或区内外展示展览时验核。二是美术品相关批准文件由一证一批改为一证多批，在有效期内可多批次使用。对分批出区参加同一展览会的展览品，企业只需提供一次展览会批文，海关一次审核通过	通关便利
7	归类行政裁定全国适用制度	依据《中华人民共和国海关行政裁定管理暂行办法》申请总署授权，率先对自贸试验区内注册登记企业的进出口商品作出海关归类行政裁定。企业可在货物进口或出口三个月前提出海关归类行政裁定申请，海关一旦受理并作出裁定，将在全国范围内适用	通关便利
8	商品易归类服务制度	商品易归类服务制度，就是向社会提供通俗易懂、便捷高效的海关归类专业服务。通过统一的电子信息化平台，整合归类化验政务公开信息，建立商品及编码大数据库，提供税号税率、业务指南等查询内容，主动推送企业关注的商品归类指引	通关便利

资料来源：根据相关资料整理。

（二）贸易便利化总体水平偏低

Djakov（2006）利用货物的边境和单证合规的时间与成本来衡量一个国家的贸易便利化水平。本报告沿用 Djakov（2006）的方法，以世界银行发布的《营商环境报告》（*Doing Business*）中的"出口边境和规耗时""出口边境和规所耗费用""出口单证和规耗时""出口单证和规所耗费用""进口边境和规耗时""进口边境和规所耗费用""进口单证和规耗时""进口单证和规所耗费用"八组数据为基础测算自贸试验区的贸易便利化水平及其在全球中的排位。由于《营商环境报告》中没有自贸试验区的数据，且自贸试验区的贸易便利化水平高低程度与自贸试验区的贸易便利化水平相关度极高，因此，报告用上海的数据替代自贸试验区的数据。由于八个指标的取值范围不同，为了便于比较，先对指标进行标准化①处理，数值越高，说明贸易便利化程度越高。

1. 总体贸易便利化水平

就 2015 年的情况看，与世界 30 个主要的贸易国家和地区比较，上海贸易便利化水平排在第 21 位，中国排在第 22 位，上海比中国的整体水平高一些，但尚处于世界的中等偏下水平。排名在前 10 位的国家分别为荷兰、意大利、法国、丹麦、瑞典、韩国、美国、德国、英国、瑞士。比上海落后的国家有菲律宾、越南、印度尼西亚、南非、印度、巴西、沙特阿拉伯和俄罗斯等（见表 2-3、表 2-4 和图 2-1）。排名前 10 位的国家的经济发展水平比较高，贸易自由化程度也比较高。荷兰阿姆斯特丹港自由贸易区、德国汉堡港自由贸易区、美国纽约港自由贸易区、新加坡自由港等都是全球闻名的自由贸易区，这些自由贸易区的贸易便利化措施将是自贸

---

① x_new=1-（x-最小值）/最大离差，其中最大离差=最大值-最小值，所得结果在 0 至 1 之间，得分越高表明便利化程度越高。

表 2-3　全球主要国家和地区的贸易便利化水平

单位：小时，美元

国家或地区	出口				进口			
	边境合规		单证合规		边境合规		单证合规	
	耗时	费用	耗时	费用	耗时	费用	耗时	费用
中国上海	23	602	14	90	72	790	54	150
中国	26	522	21	85	92	777	66	171
澳大利亚	36	749	7	264	37	525	3	100
巴西	61	959	54	226	63	970	146	107
加拿大	2	167	1	156	2	172	1	163
智利	60	290	24	50	54	290	36	50
丹麦	0	0	1	0	0	0	1	0
德国	36	345	1	45	0	0	1	0
法国	0	0	1	0	0	0	1	0
中国香港	19	282	1	52	19	266	1	130
印度	109	413	41	102	287	574	63	145
印度尼西亚	39	254	72	170	99	383	144	160
意大利	0	0	1	0	0	0	1	0
日本	48	306	3	15	48	337	3	23
韩国	14	185	1	11	6	315	1	27
马来西亚	20	321	10	45	24	321	10	60
墨西哥	20	400	8	60	44	450	18	100
荷兰	0	0	1	0	0	0	1	0
新西兰	38	337	3	67	25	367	1	80
秘鲁	48	460	48	50	72	592	72	80
菲律宾	42	456	72	53	72	580	96	50
俄罗斯	96	1125	43	500	96	1125	43	500
沙特阿拉伯	69	264	90	105	228	779	131	390
新加坡	12	335	4	37	35	220	1	37
南非	100	428	68	170	144	657	36	213
瑞典	2	55	1	0	0	0	1	0
瑞士	1	201	2	108	1	201	2	108
泰国	51	223	11	97	50	233	4	43
英国	24	280	4	25	8	205	2	0
美国	2	175	2	60	2	175	8	100
越南	57	309	83	139	64	268	106	183

　　注：边境合规的时间和费用包括在港口或边境装卸以及报关报检过程中获取、准备和提交单证的时间和费用。单证合规的时间和费用包括获得单证、准备单证、处理单证、呈阅单证以及提交单证的时间和费用。

　　资料来源：世界银行 *Doing Business*。

表 2-4　上海贸易便利化水平在全球中的排位情况

单位：小时，美元

国家或地区	总分	出口				进口				排序
		边境合规		单证合规		边境合规		单证合规		
		耗时	费用	耗时	费用	耗时	费用	耗时	费用	
中国·上海	0.664	0.789	0.465	0.854	0.820	0.749	0.298	0.634	0.700	21
中国	0.638	0.761	0.536	0.775	0.830	0.679	0.309	0.552	0.658	22
澳大利亚	0.700	0.670	0.334	0.933	0.472	0.871	0.533	0.986	0.800	20
巴西	0.406	0.440	0.148	0.404	0.548	0.780	0.138	0.000	0.786	29
加拿大	0.879	0.982	0.852	1.000	0.688	0.993	0.847	1.000	0.674	12
智利	0.756	0.450	0.742	0.742	0.900	0.812	0.742	0.759	0.900	19
丹麦	1.000	1.000	1.000	1.000	1.000	1.000	1.000	1.000	1.000	1
德国	0.909	0.670	0.693	1.000	0.910	1.000	1.000	1.000	1.000	8
法国	1.000	1.000	1.000	1.000	1.000	1.000	1.000	1.000	1.000	1
中国香港	0.864	0.826	0.749	1.000	0.896	0.934	0.764	1.000	0.740	13
印度	0.469	0.000	0.633	0.551	0.796	0.000	0.490	0.572	0.710	28
印度尼西亚	0.536	0.642	0.774	0.202	0.660	0.655	0.660	0.014	0.680	26
意大利	1.000	1.000	1.000	1.000	1.000	1.000	1.000	1.000	1.000	1
日本	0.839	0.560	0.728	0.978	0.970	0.833	0.700	0.986	0.954	15
韩国	0.916	0.872	0.836	1.000	0.978	0.979	0.720	1.000	0.946	6
马来西亚	0.849	0.817	0.715	0.899	0.910	0.916	0.715	0.938	0.880	14
墨西哥	0.799	0.817	0.644	0.921	0.880	0.847	0.600	0.883	0.800	18

续表

国家或地区	总分	出口				进口				排序
		边境合规		单证合规		边境合规		单证合规		
		耗时	费用	耗时	费用	耗时	费用	耗时	费用	
荷兰	1.000	1.000	1.000	1.000	1.000	1.000	1.000	1.000	1.000	1
新西兰	0.828	0.651	0.700	0.978	0.866	0.913	0.674	1.000	0.840	16
秘鲁	0.637	0.560	0.591	0.472	0.900	0.749	0.474	0.510	0.840	23
菲律宾	0.598	0.615	0.595	0.202	0.894	0.749	0.484	0.345	0.900	24
俄罗斯	0.253	0.119	0.000	0.528	0.000	0.666	0.000	0.710	0.000	31
沙特阿拉伯	0.345	0.367	0.765	0.000	0.790	0.206	0.308	0.103	0.220	30
新加坡	0.887	0.890	0.702	0.966	0.926	0.878	0.804	1.000	0.926	11
南非	0.482	0.083	0.620	0.247	0.660	0.498	0.416	0.759	0.574	27
瑞典	0.992	0.982	0.951	1.000	1.000	1.000	1.000	1.000	1.000	5
瑞士	0.897	0.991	0.821	0.989	0.784	0.997	0.821	0.993	0.784	10
泰国	0.817	0.532	0.802	0.888	0.806	0.826	0.793	0.979	0.914	17
英国	0.904	0.780	0.751	0.966	0.950	0.972	0.818	0.993	1.000	9
美国	0.911	0.982	0.844	0.989	0.880	0.993	0.844	0.952	0.800	7
越南	0.556	0.477	0.725	0.079	0.722	0.777	0.762	0.276	0.634	25

资料来源：根据世界银行 Doing Business 数据，经过标准化整理计算而得。

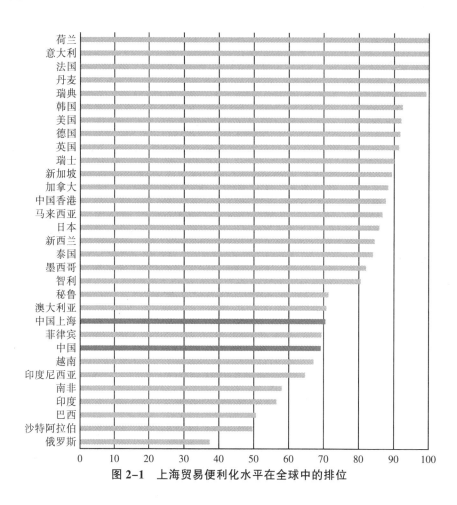

图 2-1　上海贸易便利化水平在全球中的排位

试验区学习和借鉴的参考。

2. 出口贸易便利化水平

在出口边境合规耗时方面，上海在全球中居中上等水平，位于第 14 位，优于英国、德国、日本、新西兰、澳大利亚等贸易便利化水平比较高的国家（见图 2-2）。在出口边境合规所耗费用方面，上海在全球排名靠后，与世界 30 个国家相比，排在第 27 位，费用高于中国的平均水平（见图 2-3）。在出口单证合规耗时方面，上海在全球排第 20 位，属于中下等水平，耗时高于瑞典、荷兰、韩国、中国香港等贸易便利化水平高的国家或地区，甚至高于马来西亚和泰国等东南亚国家（见图2-4）。在出口单证合规所耗费用方面，上海排在全球第20位，属于中下等水平，甚至高于中国平均水平（见图2-5）。可以看出，在出口时，上海口岸放行效率高，港口装卸货物、报关报检过程以及提交单证的效率比较高，但是所耗费用也比较高。上海对出口单证要求多，出口通关手续还比较烦琐，获得单证、准备单证、处理单证、呈阅单证以及提交单证的时间和费用都偏高。

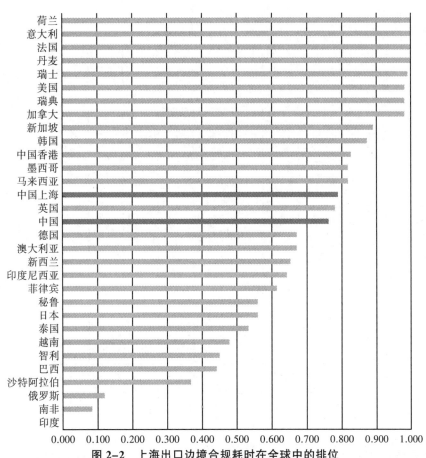

图2-2　上海出口边境合规耗时在全球中的排位

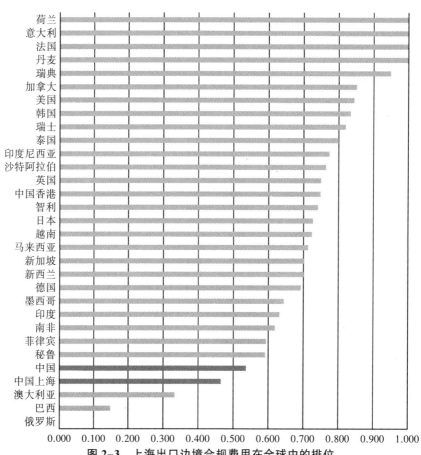

图 2-3　上海出口边境合规费用在全球中的排位

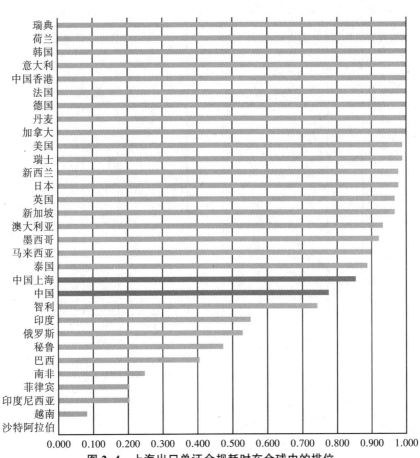

图 2-4　上海出口单证合规耗时在全球中的排位

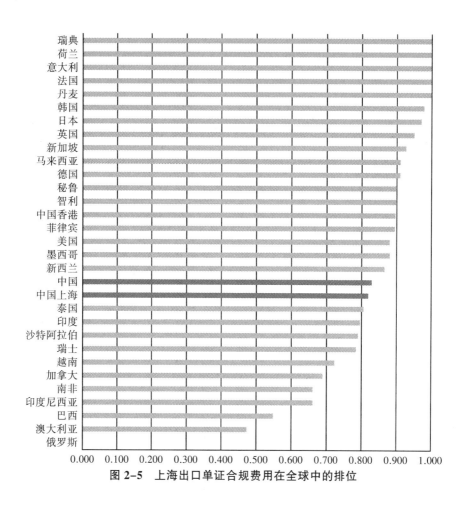

图 2-5 上海出口单证合规费用在全球中的排位

3. 进口贸易便利化水平

在进口边境合规耗时方面，上海在全球排名中居于第 25 位，排名靠后，优于印度、沙特阿拉伯、南非、印度尼西亚、俄罗斯等国家，落后于泰国、巴西、菲律宾、越南等发展中国家（见图 2-6）。在进口边境合规所耗费用方面，上海在全球排名中，居于第 29 位，排名非常靠后，落后于中国总体水平（见图 2-7）。在进口单证合规耗时方面，上海在全球排名中居于第 23 位，排名相对靠后（见图 2-8）。在进口单证合规所耗费用方面，上海在全球排名中居于第 24 位，也相对靠后（见图 2-9）。可以看出，上海进口贸易便利化总体水平不高，口岸放行效率较低，报关报检和提交单证过程手续较为烦琐，需要提交的单证数量还比较多，相关费用也偏高。

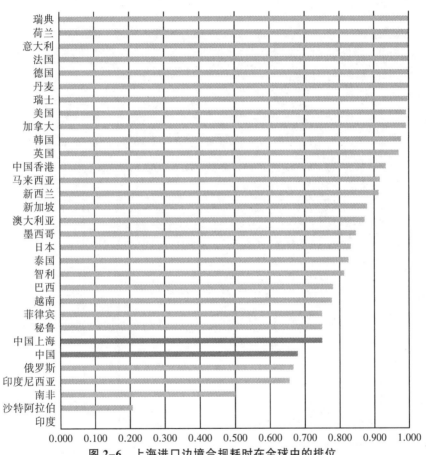

图 2-6　上海进口边境合规耗时在全球中的排位

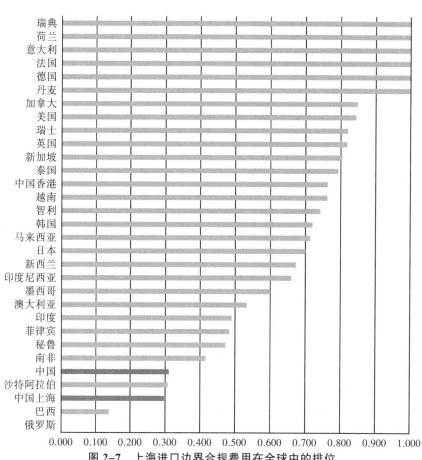

图 2-7　上海进口边界合规费用在全球中的排位

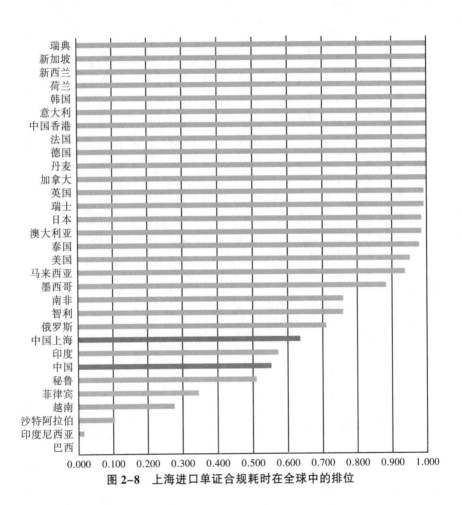

图 2-8　上海进口单证合规耗时在全球中的排位

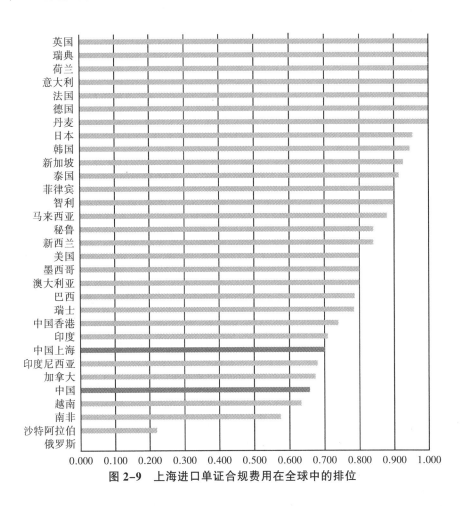

图 2-9　上海进口单证合规费用在全球中的排位

（三）贸易便利化水平偏低的原因分析

自贸试验区虽然实施了一系列贸易便利化措施，但是还存在一些问题有待进一步解决和完善。

一是缺乏系统性和协调性。贸易便利化是个系统工程，需要各个部门配合制定一套完善的服务体系和指标体系。但是，目前自贸试验区缺乏一个由政府相关部门、行业组织、企业等组成的贸易便利化服务机构来进行统筹协调，贸易便利化也没有设定合理的指标体系，贸易便利化水平评定标准缺乏，与国际标准尚有差距。

二是基础设施尚需完善。自贸试验区的基础设施还处于建设完善中。自贸试验区整合了原有的外高桥保税区、外高桥保税物流园区、洋山保税港区和浦东机场综合保税区等海关特殊监管区，其中有些海关特殊监管区运作时间长，如外高桥保税区是我国第一个保税区，设立于 1990 年，运作时间超过了 20 年，基础设备也开始老化，需要及时更新。扩区以后，还存在基础设施、交通运输服务、物流设施等配套服务不够便利的问题，区内的银行、餐饮、商业设施等配套服务比较少。

三是相关制度有待完善。和世界贸易便利化水平高的国家相比，自贸试验区通关时间和成本偏高。例如，上海企业出口边境和单证合规需要耗时 37 小时，为中国香港的 1.8 倍、新加坡的 2.3 倍；进口边境和单证合规需要耗时 126 小时，为香港的 6.3 倍、新加坡的 3.5 倍。出口边境和单证合规费用为 692 美元，是德国的 1.7 倍、瑞典的 12.6 倍，比中国平均水平高出 85 美元；进口边境和单证合规费用为 940 美元，是加拿大的 2.8 倍、美国的 3.4 倍，仅比中国平均水平低 8 美元。造成自贸试验区通关成本高、效率低的原因主要有以下三个：第一，"单一窗口"只是物理形式，后台并没有实现真正的连贯协调；第二，海关、检验检疫"一次申报、一次查验、一次放行"没有全面推行，大部分货物还是要经过重复开箱、重复装卸、重复查验，查验环节时间和费用没有减少；第三，进出口"红顶中介"大量存在，口岸通关及进出口环节收费标准偏高，存在依靠行政权力提供强制服务的现象。

（四）提升贸易便利化水平的措施建议

从机构设立、"单一窗口"建设、支撑体系、制度政策、行政效率等多方面着手，提升自贸试验区贸易便利化水平。

一是成立自贸试验区贸易便利化委员会。委员会由海关、检验检疫局、口岸管理部门、外汇管理部门、工商部门等政府相关部门以及区内企业代表、行业协会、贸易便利化领域的国内外知名专家组成。委员会的一项主要工作是负责设置贸易便利化指标体系，定期对自贸试验区的贸易便利化水平进行评估，确保自贸试验区贸易便利化水平不断提升，接轨全球贸易便利化先进水平。另外，委员会还负责制定开放的贸易政策，简化政府管理，提升贸易便利化程度。

二是升级"单一窗口"版本。提升电子口岸信息平台功能，将部分功能整合融入"单一窗口"平台。新增海关、检验检疫、金融保险、公共服务等板块的功能，延伸服务内涵和深度。其中，公共服务板块可以自贸试验区管委会日常行政办公及对外行政服务为基础，对接上海市现有行政服务平台系统，通过业务梳理和流程改造，建设高效、便捷的公共服务平台。搭建"单一窗口"云计算平台，建设配套的数据安全、网络安全管理机制，提升"单一窗口"平台的安全防范功能。

三是完善贸易便利化配套支撑体系。建立高标准的港口和口岸，合理定位口岸功能，调整口岸结构，协调发展。口岸工作流程以供应链为导向，加强口岸一体化运转，构建口岸、企业和协会等主体之间的合作机制。建设高水平的信息基础设施，完善电子商务、电子政务和互联网安全等方面的建设，探索多层次、多元化、与国际接轨的电子商务发展方式。促进贸易单证的标准化和电子化，方便企业和服务平台的信息交换。推进通关作业无纸化，加快推进税费电子数据联网和监管证件无纸化进程，提高企业出口退税速度。加强港口物流、金融保险、运输、咨询等配套服务，帮助企业更快、更好完成通关和检验检疫等程序。完善配套的商业网点设施，为入驻自贸试验区的企业和各类人才提供良好的生活配套服务，方便生产和生活。

四是完善贸易便利化制度政策。营造贸易便利化的法制环境，制定相关法律法规，使自贸试验区法律法规及政策与国际相关法律法规接轨。设立自贸试验区商事法院，提高国际仲裁公信力。在自贸试验区成立专业海关复议机构，建立海关复议和风险管理制度，及时解决争议。完善便捷通关制度，加强风险评估和外部审计，实行提前放行。简化海关监管程序，提高海关规则和费用的透明度，提高通关效率，有效降低企业运营成本。

五是提高政府行政效率。转变管理理念，从便利政府管理向便利企业转变，减少行政收费，合理简化贸易手续。明确涉及贸易的政府各部门职责分工，部门之间相互配合、互相支持，促进贸易便利化工作顺利开展。打造贸易服务平台，提高企业办事效率。完善自贸试验区网站功能，及时公布和更新相关法律法规和政策信息，提供经贸制度规则、服务流程等各种公开信息。严格控制口岸通关及进出口环节审批事项，制定公布权力清单和责任清单。提高非侵入、非干扰式检查检验比例，对查验没有问题的免除企业吊装、移位、仓储等费用。对收费实行目录清单管理，查处乱收费行为，降低收费标准，切实减轻企业负担。清理整顿进出口环节服务收费，坚决取缔依托行政机关、依靠行政权力提供强制服务、不具备资质、只收费不服务的"红顶中介"。

自贸试验区服务业开放评估

改革开放以来，我国不断从产业和园区两个层面推进服务产业的开放进程。在产业自主开放方面，根据本国服务业发展水平选择开放服务部门的次序和程度，不断改革服务业国内规制、减少准入限制、降低和削减服务贸易及投资壁垒，以促进服务要素自由流动，如旅游业、餐饮业、商贸物流业等。同时，通过设立特殊经济区域，国家在不同时期使经济特区、沿海开放城市、上海浦东新区等国家级新区等的服务业开放先行先试政策，通过这些区域的开放试验后，再推广到全国，形成全国性的服务产业开放。最近几年，随着综合保税区、保税港区的不断发展，自贸试验区形成了海关特殊监管区域从制造业和货物贸易向服务产业和服务贸易的政策转型和功能拓展。

一、我国服务业整体开放水平的测度

（一）服务业开放度测量指标和方法

1. 服务业开放度定义

分析服务业开放度之前，我们首先探讨对外开放度。对外开放度，顾名思义是一个国家或地区经济对外开放的程度，具体表现为市场的开放程度。其内涵有两层：一是本国经济融入世界的方式和程度；二是允许别国经济渗透本国经济的方式和程度。通常对外开放首先是从商品市场开始的，因此很多学者将对外开放度等同于贸易开放度，通过外贸依存度指标来衡量和评估一国或一个地区的对外开放度。随着一国对外经济的不断发展，越来越多学者认为，对外开放度不仅包括贸易开放度，还应包括金融开放度、投资开放度。此外，还有学者将对外开放度范围进一步延伸，认为除了贸易开放度、金融开放度和投资开放度，对外开放度还包括生产开放度、技术开放度和人员流动等。罗龙（1990）在其博士论文《当代经济发展中的开放度问题》中提到，对外开放牵扯到国际分工、国际贸易、生产要素流动及国际化生产等多方面的内容，而开放度则是对一国经济在这些方面参与世界经济程度的量度。

服务业开放度指一个国家或地区服务业的开放程度，包括贸易开放、资本开放以及不同服务行业的具体开放等内容。

2. 服务业开放度的测量指标和方法

现有文献中对服务业开放度的测量主要有三种方法：第一是基于结果的服务业开放度测量，通过服务贸易依存度、服务业吸收外商投资依存度等指标来测量服务业开放度；第二是 Hoekman 的频度分析法；第三是服务贸易限制指数。

（1）基于结果的服务业开放度测量。服务业开放主要体现为一国服务业开放过程所涉及的体制机制、政策等，所以对服务业开放的直接测量方法是对一国服务业开放过程中所涉及的相关政策、制度的开放型进行测度。由于政策和制度的难以量化，因此，更多学者认为贸易政策和制度开放性的变化会反映到服务贸易量和服务业利用外资等方面。于是就有基于结果的服务业开放度测量方法，当然不同的学者选取的指标也不同。葛丹（2005）、张娟（2009）通过服务贸易依存度来分析服务业开放度；张一鸣

（2003）① 选取了服务贸易关联度和服务业直接投资关联度指标对服务业开放度进行测量；樊瑛（2012）② 选取了中国服务业对经济增长的贡献度、中国对世界服务贸易的贡献度以及中国服务业 FDI 依存度指标对中国服务业开放度进行测量。

（2）Hoekman 的频度分析法。Hoekman 在 1995 年创建了"频度分析法"，用于度量各国服务业的开放度。频度分析法是建立在 WTO 各成员国的《服务贸易总协定》的承诺减让表之上的。GATS 服务贸易的承诺形式分为三种：一是不作承诺（不准进入）；二是有限承诺；三是没有限制（自由进入）。Hoekman 对各成员国三种承诺方式进行赋值："不作承诺"赋值为0，"有限承诺"赋值为 0.5，"没有限制"赋值 1，Hoekman 将这些分值称为"开放/约束因子"。根据 GATS 分类表，服务贸易共有 12 大类，155 个部门，每个部门有四种服务贸易提供方式（跨境交付、境外消费、商业存在和自然人流动），因此，每个成员国共有 155×4=620 个"开放/约束因子"。在此基础上，Hoekman 设计了三项指标来反映一个国家或部门的开放程度：平均数指标，用一国在 GATS 减让表中作出承诺的部门数量除以最大部门数 155，或者用一国在 GATS 中承诺数量除以最大可能的 620 项承诺总数；平均覆盖率指标，经"开放/约束因子"加权所列部门/模式占最大可能承诺数的 620 的比重；无限制承诺比重，无限制承诺占承诺数量的比重，或无限制承诺数量相对于 155 个部门的比率。这三个指标均可显示一国服务业开放程度的高低：比率越高，开放程度越高；反之越低。有一些学者对 Hoekman 的频度分析法进行了改进。例如，澳大利亚生产率委员会研究小组的资料来源不再局限于 GATS 承诺表，从服务贸易相关立法、政府报告、国际组织等地获取数据用来衡量实际的贸易壁垒限制，从而增强

---

① 张一鸣：《论服务业开放度的度量》，《江苏商论》2003 年第 5 期。
② 樊瑛：《中国服务业开放度研究》，《国际贸易》2012 年第 10 期。

开放度的可信度；分别对只针对外国服务提供者的限制（外国指数）和针
对所有在国内的服务提供者的限制（国内指数）计算分值。再如 Hardin 和
Holmes（1997）通过对一国 FDI 不同的限制措施赋予不同的权重来度量一
国服务业的对外开放状况。

国内学者借鉴频度分析法对我国服务业开放度进行了相关研究。盛斌
（2002，2006）在 Hoekman 频度分析法的基础上，根据"入世"协定书和
相关附件对我国服务业开放度进行过评估。郑德阳（2008）基于频度分析
的角度对中国服务贸易壁垒进行了测度与比较。周师豪（2010）同样是借
鉴频度分析法对我国服务业对外开放进行了度量和国际比较。当然各位学
者对 Hoekman 的"开放/约束因子"进行了深化和拓展。

（3）服务贸易限制指数。澳大利亚竞争力委员会、经合组织、世界银
行推出了服务贸易限制指数（STRI）：针对不同的服务部门特征，按照服
务贸易的四种模式，拟定每个服务部门上可能有的服务贸易壁垒并进行分
类列明，每个类别根据其限制的说明情况分别打分，并根据权重计算最终
的贸易限制指数。樊瑛（2012）[1]通过计算服务贸易限制指数构建了我国服
务贸易限制指数，得出了我国分销服务、旅游服务、通信服务、金融服务、
建筑服务和运输服务属于开放度较高的服务贸易部门的结论。

（二）我国服务业开放的测度

Hoekman 的频度分析法优点是测量方法简便直观、易于理解，受数据
统计的限制影响小，但是其缺点也比较明显，如没有考虑不同服务部门在
整个国民经济中的地位作用，对所有的限制措施赋予同样的分值（0.5）并
不能准确体现这些限制的不同效果；服务贸易限制指数受所收集的贸易壁垒
范围的限制，主观性较强，容易导致结果出现较大波动。因此本研究中主要

---

① 樊瑛：《中国服务业开放度研究》，《国际贸易》2012 年第 10 期。

运用频度分析法测量我国的服务业开放度。频度分析法基于GATS开放承诺进行度量，并对我国在FTA中的新增承诺部门和深化承诺部门的情况进行补充分析。然而在实际当中，受国内规制等各种因素的影响，服务业的实际开放和协议承诺开放并不完全一致，因此，本报告还将引入基于结果的服务业开放指标。研究中将综合考量两种方法，合理评价我国服务业的开放度。

1. 基于GATS的频度分析法测量

（1）承诺服务部门分类调整。根据WTO《服务部门分类列表的文件》（MTN.GNS/W/120），将服务贸易部门分为12大类155个子部门（见表3-1）。与155个服务部门相比，将我国服务贸易具体减让表中14种没有子部门对应的具体部门进行了调整，将基础电信的寻呼服务、移动语音和数据服务中的两类具体部门都归入语音电话服务（CPC7521）；环境服务中的废气清理服务（CPC9404）、降低噪声服务（CPC9405）、自然和风景保护（CPC9406）以及其他环境保护（CPC9406）全部归入WTO分类中环境服务中的D项其他；金融服务中的非银行金融机构从事汽车消费信贷和证券服务归入银行及其他金融服务中C类其他服务；将运输服务中辅助服务的海运报关服务和海运代理服务归入货物运输代理服务（CPC748）；将集装箱堆场服务归入存储和仓库服务（CPC742）、计算机订座系统服务归入航空运输支持服务（CPC746）；公路运输服务中的铁路货运（CPC7112）归入公路运输服务中的货物服务（CPC7123）。

表3-1 服务部门分类表

行业大类名称	行业包含子部门数量
商业服务	46
通信服务	24
建筑和相关工程服务	5
分销服务	5
教育服务	5
环境服务	4
金融服务	17

续表

行业大类名称	行业包含子部门数量
与健康相关的服务和社会服务	4
旅游和与旅游相关的服务	4
娱乐、文化和体育服务	5
运输服务	35
其他服务	1
合计	155

（2）总体开放水平。总体上看，我国 GATS 中在 12 大类中的 9 大类进行了承诺开放。在 155 个子部门中，我国调整后承诺开放的部门为 87 个，承诺开放水平为 56.3%。而来自世界贸易组织秘书处的数据（2000）显示，发达国家承诺开放子部门的比重为 64%，转型经济体为 52%，发展中经济体为 16%。在 WTO 统计的 GATS 谈判参加方所承诺的具体子部门的数量中，我国居于第二档（81~100 个），是部门减让最多的发展中国家[1]。

（3）具体开放度指标测量。本研究运用 Hoekman 的频度分析法对我国不同服务行业的开放度进行测量，并且在两方面对频度分析法进行了改进。

首先，对不同的开放承诺条款进行不同的赋值。为更准确合理地反映我国服务业开放度，本研究在借鉴其他学者[2][3]相关研究的基础上，对限制赋值进行拓展，根据不同模式下不同的限制措施对开放程度的影响不同，而赋予不同的数值。由于商业存在限制条款最多，根据自由度赋值不同，跨境交付服务提供方式的限制条款较少，境外消费基本没有限制，自然人流动一般除水平承诺外没有承诺，所以研究中针对跨境交付和商业存在不同的限制条款进行不同的赋值（见表 3–2、表 3–3）。

---

[1] 世界贸易组织秘书处，2000 年。
[2] 程涛：《我国服务贸易适度开放问题之研究——给予承诺开放度的分析》，《国际贸易问题》2008 年第 12 期。
[3] 王健：《中国服务贸易承诺自由化指标的建立和比较研究》，《国际贸易问题》2005 年第 3 期。

表 3-2　跨境交付提供方式的开放赋值

承诺条款描述	对应的开放赋值
没有限制	1
企业形式限制	0.75
业务范围限制	0.5
资格限制、股权低于 50% 限制以及极少部分业务承诺	0.25
不作承诺	0

表 3-3　商业存在提供方式开放赋值

承诺条款描述	开放赋值
没有限制	1
程度较小的限制	0.9
地域范围的部分限制、雇佣限制	0.8
企业形式的部分限制	0.7
业务范围的部分限制	0.6
大于 50% 的股权限制	0.5
小于 50% 的股权限制	0.4
资格审查	0.3
审慎性的批准标准	0.2
综合多种限制	0.1
没有承诺	0

其次，对四种服务贸易提供方式赋予不同的权重。由于四种服务贸易提供方式的重要性不同，如果对四种方式进行简单平均的计算，将影响对一国服务开放的度量。本研究中参考四种提供方式在全球服务贸易中的地位，对不同的提供方式赋予不同的权重，以更合理地反映我国的服务业开放度。从 2005 年全球服务贸易提供方式的比重看，跨境交付比重约为 35%，境外消费为 10%~15%，商业存在占 50% 左右，而自然人流动仅为 1%~2%。此外，从全球看，几乎所有国家对于自然人流动的服务提供方式的承诺都基本限制在管理人员和技术专家在跨国公司内部的转移，由于具

有较大的共同性特点，商业存在越来越成为服务贸易提供的最重要的方式，因此，本研究中对自然人流动的权重设置也很低，对商业存在权重设置则较高（见表3-4）。

表3-4　四种服务贸易提供方式的平均权重

提供方式	权重
跨境交付	0.25
境外消费	0.1
商业存在	0.6
自然人流动	0.05

最后，得出服务业开放度的计算公式。

$$O_i = \sum WP/n, \quad i = 1, 2, 3, \cdots, 9; \quad n = 1, 2, \cdots \tag{1}$$

其中，O_i 是各行业的开放度指标，P是行业下各子部门具体承诺的开放值，W是四种提供方式的权重，n是行业下面的子部门数量。根据此方程，我们可以得出各行业的开放度（见表3-5）。

表3-5　各行业的开放度

行业	市场准入	国民待遇	总体
商务服务	0.73	0.84	0.79
通信服务	0.44	0.95	0.70
建筑和相关工程服务	0.7	0.7	0.7
分销服务	0.50	0.81	0.66
教育服务	0.41	0.12	0.27
环境服务	0.46	0.95	0.71
金融服务	0.31	0.95	0.63
旅游服务	0.77	0.83	0.80
运输服务	0.64	0.78	0.71
各部门平均值	0.55	0.77	0.66

从开放度指标看，我国服务业开放主要有以下特点：

第一，国民待遇承诺高于市场准入。开放的 9 大类服务部门平均开放度为 0.66，其中市场准入的平均开放度为 0.55，国民待遇为 0.77，国民待遇开放度比市场准入高出 0.22。市场准入中，境外消费承诺最高，跨境交付其次，商业存在上设有很多的限制条款，自然人流动基本处于未开放状态，国民待遇承诺方面和市场准入类似，只是境外消费和跨境支付模式基本处于开放状态，商业存在方面的限制也远少于市场准入承诺，但对自然人流动基本保持了不开放状态。

第二，分部门总体开放度差异较大。从各部门总体开放度看，如表 3-6、表 3-7、表 3-8 所示，旅游服务、商务服务和运输服务处于前三，开放度分别为 0.80、0.79 和 0.71。旅游服务、运输服务和商务服务总体开放度位居前列主要得益于这三类服务业市场准入开放度较高，分别为 0.77、0.64 和 0.73，远高于 9 大类承诺大类的平均开放度。排名第一的旅游服务中饭店和餐馆的开放度非常高，达到 0.95，处于子行业开放度的首位；旅行社和旅游经营者的开放度由于受出境游的业务限制，开放度仅为 0.65。商务服务中计算机及相关服务、其他商业服务、房地产服务和专业服务的总体开放度分别为 0.83、0.82、0.82 和 0.71。专业服务中税收服务的开放度最高，达到 0.95。运输服务中铁路运输服务开放度最高，为 0.95；其次是公路运输服务，虽然承诺子部门较少，但开放度为 0.95；内水运输开放度最低，仅为 0.16，仅次于航空运输的开放度 0.23。除了健康服务、娱乐服务和其他服务三类服务业没有开放外，总体上开放度最低的是教育服务，仅为 0.27，远低于 9 大类承诺开放部门的平均开放度 0.66。而教育服务总体开放水平低主要是受国民待遇开放度低的影响，仅为 0.12。

第三，金融服务、教育服务、通信服务和环境服务市场准入开放度低。从 9 类已承诺开放部门看，我国金融服务、教育服务、通信服务和环境服务市场开放度较低，分别仅为 0.31、0.41、0.44 和 0.46，分别低于 9 类服

表 3-6　12 大类服务行业总体开放度排名

排名	行业	总体
1	旅游和与旅游相关的服务	0.80
2	商务服务	0.79
3	运输服务	0.71
4	环境服务	0.71
5	建筑和相关工程服务	0.70
6	通信服务	0.70
7	分销服务	0.66
8	金融服务	0.63
9	教育服务	0.27
10	与健康相关的服务和社会服务	0
10	娱乐、文化和体育服务	0
10	其他服务	0

务业市场准入平均开放度的 0.24、0.14、0.11 和 0.09。而这几大行业无一例外的是在跨境交付和商业存在模式上存在较大限制，尤其是商业存在模式上。金融服务业中保险的市场准入开放度仅为 0.26，银行业的市场准入开放度为 0.34。教育服务所有子部门的市场准入开放度都为 0.41。通信服务中电信服务的市场准入最低，为 0.40；其次为视听服务，为 0.41。与这些部门市场准入开放形成对比的是商务服务中专业服务市场准入开放处于较高水平，为 0.79。其中，税收服务开放度最高，为 0.95；速递服务的市场准入开放度也达到 0.95；此外，分销服务中的特许经营和无固定地点的批发或零售服务以及运输服务中的铁路运输和公路运输的市场准入开放度也都达到了 0.95；而旅游服务中的饭店和餐馆的市场准入开放度处于所有子部门中的最高水平，为 0.96。除了自然人流动方式受限制外，这些高开放度的部门市场准入基本处于开放状态。

表 3-7　12 大类服务行业市场准入开放度排名

排名	行业	市场准入
1	旅游服务	0.77
2	商务服务	0.73
3	建筑和相关工程服务	0.7
4	运输服务	0.64
5	分销服务	0.5
6	环境服务	0.46
7	通信服务	0.44
8	教育服务	0.41
9	金融服务	0.31
10	健康服务	0
10	娱乐服务	0
10	其他服务	0

第四，除了教育服务外，其他服务部门在国民待遇方面的开放度都处于较高水平。从 9 大类服务部门国民待遇承诺看，平均开放度为 0.77，其中通信服务、环境服务和金融服务国民待遇的开放度达到 0.95。除了教育服务外，也有部分子部门的国民待遇开放度不高，例如，内水运输的货运服务国民待遇开放度仅为 0.16；航空服务中的航空器的维修服务和计算机订座系统服务国民待遇开放度分别为 0.05 和 0.35；专业服务中的医疗和牙医服务开放度也只有 0.35；此外，专业服务中的建筑设计服务、工程服务、集中工程服务和城市规划服务四个子部门国民待遇开放度都是 0.53。

表 3-8　12 大类服务行业国民待遇开放度排名

排名	行业	市场准入
1	环境服务	0.95
2	通信服务	0.95
3	金融服务	0.95
4	商务服务	0.84

续表

排名	行业	市场准入
5	旅游服务	0.83
6	分销服务	0.81
7	运输服务	0.78
8	建筑和相关工程服务	0.7
9	教育服务	0.12
10	健康服务	0
10	娱乐服务	0
10	其他服务	0

2. FTA 中服务业进一步扩大开放分析

目前，我国已签署 12① 个 FTA 协定，除了中国—冰岛 FTA 还没有具体的承诺外，与在 GATS 中的承诺相比，8 个 FTA 中（中国—东盟 FTA、中国—巴基斯坦 FTA、中国—智利 FTA、中国—新加坡 FTA、中国—新西兰 FTA、中国—秘鲁 FTA、中国—哥斯达黎加 FTA、中国—瑞士 FTA）都有一定的新增承诺部门和高于 GATS 承诺水平的部门（见表 3-9）。

表 3-9 我国在 FTA 中新增的服务部门

FTA	服务业新增承诺部门
中国—东盟 FTA	市场调研服务；除建筑外的项目管理服务；与管理咨询相关的服务；人员安置和提供服务；建筑物清洁服务；在费用或合同基础上的印刷与装订服务；体育和其他娱乐服务（视听服务除外）；机动车的保养和维修服务（第一次承诺有，第二次承诺没有）；城乡定期旅客运输；城乡特殊旅客运输；城市间定期旅客运输；城市间特殊旅客运输
中国—巴基斯坦 FTA	研究和开发服务；市场调研服务；与管理咨询相关的服务；与采矿相关的服务（只包括石油和天然气）；与科学技术相关的咨询服务；人员安置和提供服务；建筑物清洁服务；在费用或合同基础上的印刷与装订服务；医院服务；体育和其他娱乐服务；机动车的保养和维修服务；城市间定期旅客运输

① 除了正文中提及的 9 个 FTA，还包括中国内地与香港、澳门签订的 CEPA 协定以及中国大陆与台湾签订的 ECFA 协定，由于 CEPA 和 ECFA 服务业开放对象具有特定性，不代表全局性的开放，故不在此论述。

续表

FTA	服务业新增承诺部门
中国—智利 FTA	市场调研服务；与管理咨询相关的服务；人员安置和提供服务；建筑物清洁服务；与偶发性采矿相关的服务（只包括石油和天然气）；体育和其他娱乐服务（仅限于 CPC96411、96412 和 96413，不包括高尔夫）；航空服务的销售与营销；机场运作服务；地勤服务；特别航空服务
中国—新加坡 FTA	医院服务；市场调研服务；与管理咨询相关的服务；人员安置和提供服务；建筑物清洁服务；在费用或合同基础上的印刷与装订服务；体育和其他娱乐服务；机动车的保养和维修服务；城市间定期旅客运输
中国—新西兰 FTA	与管理咨询相关的服务；体育和其他娱乐服务（视听服务除外）；机动车的保养和维修服务
中国—秘鲁 FTA	研究和开发服务；市场调研服务；与管理咨询相关的服务；与采矿相关的服务（只包括石油和天然气）；人员安置和提供服务；建筑清洁服务；在收费或合同基础上的包装材料的印刷；体育和其他娱乐服务（仅限于 CPC96411、96412 和 96413，不包括高尔夫）；城市间定期旅客运输
中国—哥斯达黎加 FTA	与采矿相关的服务（只包括石油和天然气）；体育和其他娱乐服务（仅限于 CPC96411、96412 和 96413，不包括高尔夫）
中国—瑞士 FTA	研发服务；市场调研服务；与管理咨询相关的服务；与采矿相关的服务；建筑清洁服务；在费用或合同基础上的印刷和装订服务；体育和其他娱乐服务（仅限于 CPC96411、96412 和 96413，不包括高尔夫）；机场地面服务

资料来源：中国世界贸易组织服务贸易具体承诺减让表和中国与东盟 FTA 服务贸易第一批具体承诺减让表、第二批具体承诺减让表以及中国与巴基斯坦、智利、新加坡、新西兰、秘鲁、哥斯达黎加、瑞士 FTA 服务贸易具体承诺减让表。

在我国与东盟、巴基斯坦、智利、新加坡、新西兰、秘鲁、哥斯达黎加和瑞士的 FTA 中，服务业分别新增了 12 个、12 个、10 个、9 个、3 个、9 个、2 个和 8 个部门，其中，娱乐、文化和体育服务（视听服务除外）是 8 个 FTA 中共同新增的承诺大类，与管理咨询相关的服务、市场调研服务、机动车保养和维修服务、城市间定期旅客运输等也是相对比较集中的新增子部门。

在我国与东盟、巴基斯坦、智利、新加坡、新西兰、秘鲁、哥斯达黎加和瑞士的 FTA 中，各有 18 个、17 个、18 个、18 个、9 个、10 个、3 个和 18 个具体部门高于对 GATS 承诺水平（见表 3-10）。从部门看，我国对软件、房地产、环境、航空器维修服务、笔译和口译服务、计算机订座系

表 3-10　我国在 FTA 中高于 WTO 承诺水平的服务部门

FTA	服务业高于 WTO 承诺的部门
中国—东盟 FTA	系统和软件咨询服务；系统分析服务；系统设计服务；编程服务；系统维护服务；数据输入准备服务；涉及自有或租赁资产的房地产服务；以收费或合同为基础的房地产服务；笔译和口译服务；排污服务；固定废物处理服务；废气清理服务；降低噪声服务；自然和风景保护服务；其他环境保护服务；卫生服务；航空器的维修服务（删除了设立合资企业的营业许可需进行经营需求测试）；计算机订座系统服务
中国—巴基斯坦 FTA	系统和软件咨询服务；系统分析服务；系统设计服务；编程服务；系统维护服务；数据输入准备服务；涉及自有或租赁资产的房地产服务；以收费或合同为基础的房地产服务；笔译和口译服务；排污服务；固定废物处理服务；废气清理服务；降低噪声服务；自然和风景保护服务；其他环境保护服务；卫生服务；饭店（包括公寓楼）和餐馆
中国—智利 FTA	系统和软件咨询服务；系统分析服务；系统设计服务；编程服务；系统维护服务；数据输入准备服务；涉及自有或租赁资产的房地产服务；以收费或合同为基础的房地产服务；相关科学技术咨询服务；笔译和口译服务；排污服务；固定废物处理服务；废气清理服务；降低噪声服务；自然和风景保护服务；其他环境保护服务；卫生服务；计算机订座系统服务
中国—新加坡 FTA	系统和软件咨询服务；系统分析服务；系统设计服务；编程服务；系统维护服务；数据输入准备服务；涉及自有或租赁资产的房地产服务；以收费或合同为基础的房地产服务；陆上石油服务；笔译和口译服务；排污服务；固定废物处理服务；废气清理服务；降低噪声服务；自然和风景保护服务；其他环境保护服务；卫生服务；计算机订座系统服务
中国—新西兰 FTA	系统和软件咨询服务；系统分析服务；系统设计服务；编程服务；系统维护服务；数据输入准备服务；教育服务；航空器维修服务；计算机订座系统服务
中国—秘鲁 FTA	系统和软件咨询服务；系统分析服务；系统设计服务；编程服务；系统维护服务；数据输入准备服务；涉及自有或租赁资产的房地产服务；以收费或合同为基础的房地产服务；笔译和口译服务；饭店（包括公寓楼）和餐馆
中国—哥斯达黎加 FTA	涉及自有或租赁资产的房地产服务；以收费或合同为基础的房地产服务；饭店（包括公寓楼）和餐馆
中国—瑞士 FTA	系统和软件咨询服务；系统分析服务；系统设计服务；编程服务；系统维护服务；数据输入准备服务；涉及自有或租赁资产的房地产服务；以收费或合同为基础的房地产服务；佣金代理业务；批发服务；排污服务；固定废物处理；废弃清理服务；降低噪声服务；证券服务（证券公司外资股比由 1/3 上升为 49%）；海运报关服务；航空器的维修服务（删除设立合资企业的营业许可经营需求测试）；计算机订座系统服务（市场准入放开）

　　资料来源：中国世界贸易组织服务贸易具体承诺减让表和中国与东盟 FTA 服务贸易第一批具体承诺减让表、第二批具体承诺减让表以及中国与巴基斯坦、智利、新加坡、新西兰、秘鲁、哥斯达黎加、瑞士 FTA 服务贸易具体承诺减让表。

统服务、饭店和餐馆的承诺水平不断深化，主要体现在市场准入方面不断放宽外资的持股比例等，只有很少部门体现在免除经营需求测试方面。

FTA 中进一步开放的主要特点有以下两点：

一是新增部门的承诺水平较低。与在 GATS 的承诺水平比，我国在签订的 FTA 中新增开放的服务领域较少，主要包括商业、健康与社会、运输、文娱与体育等 10 个左右的部门。同时开放的水平也较低，主要体现在市场准入方面对商业存在均有限制，基本上都只限于允许设立合资企业，外商虽然可以拥有多数股权，但需要进行经济需求测试。二是深化开放主要表现在模式 3 上。与在 GATS 的承诺水平比，我国在签订的 FTA 中深化开放承诺的服务领域主要集中在计算机、房地产、环境相关领域。深化开放主要集中在商业存在模式上，主要表现在市场准入方面对模式 3 的外商持股比例限制放宽，在 WTO 承诺中一般仅允许设立合资企业，而在相关FTA 中有权设立外商独资公司或外商独资子公司。极少的深化开放表现在国民待遇的模式 3 上，如中国—东盟 FTA 中在建筑及相关工程服务方面就国民待遇模式 3 的承诺上要高于对 WTO 的承诺。

3. 基于结果的开放度测量

借鉴国内各学者基于结果的服务业开放指标研究，报告中选取服务业增加值占 GDP 的比重、服务贸易与货物贸易的比重、服务贸易依存度、服务业投资依存度指标进行分析（见表 3-11）。

表 3-11　我国服务业开放指标

单位：%

年份	服务业增加值/GDP	服务贸易与货物贸易之比	世界平均	服务贸易依存度	世界平均	服务业投资依存度	世界平均
2000	34.8	13.92	22.42	5.51	9.42	—	8.40
2001	48.2	14.11	23.46	5.43	9.58	—	5.06
2002	45.7	13.77	23.86	5.88	9.68	—	4.20
2003	38.1	11.90	23.57	6.17	9.96	—	3.06

年份	服务业增加值/GDP	服务贸易与货物贸易之比	世界平均	服务贸易依存度	世界平均	服务业投资依存度	世界平均
2004	39.9	11.58	23.39	6.92	10.72	0.86	3.72
2005	43.3	11.05	22.91	6.96	10.68	1.54	3.70
2006	45.2	10.89	22.38	7.06	11.52	1.39	6.03
2007	46.3	11.53	23.27	7.18	11.78	1.70	7.45
2008	45.0	11.88	22.86	6.73	12.19	2.21	6.13
2009	43.6	12.99	26.80	5.74	11.66	1.65	4.08
2010	39.3	12.19	24.21	6.11	11.72	1.93	4.34
2011	43.8	11.51	22.58	5.72	11.83	1.57	5.26
2012	44.6	12.17	22.91	5.72	11.89	1.53	5.15
2013	49.1	12.19	23.02	5.81	—	—	—

资料来源：根据历年《中国商务统计年鉴》及《中国统计年鉴》计算。

（1）服务业增加值占 GDP 比重。产业是开放的基础，服务业的开放离不开服务业产业的发展，因此一国服务经济的发展能对一国服务业开放产生重要影响。近年来，我国服务业增加值占 GDP 的比重总体呈现不断的上升趋势，从 2000 年的 34.8% 增长为 2013 年的 49.1%，增长超过 10 个百分点。但是应该看到，到目前为止，我国服务业增加值占 GDP 的比重也仅在 45% 左右徘徊，不但远低于发达国家 80% 的水平，与世界 70% 的平均水平差距也很大。

（2）服务贸易与货物贸易的比重。2000~2013 年，我国服务贸易与货物贸易的比值不但没有上升，反而呈现出小幅的下降：2000 年已达 13.92%，2011 年下降为 11.51%，2013 年有所回升，但也仅为 12.19%。同世界货物贸易与服务贸易比例相比，我国同一指标明显落后，2000~2013 年间，我国的平均比值仅为 12.3%，而世界的平均比值为 23.4%，落后了超过 10 个百分点，说明我国服务业开放程度还有待提升。

（3）服务贸易依存度。服务贸易依存度是指服务贸易占一国 GDP 的比重，它反映了一国参与国际服务贸易的程度，体现了一国经济增长对国际服务贸易市场的依赖。2000~2012 年，我国服务贸易依存度呈现了上升下降的曲线变化：2000~2007 年是上升阶段，服务贸易依存度从 5.51% 增长为 7.18%，增长了 1.67 个百分点；2008~2012 年呈现下降趋势，2012 年，服务贸易依存度仅为 5.72%，基本上回到了 2000 年的水平。我国与世界服务贸易依存度平均水平差距逐渐扩大，2000 年我国服务贸易依存度与世界平均水平仅差 3.91 个百分点，2011 年已相差了 6.11 个百分点，这说明我国近年来服务业开放与世界的差距在逐渐扩大。

（4）服务业投资依存度。服务业投资依存度是服务业利用外资依存度与服务业对外投资依存度之和，其中服务业利用外资依存度是服务业实际利用外资总额占一国 GDP 的比重，服务业对外投资依存度是服务业对外投资流量占一国 GDP 的比重。受我国对外投资统计数据的限制，服务业投资依存度从 2004 年开始计算，2004~2012 年间，我国服务业投资依存度变化较小，数据较小，平均仅为 1.6%，远低于同一时期世界投资依存度 5.1% 的水平。

从以上四种基于结果的服务业开放指标可以看出，2000~2013 年，我国服务业开放度的提升并不明显，并且与世界的差距不断拉大。这说明与世界平均水平相比，我国服务业开放度并不高。

（三）基本结论

根据以上研究和分析，可以得出以下结论：服务业开放中，国民待遇的开放高于市场准入开放；旅游服务、运输服务和商务服务总体开放度较高，其市场准入开放度也处于较高水平；除健康服务、娱乐服务和其他服务完全不开放外，受国民待遇开放度较低的影响，在 GATS 承诺中我国教育服务总体开放度很低；受跨境交付和商业存在等多种限制措施的影响，我国金融服务、教育服务、通信服务和环境服务市场准入门槛较高，开放度较低；除 CEPA 和 ECFA 外，我国签署的 FTA 中新增服务业开放承诺水平低，深化承诺也并不明显；基于结果的服务开放度指标显示，2000~2013年间我国服务业开放度并没有明显提升，并且与世界的平均水平的差距不断拉大，说明我们服务业开放水平还不够，开放空间还很大。

二、基于扩展的 Hoekman 指数的自贸试验区服务业对外开放水平评估

根据《中国（上海）自由贸易试验区总体方案》的设计，扩大服务业对外开放将选择金融服务、航运服务、商贸服务、专业服务、文化服务以及社会服务六大领域，实施 23 条开放措施，暂停或取消投资者资质要求、股比限制、经营范围等准入限制措施，营造有利于各类投资者平等准入的市场环境。服务业开放作为新一轮改革开放的重点，不仅承载了改革深水区攻坚战的使命，而且肩负着边境开放向境内开放转变的开放方式变革的重任。

实际上，在自贸试验区建立之前，上海以服务经济为主的引进外资结构已经凸显。2012 年，上海第三产业吸收外商投资合同金额为 187.13 亿美元，占全市总量的比重为 83.8%，其中金融服务业增长 70%，商业服务业增长 30%。2012 年末，在上海投资的国家和地区达到 154 个，2012 年上海全年新认定的跨国公司地区总部 50 家、外商投资性公司 25 家、外资研发中心 17 家，累计分别达到 403 家、265 家和 351 家。上海已经成为中国大陆投资性公司和跨国公司地区总部最集中的城市。在服务贸易方面，上海当年服务贸易进口和出口均居全国首位。2012 年，上海服务贸易进出口总额为 1515.6 亿美元，占全国比重为 32.2%。运输、旅游和咨询是上海服务贸易的主要行业，合计比例达到 76.5%。

有鉴于此，关于自贸试验区服务部门的开放程度，我们从服务业开放

的范围和服务贸易的两种模式（跨境贸易和国际投资）两个方面来评估。此外，考虑到 2013 年和 2014 年两个版本的负面清单，我们还比较了两个版本在两种模式上的差异。自贸试验区服务业领域开放在整体服务业中的覆盖率比较高。如果我们采用世界贸易组织服务部门分类标准看，涉及 12 个服务部门中的 10 个，覆盖率达到 83.33%；从二级服务部门分类看，也达到 21.43%（见表 3-12）。从自贸试验区服务业开放的覆盖率来看，较之我国"入世"承诺和以往的 FTA 协议都更高，但是在二级服务分类上来看还存在明显不足，覆盖率较低。也就是说，在大类上服务业开放的广度在提高，在二级分类上的开放深度还明显不足。

表 3-12　中国（上海）自由贸易试验区服务业开放覆盖率

类别	国民经济产业分类目录（2011 年）		世界贸易组织服务部门分类	
	数量（个）	覆盖率（%）	数量（个）	覆盖率（%）
服务门类	16	37.21	10	83.33
二级服务分类	43	10.07	12	21.43

注：服务门类在国民经济产业分类目录中对应门类，在世界贸易组织服务部门分类中对应一级部门；二级服务分类在国民经济产业分类目录中对应大类，在世界贸易组织服务部门分类中对应二级部门。

从服务业开放所涵盖服务贸易的四种模式看，跨境交付、境外消费和自然人流动与中国"入世"承诺一致，没有变化，开放措施主要集中在商业存在中股权限制的变化以及放宽业务两个方面（见表 3-13）。在 23 项开放措施中，允许外资独资的 9 项，占 39.13%；允许外资合资的 3 项，占 13.04%；允许外资业务范围扩大的 7 项，占 30.43%；降低资质要求的 2 项，占 8.70%；允许合作经营的 2 项，占 8.70%。因此，可以说自贸试验区主要针对服务业进入壁垒，在服务业开放的深度上重点突破。"入世"以来，我国服务贸易的发展较快，在跨境交付和境外消费上都有长足的发展，推动了上述两种服务贸易的快速发展。然而，服务业外资进入壁垒一直难以突破，这也是美国积极推动的 TPP 在服务业方面所涵盖的主要领域。

表 3-13　自贸试验区服务部门在四种贸易方式中的开放情况

服务方式 服务类型	分类	对应 CPC（大类和小类）	跨境交付	境外消费	商业存在	自然人流动
金融服务领域	银行服务	金融服务/银行和其他金融服务（不包含保险和证券）	不变	不变	独资、合资	不变
	专业健康医疗保险	金融服务/所有保险及其相关服务/寿险、健康险、养老金和年金险	不变	不变	独资	不变
	融资租赁	金融服务/银行和其他金融服务（不包含保险和证券）/金融租赁	不变	不变	取消注册资本限制、业务范围扩大	不变
航运服务领域	远洋货物运输	运输服务/海运服务海上货物运输	不变	不变	放宽股比限制、业务范围扩大	不变
	国际船舶管理	运输服务/海运服务海运运支持服务	不变	不变	独资	不变
	增值电信	通信服务/电信服务	不变	不变	业务范围扩大	不变
商贸服务领域	游戏机、游艺机销售及服务	配送服务/批发销售服务	不变	不变	独资业务范围扩大	不变
	律师服务	商业服务/专业服务/法律服务	不变	不变	合作	不变
	资信调查	商业服务/其他商业服务/调查和安全服务	不变	不变	独资	不变
专业服务领域	旅行社	观光旅游相关服务/旅行社服务	不变	不变	合资	不变
	人才中介服务	商业服务/其他商业服务/人员配置和供应方面的服务	不变	不变	中外合资、港澳独资、降低注册资本限制	不变

续表

服务方式／服务类型	分类	对应 CPC（大类和小类）	跨境交付	境外消费	商业存在	自然人流动
专业服务领域	投资管理	商业服务/其他商业服务/管理咨询服务	不变	不变	股份制外资	不变
	工程设计	商业服务/专业服务/工程服务	不变	不变	降低申请资质要求	不变
	建筑服务	建筑及相关的工程服务	不变	不变	独资业务范围扩大	不变
文化服务领域	演出经纪	娱乐、文化和体育服务/娱乐服务	不变	不变	独资业务范围扩大	不变
	娱乐场所	娱乐、文化和体育服务/娱乐服务	不变	不变	独资	不变
社会服务领域	教育培训、职业技能培训	教育服务/其他教育服务	不变	不变	合作	不变
	医疗服务	医疗健康相关的社会服务/医院服务	不变	不变	独资	不变

注：①在跨境交付模式下，业务范围扩大是指该项服务业务可（有条件）向国内市场（游戏机、游艺机销售及服务）或上海市场（建筑服务和演出经纪）提供服务。②在商业存在模式下，业务范围扩大分别是指可以有条件地从事商业保理业务（融资租赁）、沿海捎带业务（远洋货物运输）及增值电信业务（增值电信）。

2014 年 9 月，国务院公布了《关于在中国（上海）自由贸易试验区内暂时调整实施有关行政法规和经国务院批准的部门规章规定的准入特别管理措施的决定》，世界服务业开放领域有六个，涉及 18 个子行业的开放措施，具体情况如表 3-14 和表 3-15 所示。

从服务业开放对应的相关操作细则看，如表 3-16 所示，不同服务部门存在着比较大的差异。首先，大部分服务部门的开放根据国务院《总体方案》制定了相关的细则，但有些服务部门的开放并没有相关的操作细则。其次，操作细则本身的差异，以是否明确服务提供商提供服务市场的服务半径为例，4 个细则明确只在自贸试验区内开展服务，占 22.2%；3 个细则明确可以在上海范围内提供服务，占 16.67%；2 个细则明确可以在全国范围提供服务，占 11.11%，而没有明确的有 9 个细则，占 50%。尽管国务院《总体方案》中明确自贸试验区内企业在区外经营活动全过程的跟踪、管理和监督，但是在操作过程中存在着法律和政策方面的障碍，自贸试验区内注册的企业根据相关细则经营，但是该企业如果到自贸试验区外经营时必然受到原有法规和政策的约束。最后，即使股权限制取消和业务范围扩大，但企业经营所需要的前置审批没有发生变化。以金融服务业为例，2013 年版与 2014 年版相比，将"限制投资银行、财务公司、信托公司、货币经纪公司"改为"投资银行业金融机构需符合现行规定"，并删去"投资小额贷款公司、融资性担保公司须符合相关规定"，体现了自贸试验区进一步扩大金融服务业对外开放力度。

从自贸试验区的区内外比较看，我们采用扩展的 Hoekman 指数对自贸试验区的区内外进行比较。为了比较区内相对于区外在服务业开放措施上的提升，我们还设计了开放程度指数，该指数的计算方法是区外指数减区内指数再除以区外指数，表示区内服务业开放水平相比较区外水平的提升程度，该指数数值越高则表示区内开放水平提高程度越大，开放力度越大。与 2013 年版服务业开放相比较，2104 年版服务业对外开放程度指数

表 3-14　自贸试验区区内外服务贸易限制指数比较（2013 年版开放措施）

分类		跨境交付		境外消费		商业存在		自然人流动		开放程度(%)
		区内	区外	区内	区外	区内	区外	区内	区外	
金融服务领域	银行服务	0.2	0.2	0.9	0.9	0.9	0.3	0	0	29.31
	专业健康医疗保险	0	0	1	1	0.8	0.8	0.1	0.1	38.21
航运服务领域	融资租赁	1	1	1	1	0.2	0.5	0	0	46.71
	远洋货物运输	1	1	1	1	0.5	0.5	0	0	0.00
	国际船舶管理	0.7	0.7	1	1	0.2	0.2	0	0	0.00
商贸服务领域	增值电信	0.2	0.2	1	1	0.5	0.5	0	0	0.00
	游戏机、游艺机销售及服务	0	0	1	1	0.3	0	0	0	70.00
专业服务领域	律师服务	1	1	1	1	0.2	0	0.1	0.1	13.33
	资信调查	0	0	1	1	0	0	0.2	0.2	0.00
	旅行社	1	1	1	1	0.5	0.5	0.2	0.2	0.00
	人才中介服务	1	1	1	1	0.5	0.5	0.2	0.2	0.00
	投资管理	1	1	1	1	0.5	0.5	0.2	0.2	0.00
	工程设计	0.7	0.7	1	1	1	0.7	0.2	0.2	12.07
	建筑服务	0	0	1	1	0.2	0.5	0.2	0.2	18.32
文化服务领域	演出经纪	0	0	1	1	0.5	0.5	0	0	0.00
	娱乐场所	0	0	1	1	0.3	0.5	0	0	46.67
社会服务领域	教育培训、职业技能培训	0.2	0.2	1	1	0.5	0.5	0.3	0.3	0.00
	医疗服务	1	1	1	1	0.5	0.7	0.5	0.5	18.91

表 3-15 自贸试验区区内外服务贸易限制措数比较（2014 年版开放措施）

服务项目	对应 WTO 分类	跨境支付		境外消费		商业存在		自然人流动		开放程度 (%)
		区内	区外	区内	区外	区内	区外	区内	区外	
国际海运货物装卸、国际海运集装箱站和堆场业务	运输服务/各种运输方式的附属服务/货运管理、装卸服务	1	1	1	1	0.5	0.2	0	0	66.67
公共国际船舶船代理业务	运输服务/海运运支持服务	1	1	1	1	0.5	0.2	0	0	66.67
进出口商品认证	商业服务/其他商业服务/技术测试和分析服务	1	1	1	1	0.7	0.5	0.2	0.2	13.34
盐的批发业务	配送服务/批发贸易服务	0	0	1	1	1	0.7	0	0	33.33
提高原油采收率（以工程服务形式）及相关新技术的开发应用	商业服务/专业服务/工程服务	0.7	0.7	1	1	1	0.5	0.2	0.2	50
石油勘探开发新技术的开发与应用	商业服务/其他商业服务/相关的科研和技术咨询服务	1	1	1	1	0.5	0.2	0.2	0.2	17.31
地方铁路及桥梁、隧道、轮渡和车站场设施的建设、经营	建筑服务/工程服务及相关的工程服务、建筑物的常规建筑作业	0	0	1	1	0.2	0.2	0.2	0.2	0
	运输服务/铁路运输	0	0	1	1	0.2	0.2	0.2	0.2	0
植物油、食糖、化肥的批发、零售、配送，粮食、棉花的批发、零售、配送	配送服务/批发贸易服务	0	0	1	1	1	0.2	0.2	0.2	100
	配送服务/批发贸易服务	0	0	1	1	1	0.2	0.2	0.2	100
	配送服务/批发贸易服务	0	0	1	1	1	0.2	0.2	0.2	100
	配送服务/零售服务	0	0	1	1	1	0.2	0.2	0.2	100
	配送服务/零售服务	0	0	1	1	1	0.2	0.2	0.2	100

续表

服务项目	对应WTO分类	跨境支付		境外消费		商业存在		自然人流动		开放程度(%)
		区内	区外	区内	区外	区内	区外	区内	区外	
邮购和一般商品网上销售	配送服务/零售服务	0	0	1	1	0.2	0	0.2	0.2	20
	配送服务/零售服务	0	0	1	1	0.2	0.2	0.2	0.2	0
铁路货物运输业务	运输服务/铁路运输货物运输	1	1	1	1	0.5	0.5	0.2	0.2	0
航空运输销售代理业务	运输服务/空运服务/空运支持性服务	0	0	1	1	0.7	0.5	0.2	0.2	40
房地产中介或经纪	商业服务/房地产、不动产服务	1	1	1	1	0.7	0.2	0.2	0.2	33.33
摄影服务（不含空中摄影等特技摄影服务）	商业服务/其他商业服务/摄影服务	1	1	1	1	1	0.7	0.2	0.2	33.33

表 3-16 服务部门相关细则情况

部门 \ 内容		国务院自贸试验区方案	是否有细则	是否明确服务半径
金融服务领域	银行服务	独资、合资	是	自贸试验区（只允许上海金融机构在自贸试验区注册）
	专业健康医疗保险	独资	否	否
	融资租赁	取消注册资本限制、业务范围扩大	是	否
航运服务领域	远洋货物运输	放宽股比限制、业务范围扩大	是	全国
	国际船舶管理	独资	是	否
	增值电信	业务范围扩大	是	互联网接入服务业务的服务范围限定在试验区内，其他业务的服务范围可以面向全国
商贸服务领域	游戏机、游艺机销售及服务	独资，业务范围扩大	是	全国
专业服务领域	律师服务	合作	是	自贸试验区
	资信调查	独资	否	否
	旅行社	合资	否	否
	人才中介服务	中外合资、港澳独资、降低注册资本限制	否	否
	投资管理	股份制外资	否	否
	工程设计	降低资质申请要求，业务范围扩大	是	上海市
	建筑服务	独资，业务范围扩大	是	上海市
文化服务领域	演出经纪	独资，业务范围扩大	是	上海市
	娱乐场所	独资	是	自贸试验区
社会服务领域	教育培训、职业技能培训	合作	是	否
	医疗服务	独资	是	否

资料来源：根据相关制度整理完成。

明显更高，2013 年版的平均开放度为 12.31%，而 2014 年版达到 46%。可以说，2014 年版在开放的深度上有了进一步发展，在总结自贸试验区成立一年以来经验的基础上，2014 年版在"植物油、食糖、化肥的批发、零售、配送，粮食、棉花的零售、配送""国际海运货物装卸、国际海运集装箱站和堆场业务"和"公共国际船舶代理业务"三个行业的开放力度都超过 50%，对外商进入壁垒进行了较为彻底的清除，在体制和机制上为这些行业的合理竞争提供了平台。综观各个具体服务行业，2013 年版中只有商贸服务业中的"游戏机、游艺机销售及服务"开放程度超过 50%，在 0 到50% 之间的子服务部门为 8 个，"融资租赁"和"娱乐场所"的开放程度接近 50%。其他 9 个子服务部门的开放程度没有变化。由此可见，自贸试验区服务业开放在广度上还有进一步扩展的空间。但也应该看到，自贸试验区在"自然人流动"模式下的开放普遍较低，在 2013 年版和 2014 年版中，仅有"医疗服务"一个行业的 Hoekman 指数赋值达到 0.5，其他行业普遍在 0.3 以下，开放程度依然较低，与"商业存在"模式的开放程度指数也相差较大。因此，"自然人流动"模式是自贸试验区下一步可以继续突破创新的服务业开放模式。

从服务业开放的发展趋势看，第一，多服务部门全面自由化的要求。由于企业特别是跨国公司采用信息与通信技术（ICT）改变了原来只能局限在某个业务点的经营模式，多服务部门已经成为新型企业商业模式的重要特征，国内外微型跨国公司正在迅速成长。一是企业盈利模式的多样性对服务部门的开放提出了更高的要求，因为对于企业而言，跨服务部门的多业务经营意味着提供服务的成本核算不局限在某个单一的业务，而是整体企业在提供服务时的盈利能力，因而业务之间在跨服务部门提供服务时具有相通性，这就需要政府明确告知哪些经营受到约束甚至不可经营；二是在跨境贸易方式中，ICT 技术使跨境交付成为跨境贸易中的重要形式，企业不需要在东道国设立公司就可直接为客户提供服务，但在整体方案设计以及相关服务部门开放中没有体现这方面企业的发展趋势。第二，减少市场准入的限制。跨国公司商业模式需要形成跨国公司内部机构和跨国公司母子公司之间的完整商业模式，这是因为：一方面高端服务业需要运用服务技术，技术保密对于跨国公司而言特别重要；另一方面由于是跨国公司自己或者关联公司开发的服务项目，它们不愿意与东道国企业分享利润，因而通过股权限制等方式使跨国公司在子公司选址时考虑服务部门开放度更高的国家或者地区。尽管自贸试验区在股权限制取消方面有推进，但主要局限在传统服务部门，专业服务、金融服务和电信服务等方面还是存在着比较大的限制。第三，外资企业除了要求在市场准入阶段取得国民待遇外，市场准入后也要求有相应的待遇，服务工序的可分离性和可离岸性使服务根据要素禀赋在全球投资的可能性提高，但服务部门由于受到国内规则的影响很大，所以在市场准入中的设立、取得和扩大等方面，与国内具有同样的待遇。

从服务贸易领域规则来看，自贸试验区服务业开放水平与国际高标准存在着以下三个方面的差距：一是在总体框架方面，国际高标准贸易规则中分为一般行业和敏感行业两类，因为金融服务部门和电信服务部门的复杂性，所以国际高标准贸易规则中一般包括"非正非负"列表的两个服务部门。二是国际高标准贸易规则将世界贸易组织服务贸易四种类型中的跨境交付、境外消费和自然人流动统一为跨境贸易，将商业存在作为国际投资的一部分。在跨境贸易方面，自贸试验区服务业开放没有涉及，仍然延续正面清单的方式，而国际高标准贸易规则采用负面列表的方式。三是在国际投资领域，自贸试验区仅限市场准入前的负面列表，而国际高标准贸易规则不仅涉及准入前的负面列表，还包括准入后的负面列表。以金融服务业为例，在刚刚达成协议的TPP谈判中，各成员国在金融、证券、法律服务等领域已没有外资持股比例或经营范围限制。包括自贸试验区2013年版和2014年版"负面清单"在内的我国这些领域的政策却还停留在传统的多边贸易框架体制下，银行、证券、保险、电信等行业仍保留许多对外资的限制条件。

三、TPP 背景下自贸试验区服务业对外开放的政策建议

（一）在 TPP 背景下明确自贸试验区的功能定位和管理模式创新

1. 利用自贸试验区平台推动放宽自然人流动限制

在加入世贸组织的承诺中，我国对于四种服务贸易提供模式的承诺存在差异。在市场准入方面，境外消费承诺最高，跨境交付其次，而对于商业存在和自然人流动均有严格的限制和管理。在国民待遇方面也一样，只是境外消费和跨境支付承诺情况高于市场准入，但是对自然人流动依旧保留了严格限制。从自贸试验区负面清单的两个版本来看，在自然人流动方面的突破和创新比较缺乏，区内区外几乎没有任何区别。自贸试验区的建立从某种意义上来说是打破商业存在限制的一种尝试和努力，相应的配套措施中非常关键的一条是进一步放宽自然人流动的限制。其他主要自由贸易区的发展经验表明，自然人流动不仅有利于服务业发展，更有利于整体经济的活力。例如，目前有超过 120 个国家的各个层次的居民在迪拜生活和工作，他们为迪拜经济发展做出了重要贡献。上海在国际化大都市的发展过程中还要以自贸试验区为突破口，进一步扩大自然人流动的范围，减少相关限制，为经济发展提供智力支持和保障。

2. 及时总结自贸试验区实践经验，提升我国在 TPP 等贸易和投资协定谈判中的协商水平

当前，我国参与多边、区域和双边谈判中的出价与要价存在盲目，对我国服务业国际竞争力、开放承受力和发展潜力认识不清，对我国政府在服务业运行过程中的监管能力和水平认识不够，导致我国难以在协议开放中确定最优化的要价和出价安排。比如，我们目前还不能确定加入与不加

入 TPP 对我国相关行业的短期和长期影响。通过建立自贸试验区，对协议开放中尚未触及的行业和领域先行开放，开展"准入前国民待遇"和"负面清单"等方面的开放试验，对我国竞争力不足的敏感行业先行开放，积累服务业开放的监管手段和经验，从而为今后通过多边、区域或双边谈判进行更具约束性的开放创造条件，使我国在今后的协议开放中更具主动性，做到对有关开放承诺对国内产业发展的影响及行政体制的改革心中有数，不至于盲目开放。对于 FTZ 等自主开放中试验成功的做法应通过 FTA 等协议开放推广到全国，并换取对方国家的开放对待；对于 FTZ 等自主开放中试验不成功的做法，应在 FTA 等协议谈判中避免触及，坚守我国核心经济利益。

3. 尽快推动主体资格许可和经营资格许可同步

自贸试验区自成立以来积极推动服务业开放水平的不断提高。目前，共计 54 项服务业开放措施已经予以公布，带动 1000 多个服务业项目落地。早在 2013 年自贸试验区成立之初，为了推动"负面清单"尽快落地，自贸试验区在商业存在模式下推行"证照分离"，即企业先获得经营主体资格，经营资格可以后续再申请。相应地，自贸试验区推动了五种监管模式：取消审批；取消审批但备案；强化严格准入审批；放松准入审批，采用承诺保证书；目录化、格式化准入条件。这五种监管模式在不同程度上阻碍了企业主体资格许可和经营资格许可的同步，而我国服务贸易发展的现实情况是四种贸易模式的开放水平很不平衡、两种资格的许可更加在短时间内同步，这是出现所谓"大门开，小门不开"的根本原因。下一步，自贸试验区还需要在"综合改革试验区"的框架下，积极推动自贸试验区和自主创新联动，推进企业主体资格许可和经营资格许可的同步，为自然人流动创造更加宽松的外部环境和政策环境。

（二）自贸试验区服务业开放进一步突破的具体行业

1. 运输服务业

长期以来，上海在国际航运中心的建设上，虽然货物吞吐量较高，但与世界著名的国际航运中心相比仍有不小差距，尤其是在航运服务领域，如船务经纪、船舶分级与登记、船舶融资和租赁、海上保险、船舶交易、海事仲裁等方面。根据上海市《加快国际航运中心建设"十二五"规划》，到 2015 年，上海要形成国际航运中心核心功能，实现航运要素和资源集聚：港口、机场吞吐量继续位居世界前列，航运服务体系基本建成，国际航运综合试验区建设取得新突破。自贸试验区总体方案指出，要提升国际航运服务能级，积极发展航运金融、国际船舶运输、管理和国际航运经纪等产业，推动中转集拼业务发展，先行先试外贸进出口集装箱在国内沿海港口和上海港之间的沿海捎带业务。

随着自贸试验区的建立，上海建设国际航运中心的目标将显著加快推进。相关配套服务业需求的增长，将使得新业态的、更高层次的物流管理服务显著增加，有利于企业的发展壮大。但国外优秀的跨国物流服务商也将充分与国内物流企业竞争，目前国内物流企业全球化服务的能力相对较弱，物流企业将面临巨大挑战。物流业可以通过"条块结合"的方式打破自贸试验区的地理限制，通过长江经济带的支持将面临的挑战转化为机遇。上海港能保持全球最大的集装箱海港的地位，主要是靠长江经济带的支撑。自贸试验区将是中国最大的物流特区，其发展会直接影响长江经济带的物流业发展。注册在自贸试验区内的物流企业可以突破物理维度的限制，将提供服务的范围扩大到长江流域，甚至是整个内陆流域。如果将上海港的区位、人才和资金优势与长江经济带的内陆运输网络相结合，则可以助推我国物流业快速发展。

2. 电信业

在基础服务方面，2014年11月工信部针对国内私营企业参与电信转售业务试点方案发布了最终细则的修订版。这些细则提议，在为期两年的试点方案中，应允许国内私营企业在中国开展移动虚拟网络运营商服务；这些细则还允许在境外股市上市的国内公司参与试点方案，但外资企业仍被禁止直接参与试点方案。实际上，过去10年间，我国基础电信市场仍然由国内运营商主导，而未向国际运营商开放。一方面，应该尽快评估国内运营商的国际竞争力，适度保护不可能是无限期的；另一方面，长期的垄断不利于产业发展和企业竞争力的提升。因此，可以利用建立自贸试验区的有利契机，加快制定安全可控的移动虚拟网络运营商政策，以便有更多运营商可以在国内市场提供移动服务。

在增值电信业务方面，我国自加入WTO以来，在开放电信业务方面始终保持谨慎态度，信息与通信技术领域的外资企业对增值服务市场的市场准入受到限制。增值服务许可证的申请流程较为复杂，而且地方具体做法受到许多法规的限制，如外国企业只能以设置合资公司的方式进入增值电信业务，且持股比例不能超过49%。利用此次自贸试验区的改革，在一定范围内扩大外国企业在增值电信企业的开放程度，扩展增值服务目录的覆盖范围；在监管能力充分的条件下，允许在出现新技术时向该目录添加新服务，允许外国企业在自贸试验区内设置增值电信企业，经营一些全国性的增值电信业务，通过让外资进入市场可以为国内市场带来更好的、动态的信息与通信技术解决方案。鼓励通过内外企业的合作关系，接触前沿的技术，并与国际市场参与者建立合作关系，从而实现业务的全球扩张。

3. 航空运输服务业

上海作为国际化金融贸易中心，自身所具有的区位优势和地缘优势为其发展民用航空运输业提供了重要的条件，世界各主要自由贸易区无不同时为航空运输周转中心。上海可以利用自贸试验区所提供的发展空间，积极推动国际航空港建设，实现民用航空运输业的跨越式发展，跻身如新加坡、迪拜等世界级航空枢纽的行列。虽然航空运输服务本身是发达国家重点限制或者禁止开放的行业，但上海可以通过突破外围的民航业计算机订座系统业务推动民用航空服务的开放。在部门配套措施的基础上，可增加中国空域的入口点和出口点，通过民用空域和军用空域的灵活共用扩大民用航空的可用航路网络等。通过在机场、终端和订票系统费用上对所有国内和外国航空公司一视同仁，构建公平、透明的竞争环境，建立国内外民航运输串联网络，着力推动上海成为国际化民航运输中转港。

4. 教育服务

我国长期以来对教育行业的开放持保守态度，自由贸易区留给教育投资的空间短期内会比较狭窄。近年来，有不少教育人士呼吁设立教改特区，教育改革走在全国前列的上海，如果能发挥好自由贸易区的作用，打破教育开放的诸多限制，在中外合作模式之外探索直接办分校模式，将是对教育改革十分重大的突破，会提高我国高等教育融入世界高等教育竞争的程度，也会推动我国教育的市场竞争机制建设。但教育服务是涉及意识形态领域的敏感行业，其开放过程必将在探索中逐步前行，自贸试验区的建立暂时对我国现有教育行业格局不会产生重大影响。上海可以利用自贸试验区建立的契机，以合作办学为突破口，打破教育服务市场的垄断，将试验成功的办学模式尽快向全国推广，增加高水平教育服务资源的供给。这不但可以提高人民群众的教育福利水平，也可以改善教育资源区域分布不均的矛盾，对解决区域发展失衡发挥重要作用。对教育行业的监管问题则可以采取部门设置课程牌照的方式，在改革的开始阶段对学校的教学体系提出标准化的要求，满足要求的外资可以进入并逐步扩大办学范围，逐步将牌照管理转化为审查管理的模式。

5. 医疗服务

加快医疗服务开放的步伐意味着加快外资流入，医疗服务市场的服务主体将呈现出多元化的趋势。医疗市场开放会带来新的服务思想和先进技术，促进国内医疗服务机构的不断自我提高和改善，提高医疗服务水平。自贸试验区为中国医疗机构多元化体系的建设提供了新的机遇，关键在于以自贸试验区为突破口，迅速将外资医院的运营模式尽快向全国推广，建立医疗市场的透明政策环境。医疗服务业不涉及意识形态领域，竞争的引入有利于利用国际资源，弥补我国医疗资源的不足，提供更加多元化和多层次化的医疗服务，更好地满足人民群众对医疗服务消费的需求。因此，对医疗服务领域的限制应逐步放开，降低持股比例限制。由于医疗行业的高技术和专业属性，必须由医疗管理部门设置统一、透明的技术水平标准，对符合技术要求的内外资医院一视同仁，统一监管。

第 | 四 | 章 |

扩区后金融改革的进展和建议

    2015 年 10 月上海市相关部门发布了《"十三五"时期上海国际金融中心建设规划基本思路研究（征求意见稿）》，其中明确了三个基本思路：一是突出上海国际中心建设的国家战略性质；二是国家有关部委要进一步加强对上海国际金融中心建设的指导与支持力度；三是突出上海国际金融中心的国家战略性质，更好地体现服务全国的思路。这三个思路充分体现了自贸试验区扩区后进行金融改革，从理念上将会继续顺应国际国内新形势，坚持市场化、法治化、国际化方向，以服务实体经济为目标，打造自贸试验区的国际影响力。在具体措施方面，自贸试验区的发展将进一步扩大金融开放合作，推进金融产品和业务创新，重视衍生品市场对资本市场的重要意义，继续加强金融基础设施建设，不断提高监管能力和风险防范能力。自贸试验区不仅是国家开放战略的重要组成部分，还是一项复杂的系统工程，需要紧紧围绕扩大金融服务业开放、推动金融创新、建设具有国际水准的投资贸易便利化、监管高效便捷以及法律环境规范的主要目标，积极探索、不断创新，使其具有可复制、可推广的全国辐射效应。

一、扩区后金融改革进展情况

（一）自贸试验区金融创新发展概况

2015 年前三个季度，新区实现金融业增加值 1461 亿元，同比增长了 27.2%，占上海的比重为 51.1%。2015 年 10 月 29 日，自贸试验区完成了新一轮金融改革方案（新金改 40 条），进一步明确了发展方向：自贸试验区围绕上海国际金融中心建设和金融开放创新这一发展目标，继续推进多项金融制度改革创新。这些创新主要表现为进一步拓展了本外币一体化运作的自由贸易账户功能、进一步创新外汇管理和深化人民币跨境使用、金融服务业对内对外开放有序推进。统计数据显示，截至 2015 年 11 月底，共有 40 家机构接入分账核算单元体系，开设 FT 账户超过 3.92 万个，账户收支总额达到了 1.83 万亿元；78 家企业参与跨国公司总部外汇资金集中运营试点，354 家企业办理外汇资本金意愿结汇业务，涉及金额 23.92 亿美元。人民币跨境交易规模持续扩大，2015 年 1~11 月，跨境人民币境外借款 67.33 亿元，跨境人民币结算总额达到了 10494 亿元，占上海市的 43%。

（二）自贸试验区金融发展基本特征

目前，自贸试验区已经形成了较为完善的金融市场体系，区内已构建了以上海证券交易所、上海期货交易所、中国金融期货交易所、上海股权托管交易中心为核心的多层次金融市场体系。在金融市场运行机制方面，各项改革也取得了较为显著的成效，金融市场产品和金融工具不断丰富，金融市场规模也呈现快速增长的趋势。金融机构聚集效应明显，已初步形成了金融生态完整的金融机构体系，并呈现以下基本特征。

第一，区内金融业务以在岸业务为主，区内金融机构多以分支机构的形式存在。自贸试验区内的金融机构多属于区外法人机构或上级银行直属管辖，这些金融机构数量也随着自贸试验区金融业务快速扩张，呈现出快速增长态势，而且具有明显的集聚效应。以银行业金融机构为例，截至 2015 年 8 月末，区内共设有 21 家法人银行（其中 4 家为中资，17 家为外资）、95 家分行、11 家专营机构和 295 家支行级网点。区内还设有六大类 26 家非银行机构和 4 家资产管理公司。从存款及各项贷款余额的占比数据来看，自贸试验区内机构占全上海的比重分别为 77.5% 和 81.4%。同时，区内新设立的金融机构层级呈现出不断提高趋势。截至 2015 年 11 月底，浦东新区银证保等监管类金融机构较上年新增 52 家，总数达到了 896 家；股权投资结构及管理企业数量新增 2025 家，总数达到了 4440 家；融资租赁企业新增 937 家，总数达到了 1376 家；金融专业服务机构新增 872 家，总数达到 1931 家。

第二，区内金融业务也呈现出多元化的发展态势。据统计，自 2015 年以来，在自贸试验区新开设的金融机构中分行级及以上的机构占比达到了 48%。相关金融业务也覆盖了银行、汽车金融、财务公司、金融租赁公司、专营机构等。区内很多金融机构还以联通境内和境外、区内和区外的平台功能为其发展方向，积极谋划和布局各类非持牌的总行级跨境业务中心。这些中心的功能主要集中在跨境资产管理、跨境金融市场交易和跨境专项融资等，并积极在业务模式、管理架构和风险管控等方面进行探索和创新。在具体业务方面，自贸试验区内的金融业务主要包括跨境双向人民币资金池、人民币跨境借款、分账核算、外汇资金集中运营、外汇资本金意愿结汇、跨境人民币第三方支付、跨境收支的集中收付与轧差清算、直接投资项下简化流程和前置核准脱钩、大宗商品衍生品柜台交易结售汇九大业务。

第三，区内金融开放程度显著提高，外资金融机构加速集聚，金融投资者数量和投资额度不断增加。目前，一批面向国际的金融交易平台加快了建设步伐，黄金国际板块功能得到了拓展，原油期货各项准备基本完成。同时，加快筹建上海保险交易所，探索搭建国际再保险平台、国际航运保险平台、大宗保险项目招投标平台和特种风险分散平台等"3+1"的业务平台。金砖国家开发银行等重量级功能性机构相继落户，上海首家民营银行（华瑞银行）和中外合资专业健康医疗保险机构（太保安联健康保险）都相继在区内设立。这表明自贸试验区内基本实现了货币、外汇、金融等市场化对外资金融机构的有序开放。在金融机构集聚方面，保税区片区推进亚太营运商计划，累计共42家跨国企业获得集团总部授权；陆家嘴片区引进了支付宝、新鸿基、仁恒地产等跨国公司地区总部；中外运长航集团航运总部及太平、美亚航保运营中心确定落户世博片区。这体现出自贸试验区进一步提升了总部经济能级。自贸试验区也已成为境内机构"走出去"、拓展海外业务和对外投资的一个重要平台和窗口，合格境内机构投资者数量和投资规模也呈现出逐步扩大的趋势。

第四，区内金融配套服务功能不断完善，吸引了大量的金融专业人才。在自由贸易区发展的推动下，上海金融法制环境不断得到优化，金融审判庭、金融检察科以及金融仲裁院都已经成立。在信用体系和支付体系的建设方面也取得了进展，在不断完善的支付清算基础设施建设的基础上进一步提高上海总部金融效应及其凝聚力。目前，上海自由贸易试验区已经建立了专业服务金融体系，涵盖了与金融相关的会计审计、法律服务、资产评估、信用评级、投资咨询和税务策划等领域。区内创新海外高层次人才的服务管理模式，积极落实公安部支持上海科技创新中心建设的出入境政策措施，实现外国留学生毕业后直接在自贸试验区内就业，探索建立外国专家证、就业证、居留证等三证"一口受理、一口办结办证"模式，同时自贸试验区海外人才离岸创新创业基地正式揭牌运作，这些措施吸引了大量的金融及其相关专业人才，为自贸试验区未来的发展奠定了一定的人才基础。

二、自由贸易账户发展情况

（一）自由贸易账户基本情况

2014 年 6 月 18 日，自由贸易账户在自贸试验区启动，并在 2015 年 2 月扩大了境外融资的规模和渠道，同年 4 月启动了自由贸易账户外币服务功能。自由贸易账户在自贸试验区金融创新中具有里程碑意义，这也使分账核算系统成为自贸试验区金融领域最具有意义的一项创新。从本质内涵来看，分账核算单元就是建立了规则统一、高度便利的本外币自由贸易账户体系。截至 2015 年 8 月末，已有 34 家银行业机构通过中央银行分账核算系统验收。其中，29 家机构开立了自由贸易账户，账户数达到了 2.38 万户，分账核算单元总资产规模达到了 2664.24 亿元。

但目前，自由贸易账户仍未得到充分利用，这是需要认真研究的问题。从不同主体类型的分账核算境外融资杠杆率进行测算，通过分账核算系统验收的机构的海外融资量可以达到 3300 亿元人民币的规模，但实际融资额仅为 200 多亿元，只占可用额度的 7.5%，而且自由贸易账户的存款余额、贷款余额在自贸试验区内的存款余额和贷款余额的占比都非常低。从账户数量来看，目前所开立自由贸易账户仅仅为 3.92 万户，相对于自贸试验区内的 18 万家企业而言，这一账户规模还处于初始发展阶段，自由贸易账户未得到充分利用。

（二）自由贸易账户体系是政策设计一大亮点，但目前未得到充分利用

自由贸易账户体系是中国人民银行支持自贸试验区发展 30 条意见中的关键内容，是投融资人汇兑便利、扩大金融市场开放和防范金融风险的一

项重要的制度安排。同时，自由贸易账户体系也成为了自贸试验区金融政策设计中的一大亮点。其明确提出通过分账核算管理的方式，允许试验区内居民开立居民自由贸易账户，非居民开立非居民自由贸易账户，上海地区金融机构设立试验区分账核算单元，从而构建起三位一体的"自由贸易账户体系"。在账户体系管理方面则坚持"一线完全放开，二线有效管住"的原则。

所谓一线完全放开，是指在企业端明确了居民自由贸易账户与境外账户、境内区外的非居民账户、非居民自由贸易账户以及其他居民自由贸易账户之间的资金可自由划转；而在金融机构端则提出了自贸试验区分账核算单元敞口头寸应在境外或区内市场上进行平盘对冲，可参与国际金融市场衍生工具交易。

所谓二线有效管住，是指对于企业而言，居民自由贸易账户与境内区外的银行结算账户之间产生的资金流动，视为跨境业务。同一居民自由贸易账户与其他银行结算账户之间因经常项下业务、偿还贷款、实业投资以及其他符合规定的跨境交易需要办理资金划转。对金融机构来说，提出贸易区分账核算单元可在一定额度内进入境内银行间市场开展拆借或回购交易。

综上，在跨境资金监管体系中，自由贸易账户在较大程度上被视同为"境外账户"。通过构建"自由贸易账户体系"，实质上在试验区内形成了一个与境内其他市场有限隔离、与国际金融市场高度接轨的金融环境，以服务于更加广泛的涉外经济活动需求。正因为如此，自由贸易账户体系成为了自贸试验区扩大金融市场开放的一项意义重大的基础性制度安排，催生出自由贸易金融发展战略的形成。

从金融创新的角度来看，自贸试验区能够依托自由贸易账户体系，在投融资汇兑便利、人民币跨境使用以及利率市场化等一系列政策制度框架下，形成独特的金融服务新形态，即自由贸易金融。根据不同的服务对象，这一新的金融服务形态可以分成三种类型：一是服务于居民涉外经济活动的金融服务。这一服务主要包括居民自由贸易账户开立与管理、跨境现金管理、跨境融资、跨境担保等金融服务，其中全球供应链管理、大宗商品融资、跨境人民币、贸易金融、全球现金管理等业务创新发展空间巨大。二是服务于非居民经营活动的金融服务。主要包括非居民自由贸易账户的开立与管理、融资、担保、现金管理等金融服务，其中贸易金融服务于跨境人民币将成为重要服务内容。三是自贸试验区金融机构的金融活动与服务。具体来说，这项服务包括与境外机构账户往来与清算、国际金融市场衍生品交易、境内银行、福费廷二级市场买卖以及风险参与业务等。截至目前，这些依托于自由贸易账户体系，在自贸试验区已形成了九大金融业务和服务。例如便利个人跨境投资、促进对外融资便利化、境外借用人民币资金、双向人民币资金池业务等，这些政策制度的颁布实施，将有助于商业银行进一步丰富跨境投融资服务领域，促进相关领域产品创新。

从扩大金融市场开放的角度来看，自由贸易金融的发展具有十分重要的意义。首先，自由贸易金融的深化发展有助于提升中国在全球产业链管理和金融服务的主导权。目前，我国参与的大宗商品贸易、对外直接投资活动中，相关的结算、融资等金融服务多数是由以外资背景为主的境外金融机构提供，其结果就是我国流失了相关金融机构收益和政府税收，同时也让我国在全球产业链管理中没有主导权。自贸试验区自由贸易金融的发展，将有助于推动跨国公司集团结算、财务中心在区内集聚，这将推动我国自贸试验区金融机构广泛参与全球贸易、投资相关金融服务，在促进我国获取相关收益的同时，也能够提高我国对全球产业链的伸展和定价主动权，进而确立上海国际金融中心的地位。其次，新的金融服务形态也能扩大我国商业银行为非居民提供更丰富的金融服务的范围。目前，我国经济已经深度融入到全球经济体系中，各类"走出去"的企业、在华外资企业境外母公司、境外大宗商品交易商等非居民企业对境内机构提供金融服务的需求呈现出不断提高的发展趋势。允许自贸试验区内银行为非居民企业开立非居民自由贸易账户，并提供跨境融资、担保等金融服务，不仅能够丰富境内银行业机构服务非居民企业的渠道，而且能够更有效地发挥境内金融机构在服务"走出去"企业方面的优势。最后，新的金融服务形态能够进一步提升我国商业银行国际化经营能力。自由贸易金融服务形态主要面对居民、非居民、金融机构国际化经营活动，涉及广泛的金融服务范围。这虽然对我国商业银行国际化综合经营能力、产品研发能力、营销协作能力、授信管理能力、系统支持能力、客户服务效率、资产负债管理能力，以及市场风险、流动性风险、反洗钱管理等风险管理能力提出了更高的要求，但同时也能有效地提升我国商业银行国际化经营能力和风险管理能力。为此，以我国商业银行适应自贸试验区金融改革为契机，探索完善各项机制，提升国际化经营水平，加快自身整体转型变革。

值得关注的是，在市场对自由贸易账户充满期待的同时，自由贸易账户目前的使用效率还处在一个较低的水平上。外币自由贸易账户推出之后，还相应地设置了一定额度，在这个额度之内进行自由贸易账户体系内本外币的可兑换，随着进一步规范发展，最终实现本外币的自由可兑换。根据 2015 年 8 月的统计数据，当时有 28 家金融机构可以境外融资，其理论最大融资额度可以达到 3300 亿元，但实际使用量仅为 200 多亿元。而且自由贸易账户里的存、贷款余额在区内的存、贷款余额的占比都低于10%。这表明，目前自由贸易账户仍未得到充分利用。造成这一现象主要有以下几个方面的原因：

第一，自贸试验区通过设置自由贸易账户，企业可以自由地由境外调动资金，实现了人民币资金包括外汇资金的自由流动，但目前仍存在一定的局限性，自贸试验区与境内的账户资金往来仍然按照跨境管理，只有三个渠道可以进入：一是贸易，二是直接投资，三是偿还外债。自由贸易账户划定了一个区域，境外资金进入此账户可以自由进出，但该类资金进入境内区外就不是完全自由的，现在还没有实现完全意义上的自由流动。

第二，目前我国企业境外投资中，更多的企业还是习惯使用传统的 NRA 账户或者离岸账户这一路径。从相关企业对自由贸易账户的诉求中发现，目前多数企业希望 FT 账户的开立应该更加便捷，而且希望自由贸易账户内的资金可兑换程度更高。究其原因是自由贸易账户实行"一线放开、二线有限渗透"，很多企业认为资金进入该账户体系之后能够用于境内区外的路径有限，进而影响了它们对自由贸易账户使用的积极性。反过来说，如果将 FT 账户已有的功能用足，再通过账户功能的拓展，让自由贸易账户真正成为相关企业经常使用的交易账户，那么自由贸易账户的使用率就会不断提高。只有更多的企业更为频繁地使用自由贸易账户，该账户体系以及以此为基础的自由贸易金融服务模式的意义才能真正得到体现，自贸试验区肩负的为全面深化改革和扩大开放探索新途径、积累新经验的重要使命才能更好地完成。

第三，目前自贸试验区推出的自由贸易账户对海内外企业的吸引力还较为有限。这主要是因为贸易的全球性，以往的离岸贸易在中国香港地区、新加坡已很方便，体系也成熟，而且在税务政策等方面更优惠，因而目前对海外企业难言吸引力。这就要求除了政策方面的放开，自贸试验区还需要加强法律等方面的企业经营环境建设。特别是要集聚更多境内外企业，关键在于与金融相关业务的税收优惠。这一现象在人民币资金池业务中表现得较为突出，这是因为自贸试验区的跨国公司人民币资金池还搭建在委托贷款的框架下，这将导致税收负担相对较重。反过来说，如果自贸试验区能提供更便利、优惠的政策，将有利于总部经济企业在自贸试验区搭建亚太区资金池。

（三）自由贸易账户能够有效地防范金融风险

2015 年 6 月，我国股票市场出现了剧烈的波动。在短短两个月左右的时间内，上海证券交易所综合股价指数下跌幅度超过了 40%。资本市场出现如此规模的暴跌，虽然没有对我国金融体系造成系统性风险，但也暴露出我国股票市场微观运行机理中所存在的问题和不足。在稳定股票市场的一系列政策措施取得相应的成效之后，大量的研究人员从股票市场资金结构、资金成本与风险水平、投资者结构及其行为特征，特别是风险信息传递与反馈机制等微观视角对我国股票市场的波动性问题进行了广泛而深刻的研究，并提出了我国资本市场微观制度改革发展的方向。在这些研究中，有部分研究人员提出自由贸易账户体系成为外资进入我国资本市场的一个路径，而且通过这一渠道进入的境外资金成为做空我国股票市场的一支重要力量。由此认为，自由贸易账户体系也是导致我国股票市场异常波动的一个原因。本研究不仅不同意这一观点，相反，我们认为自由贸易账户体系不仅是有利于风险管理的账户体系，而且能有效地防范金融风险。

第一，自由贸易账户体系发展过程及其账户体系设计宗旨。2013 年 12 月，《关于金融支持中国（上海）自由贸易试验区建设的意见》提出，自贸试验区内居民可以通过设立本外币自由贸易账户实现分账核算管理，开展投融资创新业务。2014 年 5 月 22 日，《中国（上海）自由贸易试验区分账核算业务实施细则（试行）》和《中国（上海）自由贸易试验区分账核算业务风险审慎管理细则》的正式颁布，标志着自贸试验区进入了新一轮的金融改革。央行上海总部正式宣布开展自贸试验区分账核算业务的金融机构应按相关要求向区内及境外主体提供本外币一体化的自由贸易账户金融服务，标志着自由贸易账户外币服务功能的正式启动。与此同时，央行将通过分账核算系统实时监控资金流向与相关操作的合规性。

第二，自由贸易账户体系的设计宗旨。按照相关的业务实施细则和风险管理要求，在自贸试验区内只有自由贸易账户体系能够与国际市场联通。自贸试验区内的贸易和金融活动以及未来的金融改革和创新，包括个人对外直接投资等涉及跨境资金流动的业务，都需要移动自由贸易账户体系这一载体来进行。该项政策设计以及业务细则，都是为自贸试验区推进"分类别、有步骤、有管理"的资本项目可兑换提供管理载体和操作工具，并以防控金融风险为目标，构建了完整的风险防控体系。

第三，自由贸易账户体系通过了中国人民银行和国家外汇管理局的专项评估。自由贸易账户体系在正式实施之前，央行和国家外汇管理局还对FT 账户运行情况进行了评估。评估认为，FT 账户基于分账核算管理的风险防控机制，在前期运行过程中体现出了"防火墙"作用，并且符合综合服务功能定位和风险防控机制两个方面的要求，自由贸易账户具备了启动外币服务功能的条件。

第四，针对自贸试验区所面临的资金大规模流入流出情况，为防范热钱冲击提出了有效的约束和限制。自由贸易账户与境外账户、境内区外的非居民机构账户，以及自由贸易账户之间的资金流动按宏观审慎的原则管理；对自由贸易账户与境内（含区内）其他银行结算账户之间的资金流动，根据有限渗透加严格管理原则，按跨境业务实施管理；对同一非金融机构的自由贸易账户与其一般账户之间的资金划转，业务细则也作出了明确的规定。这意味着尽管资金可以较为容易地流入自贸试验区内，但是从自贸区内流入境内，或流出到境外都存在一定的难度。从一定意义上来说，自由贸易账户体系能够有效地阻隔资金双向流动带来的风险。简言之，依托自由贸易账户体系，通过本外币一体化管理，不仅能够推动企业更好地统筹利用境内外两个市场、本外币两种资源，而且有利于加快建立本外币一体化的跨境资金流动监管体系。

第五，造成 2015 年 6 月我国股票市场异常波动的根本原因是杠杆资金快速增长改变了整个市场资金结构。从我国股票市场异常波动前市场资金状况来看，沪深交易所的交易数据显示，股票市场净买入账户主要分为个人普通账户、信用账户融资买入、证券投资基金以及信托产品等。图 4-1反映的是主要流入股市资金时序情况，自 2014 年初至 2015 年 5 月底，以个人普通账户为主的交易结算资金累计净买入 5.2 万亿元，融资余额增加 1.8 万亿元，股票型证券投资者保护基金新增 9231 亿元，股票投向新增信托产品 2200 亿元。四大主要净买入方累计净流入股市 8.16 万亿元，其中交易结算资金净买入占比 63.87%，信用账户融资净买入占比 11.31%，而且这两种买入方式的投资者主体都是个人投资者。从波动趋势分析，交易结算资金规模的波动是最大的，而在发生波动的相应时点上，股票指数也同样发生调整。这表明交易结算资金规模变化是影响股票市场波动的原因之一。

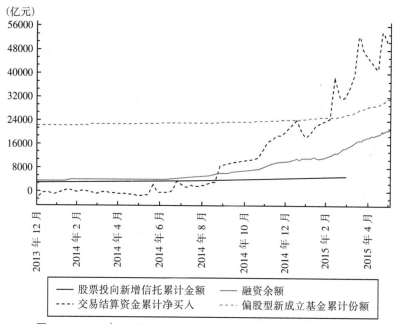

图 4-1 2013 年 12 月至 2015 年 5 月流入股票市场的资金时序

再从交易结算资金波动数据来看，交易结算资金从 2014 年 6 月下旬 IPO 重启开始发生异动，同年 9 月开始加速净买入；两融资金也从 2014 年 12 月开始启动上扬；证券投资基金相对来说启动较晚，从 2015 年 3 月流入股市资金开始加速上升；信托则是在 2014 年第四季度开始加速入场。据 2014 年 1 月至 2015 年 7 月我国股票市场融资买入占 A 股成交比例的数据显示，这一时期的我国股票市场资金结构的一个显著特征就是"杠杆资金结构"。这一资金结构不仅使整个股票市场的基本属性发生了变化，而且也带来了整个市场以更大的幅度波动。特别是当股票市场出现波动并触及杠杆资金的安全边界时，杠杆资金的波动在市场信息反馈机制的作用下，将引起整个相关资产价格的波动，进而引发整个股票市场的剧烈波动。

概括起来说，2015 年 6 月我国股票市场的异常波动，不能将其动因归结为哪几项业务风险水平的累积和爆发，更应该关注的是整个市场的相关创新与变化情况，以及这些变化如何影响投资者成本与风险水平、如何影响投资者的预期及其投资行为、如何影响整个市场的资金结构。从完善我国资本市场体系建设，促进资本市场健康发展的角度来说，我们不能简单地将股票市场异常波动归结为境外资金所带来的外部冲击，更不能因噎废食地将其归结为自由贸易账户体系和以此为依托的金融开放。

综上，从 2015 年 6 月至今，我国经历了股票市场动荡以及人民币汇率波动，自贸试验区金融改革开放的步伐不但没有停下来，反而呈现出不断加快的趋势。这直接说明了作为推进资本项目可兑换基础的自由贸易账户，它的改革创新发展方向符合国家对外开放战略。从微观方面来看，自由贸易账户按照有限渗透的原则框架，设定了多道"防火墙"，不仅有效地提高了防范金融风险的能力，而且还能够相对有效地防范异常的跨境资金流动风险。这主要表现在以下几个方面：

（1）根据"分账核算细则"的规定，金融机构的分账核算单元向 FT 账户提供兑换服务而产生的本外币头寸，应在区内或境外进行平盘。反过来说，如果允许到境内市场或跟各银行的母行平盘，FT 账户以后的方向是自由兑换，这就相当于将账户下的头寸拿到区外，从而冲击区外境内市场。

（2）分账核算单元吸收的 FT 账户外币资金余额，除了因清算需要必须存放境内金融机构的，不得存放境内金融机构。这类资金如果存放境内金融机构，应纳入该清算账户开户金融机构的外债管理。

（3）严格限定境外资金转拨路径。如果银行使用因清算需要必须存放境内金融机构的资金，应按照以下三种资金转拨路径：一是把这些钱借给其他企业的自贸核算单元；二是如果找不到企业贷款，就拆借给其他银行的分账核算单元；三是借给境外的银行或企业。这三种方式的转拨途径，也只能是从一家金融机构的分账核算单元到另一家的分账核算单元，或是从一个 FT 账户到另一个 FT 账户，不能走其他非自贸账户进行资金划拨。

（4）FT 账户与非 FT 账户之间的资金划转，将被视为跨境业务管理。对此，银行需要对所办理业务进行真实性审核，而且资金进出要占用企业外债额度与对方放款额度。

（5）区内银行借款资金必须进入分账核算单元，一切资金流动便处于央行与各银行的监控之下。企业 FT 账户与其境内银行结算账户之间的人民币资金划转，规定只限于经常项下业务，偿还自身名下且存续期超过 6 个月的上海市银行业金融机构发放的人民币贷款，以及用于新建投资、并购投资、增资等实业投资。同时，还规定了海外资金不能用作购买理财产品，发放委托贷款、做股票、房地产投资等。

三、扩区后金融改革的瓶颈及改革思路

自贸试验区始终按照以金融市场体系建设为核心、以优化环境和先行先试为重点（即一个核心和两个重点）的指导方针，扩大对外开放，加快政府职能转变，探索管理模式创新，扩大服务业开放，深化金融领域的开放与创新。自贸试验区的金融改革作为自贸试验区改革的一个重要组成部分，在服务于整体改革的基础上深化金融领域的开放与创新，需要通过加快金融制度创新和完善金融服务功能来实现。这意味着扩区之后的自贸试验区金融改革，一方面仍将通过金融制度创新，不断提高自贸试验区金融集聚效应，营造良好的金融生态环境，整合区内区外要素资源；另一方面需

要不断完善金融服务功能，构建有效的风险防控机制和监管模式，逐步建立健全面向国际的金融交易平台，并通过进一步扩大金融开放和深化金融创新，促进区域服务便利化和产业升级联合联动。具体而言，在宏观层面上，扩区后的自贸试验区金融改革需要解决的问题就是金融的开放问题和创新问题。

（一）扩区后自贸试验区金融改革的开放问题

2015 年 10 月《"十三五"时期上海国际金融中心建设规划基本思路研究（征求意见稿）》明确上海国际中心建设的国家战略性质。在国际上，一个金融中心的开放程度是评判它是否具有国际地位的一项重要指标。所谓国际金融中心开放的含义，不仅包括对内开放，也包含着对外开放。前者的受益主体是海外机构或商业实体；后者的受益主体则是国内机构或商业实体。自贸试验区目前的金融对内对外开放，仍面临着相关金融制度的建立健全以及如何完善金融安全稳定工作机制等诸多问题。

第一，自贸试验区的金融改革开放仍处在尝试性开放阶段，大量金融业务细则和风险管理机制需要评估论证，相关的经验需要借鉴和总结。目前，自贸试验区内所有先行先试的尝试性开放都只是在为我国的双边及区域性合作积累经验，为获得更大的国际经贸规则话语权和主导权提供支持。在自贸试验区对外开放方面，前期的工作主要集中在对国内商业银行离岸业务的风险管理及其制度完善方面进行尝试性开放，特别是针对如何规范离岸金融业务的操作规范、如何构建离岸金融对外业务合规性操作准则、如何构建有效的金融风险防控机制、如何有效打击国际市场洗钱行为以及恐怖金融活动等。这些制度规定不仅需要评估论证，更需要在开放过程中接受实际的检验。

第二，为保障自贸试验区金融改革的顺利进行，进一步扩大自贸试验区对内对外的金融开放，上海在制度和政策层面面临诸多的瓶颈。2015 年

11月2日，中国人民银行正式发布的《进一步推进中国（上海）自由贸易试验区金融开放创新试点加快上海国际金融中心建设方案》明确提出以下内容：支持民营资本进入金融业，支持符合条件的民营资本依法设立民营银行、金融租赁公司、财务公司、汽车金融公司和消费金融公司等金融机构；支持在自贸试验区设立专业从事境外股权投资的项目公司，支持符合条件的投资者设立境外股权投资基金；允许外资金融机构在自贸试验区内设立合资证券公司，外资持股比例不超过49%，内资股东不要求为证券公司，以扩大合资证券公司业务范围；允许符合条件的外资机构在自贸试验区内设立合资证券投资咨询公司；支持与我国签署自由贸易协定的国家或地区金融机构率先在自贸试验区内设立合资金融机构，逐步提高持股比例等。从这些内容来看，该建设方案涉及多个金融领域，是一个综合性的金融改革开放方案。这个方案仍然面临着相关的法律及体系等方面的障碍，例如，如何进一步完善金融税收以及区内金融会计标准、如何加强信用体系建设、如何构建与协调金融监管模式与制度、如何完善金融专业服务和中介服务体系、如何加强金融集聚区的规划建设以及如何完善我国金融安全稳定的工作机制。

第三，自贸试验区金融开放的扩大与上海国际金融中心建设的联动，进一步加强金融基础设施建设、构建良好的金融生态环境与现行法律法规和跨部门协调工作机制效率低下的限制和制约。按照党中央、国务院部署，不断深化金融改革开放，把上海国际金融中心建设与自贸试验区金融改革试点相结合，推进金融业对内对外开放，探索积累可复制、可推广的经验，有利于推动金融服务更好地适应高水平开放的实体经济发展需要。这也就意味着，上海推进国际金融中心建设以及构建面向国际的金融交易平台是浩大且复杂的系统工程，需要多部门协同配合。特别是在探索建立离岸金融市场时，不可避免地面临现有法规不完善的限制以及制度创新所带来的风险。在推进自贸试验区金融改革、扩大对外开放以及建设国际金融中心的过程中，很多改革举措和制度创新涉及多个部门，尽管各个部门改革积极性很高，但是不同部门改革的重点、次序、节奏的不一致，必然会导致改革措施不统一、不配套、不协调的问题出现。

第四，自贸试验区内金融功能与贸易服务功能不匹配。自贸试验区已经进入了国际贸易中心建设的关键时期，离岸贸易功能、国际购物功能、集成贸易平台功能都受到相关金融功能的制约。以人民币贸易结算试点为例，由于受到人民币国际化进程以及人民币回流机制不健全等因素的影响，区内自由贸易金融服务的便利化程度还难以与国际接轨。反过来说，由于自贸试验区在贸易结构与贸易资源方面的控制能力不足，造成了上海在资金、保险、黄金、期货等国际金融交易市场规模方面难以扩大，这些国际金融交易平台升级速度缓慢又影响了上海国际金融中心地位的形成。

第五，自贸试验区金融功能与总部经济发展不协调，不仅抑制了金融服务能级的提高，而且也限制了金融开放的进一步扩大。自贸试验区经过不断的探索创新，总部经济能力有了较为明显的提升。但从其地域分布来看，主要是以地区总部和亚太总部为主，全球性总部占比较低，这也构成了上海国际金融中心建设与扩大自贸试验区金融开放的瓶颈。解决上海总部经济凝聚力不强的问题，需要加强自贸试验区金融创新，通过金融创新推动金融交易平台和贸易平台的建立健全，通过转口贸易、离岸贸易和离岸金融的建设倒逼资本账户开放、利率市场化以及完善人民币汇率形成机制。

（二）扩区后自贸试验区金融改革的创新问题

扩区后的自贸试验区金融改革的主要方向就是继续深化已有的改革举措，落实已有的改革提议，尽快总结出可复制、可推广的经验。对于上海自由贸易试验区的金融制度创新及其成效，可以概括为"六多六少"：实体经济受益多、资本投资项目少；规范发展创新多、宏观审慎风险少；大型的资信好的企业受益多、资信一般的企业受益少；境外融资中的中资企业受益多、外资企业受益少；企业受益多、个人受益少；保税区的企业受益多、扩区的企业受益相对少。而且，很多境内外资产管理公司，只是区内企业双向投资于境内外资本市场，这一领域的进展缓慢，落地项目非常少。另外，在金融制度创新里，个人投资境外资本市场的内容还缺少相应的操作细则，QDII2还没有真正落地，大部分的政策属于企业享受的红利。

1. 近年资本项目开放政策的基本特征

自贸试验区的金融创新是在风险可控前提下的金融创新。这一金融创新必须始终围绕国家发展战略，服务于地区经济增长转型升级，满足市场主体实际需要，以完善金融服务功能、提高金融服务效率为目标，并以助力上海国际金融中心建设为主要任务。同时，自贸试验区的金融改革创新，更需要为探索人民币资本账户开放做先行先试的制度尝试。综合分析自贸试验区资本项目开放政策，主要表现出以下几个特征：

一是开放范围呈现出由点到面的特征。首先，自贸试验区政策试验采取先试先行，而且向全国推广速度明显加快，如自贸试验区的中长期国际商业贷款改革、外商投资企业资本金意愿结汇等政策。其次，政策开放的产品范围由小到大，QFII、RQFII投资范围先由交易所产品拓展到银行间，沪港通先由上交所部分股票开始逐步拓展到深交所部分股票，境外机构也期待在银行间市场的投资范围拓展至定期存单CD、回购、利率互换等衍生品交易。最后，政策开放主体由窄到宽，如离岸点心债由金融机构拓展到非金融机构，RQFII从国内基金、证券公司香港子公司拓展至商业银行、保险公司的香港子公司及在香港注册的金融机构。

二是业务运行呈现出由审核制向注册制转变的趋势，各项业务额度的控制也在逐渐放松。中长期国际商业贷款正进行模块化管理试点，跨境直接投资已经由核准制改变为登记制，境内个人参与境外上市公司的ESOP也是如此。RQDII政策出台，其额度已经改为备案制；上海原油期货初步设计放开额度管制；市场也在呼吁境内银行间市场、RQFII、QDII 等投资渠道的额度由审批制改为备案制。

三是外汇管理逐步简化，逐项审批逐步向宏观审慎转变。目前正在逐步建立的宏观审慎管理框架，不仅能适应市场进一步开放过程中简化和便利的要求，而且能有效管理跨境资本流动风险。例如，着力推进负面清单管理、简化跨境直接投资外汇登记程序、外债宏观审慎管理的改革试点也在为跨境资本流动管理积累丰富的经验。

2. 资本项目开放政策的局限性

现阶段自贸试验区在境内居民境外融资、双向跨境融资方面取得较大的进展，但仍存在一定的局限性，主要表现在以下四个方面：

一是过渡性政策较多，制度碎片化程度较高。我国在实行 QFII 和 QDII 制度多年后，开放政策仍然表现为"市场分割、投资者分离"，主要是通过对投资主体的限制、对汇兑管理及资金汇出入的明确规定、托管制度以及额度管理对证券投资进行动态管制。概括起来，监管当局对单一项目的临时性开放政策较多。虽然这样的方式有助于控制风险，但是制度碎片化的问题也会为将来的制度整合带来一定的困难。

二是监管模式和管理结构较为复杂，地区推动存在难度。总体上来看，资本项目可兑换的审批环节大体可分为市场准入、项目审核、外汇流动和本币流动等，且各个环节归属不同监管主体和审批机构。在市场准入和项目审核方面，交易所证券由证监会审批，银行间市场由人民银行审批，私募股权市场则涉及商务部和地方监管部门的协同监管。在政策执行过程中，凡涉及外汇流动的均需向外汇管理局备案或审批，人民币流动均需向人民银行备案或审批，且都实行较为严格的额度限制以及逐项审批或备案制度。这些都为自贸试验区推动金融创新、助力上海国际金融中心的建设产生了一定程度的制约。

三是放开资本流入与限制资本流出的非对称性特征十分明显。在跨境融资上，境内机构赴境外发行股票和债券已十分频繁，而境外机构在国内仅有少量的熊猫债发行。开放的非对称性有历史的原因，从自贸试验区的创新发展进程来看，其按照统筹规划、服务实体、风险可控、分步推进的原则，进一步拓展自由贸易账户功能，逐步提高资本项下各项目的可兑换程度，进一步便利企业和个人开展境内外投融资活动。

四是作为资本项目开放的重要基础设施建设情况也具有重要的影响。人民币跨境支付系统和清算系统是我国资本项目开放的重要基础设施。截至 2015 年 5 月，世界范围内的人民币清算行总数达到 14 个，可以提供 24 小时不间断服务。人民币清算全球网络已经基本形成。作为人民币跨境交易最重要的基础设施，中国国际支付系统即人民币跨境支付系统（CIPS）的主要功能能够完全满足连接境内、外直接参与者人民币结算需求，处理人民币贸易类、投资类等跨境支付业务，满足跨境人民币业务不断发展的需要，并覆盖主要时区。这些基础设施的构建与完善，将为自贸试验区的金融创新带来十分积极的影响。

（三）自贸试验区金融改革的思考与建议

自贸试验区金融改革方向是明确的，在助力上海国际金融中心建设的基础上，积极推进以自由贸易账户为基础的资本项目可兑换和以金融服务业为目标的金融制度创新。这表明自贸试验区的金融改革将始终以服务实体经济、促进贸易和投资便利化为出发点，根据先行先试、有序推进、风险可控、逐步完善的原则，加快推进资本项目可兑换、人民币跨境使用、金融服务业开放和建设面向国际的金融市场。

从目前的自贸试验区金融改革发展的实际情况来看，第一，企业在经常项目下跨境使用人民币的政策已实现全覆盖和充分便利化。为了推动贸易和投资的便利化，帮助我国企业规避美元等国际结算货币的汇率风险，积极应对国际金融危机，国务院决定开展跨境贸易人民币结算试点。截至目前，参与出口货物贸易人民币结算的主体不再限于列入试点名单的企业，所有具有进出口经营资格的企业均可开展出口货物贸易人民币结算业务。第二，企业跨境直接投资使用人民币已无政策障碍，跨境融资使用人民币政策有序放宽。为落实中央关于"走出去"的战略部署，扩大人民币在跨境投资中的作用，明确了境内非金融机构可开展人民币境外放款结算业务和人民币对外担保业务，进一步放宽了境内银行向境外参加行提供人民币账户融资的期限和限额，且境外投资者可使用人民币投资境内金融机构。此外，凡涉外经济统计和管理中也开始使用人民币计价，并陆续开展多项跨境人民币创新业务试点。这些政策逐步扩大了境内外人民币资金统筹使用的自主性和灵活性，有效带动了当地跨境人民币结算业务发展，引发了自贸试验区内金融机构对深化跨境人民币业务、促进离岸人民币市场建设的关注，为企业拓展贸易投资活动空间提供了新的机会。第三，对于推进资本项目可兑换基础设施的自由贸易账户改革取得了显著成果。2014年6月，自贸试验区启动自由贸易账户，并在2015年2月进一步扩大了境外融资的规模和渠道，4月启动自由贸易账户外币服务功能。2015年6月11日，央行在发布的《人民币国际化报告（2015年）》中明确指出了未来推动人民币资本项目可兑换改革的具体措施，主要包括打通个人跨境投资的渠道，考虑推出合格境内个人投资者（QDII2）境外投资试点；完善沪港通并推出深港通；修订外汇管理条例，取消大部分事前审批，建立有效的事后监测和宏观审慎管理制度；继续便利人民币国际化，消除不必要的政策壁垒和提供必要的基础设施等。

针对自贸试验区金融改革取得的成果，再结合国际经验，要解决瓶颈问题，应从宏观层面探索解决金融创新、金融政策及金融监管模式等问题。概括起来主要包括以下几个方面的内容：一是充分利用税收优惠发展REITs，试点互联网金融和综合金融业务，试点期货公司的 QFII 与 QDII 等，寻求金融产品和业务创新上有所突破。二是试点混业监管，在一定程度上放松管制但密切监控；设立"二线"资本防火墙，防止境内资本大规模外流。三是提高金融政策的灵活性，并试点自贸试验区内一定的自治权，试点建立部分独立的司法体系，特别是在金融方面的司法体系，以更好促进市场稳定发展和保护投资者利益。四是完善相关的配套政策措施，设立一站式的服务体系和特殊签证政策，吸引全球人才；法律、语言、管理方式、工作环境建设实现国际化。

从具体的改革路径选择来看，我们建议自贸试验区金融改革应首先从人民币资本项目可兑换、金融市场利率市场化、人民币跨境使用等基础性改革进行先行先试；其次从提高金融机构聚集程度入手，积极推动金融改革中的对内对外开放各项政策落地；最后在完善对内对外开放政策落地的基础上，积极构建面向国际的金融交易平台，鼓励金融市场的产品创新，推动整个自贸试验区内金融创新更好地服务科技创新发展。在整个金融改革过程中，探索建立高效的金融改革管理模式与金融风险防控工作机制应始终贯穿其中。

|第|五|章|

营商环境法制化与国际化进展评估

自贸试验区的设立和发展是我国在全球范围内集聚生产要素、参与国际贸易的重要载体，同时也是参与全球经济治理、实现国内治理机制同国际经济发展规则接轨的重要试验区。作为政策高地的自贸试验区，其制度创新是否成功，企业营商环境的法制化和国际化程度是非常重要的测度指标。评估自贸试验区的制度创新是否成功，也就是要评估制度创新是否能有效保护投资者，构建完善的商业法事制度，提高企业运营能效，降低企业运营成本，进而促进贸易和投资便利化。

一、评估框架与主指标评估体系的构建

营商环境法制化和国际化的进展主要体现为法律、法规的修订和重建，核心是依靠与国际接轨的法律和规章制度来塑造新的营商环境。

（一）评估的整体框架和内容

本章从国际化和法制化两个维度对自贸试验区营商环境建设取得的进展进行评估，并根据评估情况提出相应的具体政策建议。

1. 评估方案

评估标杆就是自贸试验区企业营商环境总体建设应该达到的目标。2015 年 8 月 15 日，中央全面深化领导改革小组第十六次会议审议通过了《关于实行市场准入负面清单制度的意见》。该《意见》实际上也明确了自贸试验区营商环境建设的总体要求，即通过构建"权力清单""责任清单""负面清单"三张清单，发挥市场在资源配置中的决定性作用和更好发挥政府作用，建设法制化营商环境，构建开放型经济新体制。在具体操作上，要坚持社会主义市场经济改革方向，把转变政府职能同创新管理方式相结合，把激发市场活力同加强市场监管统筹起来，放宽和规范市场准入、精简和优化行政审批、强化和创新市场监管，加快构建市场公平开放、规范有序，企业自主决策、平等竞争，政府权责清晰、监管有力的市场准入管理新体制。根据中央文件的这一指导精神，本章评估的整体框架如图 5-1 所示。

评估标杆
- 从经济改革切入，瞄准政府与市场关系，打破许可制，扩大了企业创新空间。应该放给企业的权力要松开手、放到位，做到负面清单以外的事项由市场主体依法决定。实行市场准入清单制度要通过试点积累经验、逐步完善。释放企业活力，营造企业"法无禁止即可为"的市场环境。

评估流程
- 总体思路：以国际化比较确立评估指标，以法制化进程为评估对象，以国际化视角评估上海自贸区营商环境的法制化进程。
- 步骤一：构建适合上海自贸区发展阶段的主指标体系。
- 步骤二：根据选定的主要指标，评估上海自贸区现行法律法规和实施细则的推进程度。
- 步骤三：通过国际化比较，评估上海自贸区的法制化进程是否有效促进了营商环境国际化。
- 步聚四：案例分析：自然人流动增加的制度构建和实施效果评估。

评估技术
- 总体思路：以基于证据的政策制定为理论导引，营商环境国际化和法制化达成度为牵引，主要使用规范性评估技术，保障评估的科学性和国际视角。
- 1. 文本解读：公开文献检索和资料文本分析。
- 2. 指标评估：主成分分析与指标测量法。
- 3. 标杆比较法：选择 GATS 或 NAFTA 为营商环境比较标杆。

图 5-1 营商环境国际化和法制化的评估框架

2. 评估内容

在国际化维度，评估聚焦于两个方面：一是营商环境评估指标的考察，基于中国经济发展阶段和上海自由贸易发展阶段的客观现实，对世界银行《全球营商环境报告》提出的各评估指标赋予不同的优先序或权重序，确定营商环境主评估指标，进而构建评估自贸试验区营商环境的指标体系；二是重点评估自然人流动方面的制度建设和人员流动的变化情况。

在法制化维度，评估同样聚焦于两个方面：一是自贸试验区是否根据国家法律法规，颁行了符合本地实际情况的法律法规和进一步细化的实施细则、操作规范；二是根据前文确定的营商环境主评估指标，评估自贸试验区现行法律法规和实施细则是否有效促进了营商环境国际化。

本章评估涉及以下法律法规：在国家层面，全国人大、国务院针对自贸试验区试点内容已暂时调整实施的 3 部法律、15 部行政法规和 3 部国务院文件的部分规定；在部门层面，17 个国家相关部门出台的商事登记、贸易航运、金融财税、服务业开放等支持意见和实施细则；在地方层面，主要包括国务院通过的《中国（上海）自由贸易试验区总体方案》，上海市人民政府通过的相关法律、法规、通知、意见、公告以及相应的实施细则。

（二）评估方法简介

本章以营商环境的国际化和法制化为评估点，根据不同的评估点，采用不同的评估方法。各国际经济组织已经在国际经贸领域形成了多种指数或者量化指标，并获得国际公认，我们在进行国际营商环境评估时也采用这些指标。

1. 营商环境法制化评估：指标测算法

对营商环境的法制化评估通常有两条路径可供选择：一条路径是对所颁行法律、法规、政策的定量解读，主要包括新颁行了多少法律法规或政策声明，对新颁行法律法规和政策声明进行分领域的量化分析；另一条路径是根据所选择的特定指标，判断在某一具体问题上法制化建设的进展，以此勾勒整体的法制化环境。本章采用第二条评估路径，但这一路径首先要解决的问题是如何甄选和构建合意的指标体系。

世界银行每年发布《全球营商环境报告》（*Doing Business Report*），对世界 100 多个经济体的投资环境和监管环境进行评估。《全球营商环境报告》的评价框架从企业微观层面出发，将企业投资经营过程分为企业设立、获得场所、获得融资、日常运营及出现问题五个阶段，共包括开办企业、雇用工人、办理施工许可、获得电力、登记财产、获得信贷、保护投资者、缴纳税款、跨境贸易、执行合同、办理破产 11 项投资便利化一级指标，下设 31 项二级指标。经过 10 余年的不断修改和完善，企业营商环境的评估重点由全面覆盖转向突出营商环境的 SMART 评估，指标体系也由 2004 年报告的 5 个方面拓展到 2014 年报告的 11 个方面。可见世界银行构建的指标体系涵盖面较广，需要根据自贸试验区的自身情况进行精炼。精炼的原则是评估选择的指标体系要反映当前自贸试验区制度创新的重点，同时也要容易量化和比较，具有较好的操作性。

2. 营商环境国际评估：标杆比较法

自贸试验区的首要任务就是通过试点完成制度创新的可复制和可推广。在自贸试验区营商环境方面，最核心的制度创新就是货物贸易便利化和投资便利化制度改革，改革的目标就是实现与战略合作伙伴高标准国际贸易和国际投资协定的签署。

在国际贸易规则领域，目前存在着两种类型，即世界贸易组织服务贸易总协定（GATS）类型和北美自由贸易协定（NAFTA）类型。NAFTA 类型与 GATS 类型的最大区别：一是 NAFTA 类型将投资作为规则的内容之一，而 GATS 类型只涉及商业存在，并不涉及国际投资条款；二是列表形式，NAFTA 类型采用负面清单的方式，而 GATS 类型采用正面清单的方式；三是在敏感部门方面，NAFTA 类型有金融和电信等专门部门章节，而

GATS 不涉及。据统计，在目前已生效的 121 个区域贸易协定中，采用 GATS 类型的有 55 个，采用 NAFTA 类型的有 60 个，另外有 6 个区域贸易协定不属于以上任何一类。NAFTA 类型正成为国际贸易协定的主要类型。据此，评估营商环境国际化程度，应以 NAFTA 类型为标杆，比较现行投资制度与 NAFTA 类型的差距，为进一步改善营商环境提供依据。

3. 资料收集：文本检索与调研访谈

自贸试验区营商环境法制化和国际化的制度建设情况，大多可以通过公开渠道进行文本收集与解读。但营商环境的发展和改善除了制度创新外，还有许多功能拓展方面的内容，这些内容需要从政府和企业两个角度去评估，因而我们采用对相关政府部门和企业调研、访谈的方法。

（三）世界银行指标体系特点及内容简介

世行发布的《全球营商环境报告 2014》所构建的营商环境评估体系，提出了营商环境 SMART 评估的 11 个方面，共 39 项指标。这一评估体系具有以下两方面的鲜明特征：

第一，评估框架基于企业生命周期各阶段面临的营商环境搭建。世行营商环境评估体系的核心在于通过对具体规制措施和规制程序的评估推动政府改革现行规制政策，并基于对营商环境的量化分析研究某一规制措施如何影响企业行为和经济产出。因此，这一评估体系必须基于企业生命周期各阶段所面临的规制环境而搭建，具体如图 5-2 所示。

世行评估体系的这一特点带来的启示：在我们评估自贸试验区营商环境时，应考虑到入驻企业的行业分布特点；制造业和服务业企业的生命周期特征明显不同，这就需要评估时调整或精简现有指标体系。

第二，评估框架基于企业营商环境 SMART 导向展开。世界银行的研究表明，营商环境表现最好的经济体不是"守夜人"型政府，而是努力创新规制政策的政府；通过政策创新来推动市场交易便利化，减少阻碍私营

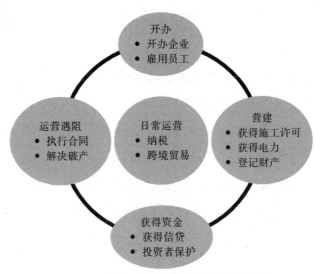

图 5-2　营商环境对企业生命周期的影响

企业发展壁垒。世界银行评估体系体现了政策的这一 SMART 评估导向（见图 5-3）。

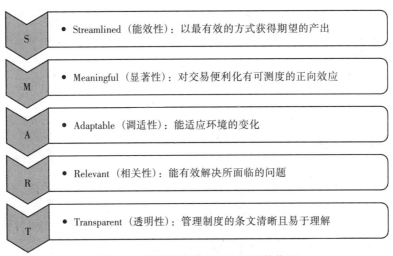

图 5-3　营商环境的 SMART 评估体系

世行评估体系这一特征给我们带来的启示：任何评估都是有导向性的，在运用 SMART 体系评估自贸试验区的营商环境时，我们认为五个评估维度中最重要的是显著性和透明性。这也是我们构建适应自贸试验区发展阶段主指标体系的指导思想。

世界银行指标体系从 11 个方面、31 个可测算指标对营商环境进行量化评估，具体内容如表 5-1 所示。世界银行指标体系从 5 个方面强调了营商环境法制化的重要性，指出政府通过制定好的规则促进私有企业发展，这些规则包括建立和明晰产权、削减解决商业纠纷的成本、改善市场交易的可预见性、为商业合作提供保护等，目的在于打造一个高能效、易执行的营商环境。

表 5-1　世界银行指标体系的评估内容与量化指标

管制程序的复杂性和成本	
评估内容	量化指标
开办企业	程序、时间、成本和实收资本的最低缴付要求
获得开工许可	程序、时间、成本
获得电力	程序、时间、成本
财产登记	程序、时间、成本
纳税	纳税额、时间、总税率
跨境贸易	文书、时间、成本
法律制度约束力	
评估内容	量化指标
获得信贷	动产担保法规、信贷信息系统
保护投资者	关联方交易披露、关联方交易责任
执行合同	解决商业纠纷的程序、时间、成本
解决破产	时间、成本、结果、投资回收率
劳动力市场规制	雇佣制度的灵活性

(四) 适用于自贸试验区营商环境评估的主指标体系构建

我们对世界银行指标体系的精炼沿三个方向展开：第一，世界银行指标体系中的诸如办理施工许可、获得电力等指标，适合于产业项目建设营商环境的评价，而自贸试验区以服务业为主，因此这些指标不适用，在对自贸试验区的营商环境进行评估时可以予以精简。第二，有些指标更加适合于一国层面的比较，不适用于试验区层面，需要适当予以变化或者予以精简。第三，各指标的权重或优先序并非完全等同，这取决于一国所处经济发展阶段或贸易开放程度。同样一个指标，在发展中国家的权重可能远远大于发达国家，而评估的目的是更好地发现问题，指导下一步的制度建设，因此，要对选定的指标进行权重赋值，要构建主指标体系，而不是一个平行指标体系。本小节旨在立足这一评估体系，精炼出适应自贸试验区发展阶段的主指标体系，对自贸试验区营商环境国际化程度进行评估，并为下一节的法制化进展评估提供一个具有国际化视野的独特视角。在世界银行指标体系的基础上，本小节分两步构建适用于自贸试验区发展阶段的主指标评估体系。

1. 步骤一：精简现有指标

从行业构成看，自贸试验区当前所入驻的企业主要为服务业。据此，在评估营商环境的管制程序方面，获得开工许可、获得电力方面的指标适用于评估产业项目建设营商环境，而不适用于评估服务业项目，应予以剔除；财产登记方面的指标通常更适用于评估工业项目建设营商环境，也可以予以剔除。因此，营商环境的管制程序评估只需包括开办企业、纳税、跨境贸易三个方面。在法律制度约束力评估方面，依据自贸试验区的功能定位、发展阶段和入驻企业的行业构成，劳动力市场规制这方面的指标可予以剔除。因此，营商环境法律约束力评估只需要包括获得信贷、保护投资者、执行合同、解决破产四个方面。据此，我们将世界银行指标体系所涵盖的 11 个方面精简为 7 个方面。

2. 步骤二：对精简指标的权重赋值

自贸试验区所在经济体所处的发展阶段、自贸试验区本身所处的发展阶段和功能定位，决定了自贸试验区营商环境评估有其导向和侧重。美国在营商环境方面更注重员工权益保护，日本更注重合同执行与投资者保护，韩国更注重开办企业，印度则更加注重获得信贷与投资者保护。表 5-2 显示，不同发展阶段经济体关注不同的企业营商环境侧重点，这为我们确定自贸试验区营商环境评估指标的权重提供了国际经验方面的借鉴。

表 5-2　不同发展阶段经济体的营商环境评估侧重点

经济发展阶段指标[①]	美国	日本	韩国	印度	上海
人均 GDP（美元）	54629.495	36194.416	27970.494	1630.819	15923.672
贸易总额（百万美元）	5191353	1852562	1371784	1038852	466408
贸易依存度	29.62	40.39	96.88	50.90	121.01
营商环境指标排序[②]	美国	日本	韩国	印度	中国
开办企业	6 (46)	6 (83)	4 (17)	6 (158)	6 (128)
纳税	7 (47)	7 (122)	6 (25)	5 (156)	5 (120)
跨境贸易	3 (16)	2 (20)	1 (3)	3 (126)	4 (98)
获得信贷	1 (2)	5 (71)	7 (36)	2 (36)	3 (71)
保护投资者	4 (25)	4 (35)	5 (21)	1 (7)	7 (132)
执行合同	5 (41)	3 (26)	2 (4)	7 (186)	1 (35)
解决破产	2 (4)	1 (2)	3 (5)	4 (137)	2 (53)

注：①均按照 2014 年美元现值计算或折算；②前面的数表示该项指标的本国排名，括号内的数表示该项指标的世界排名。

资料来源：Doing Business 2015：Going beyond Efficiency，World Bank.

表 5-2 为我们构建自贸试验区营商环境评估主指标体系提供了很多有价值的信息，仔细研究该表，可以得出以下几点结论：

第一，自贸试验区营商环境的评估应该以韩国为评估标杆。首先，韩国目前所处的经济发展、贸易水平和人均收入与上海最为贴近。尤其是贸易依存度指标，韩国和上海都表现出高度外向型经济特征。其次，从上海自贸试验区现在的发展阶段来看，主业仍然是外贸服务业，而韩国的跨境贸易营商环境评估在 5 个典型经济体中排名最高，也是韩国最注重的营商环境指标。

第二，就整体情况而言，中国的营商环境表现较差，几乎和经济发展水平大为落后的印度处于同一阵营。中国在贸易便利化、商事制度方面尤为落后，在投资者保护方面则是 5 个典型经济体表现最差的，这实际上指明了自贸试验区发展完善的重要方向，也是我们评估营商环境尤其需要关注的地方。

第三，在给评估指标赋值或确定优先度的时候，不能简单地对表现最好的指标赋以较高的权重或优先度，而应以自贸试验区的功能定位和发展阶段为评估指标赋值导向。如第一点所言，自贸试验区最关键的是跨境贸易发展状况，按照世界银行的指标定义，"跨境贸易"指标主要反映进出口货物通关阶段的营商环境和便利化水平。《营商环境报告》汇编了标准化海运货物进出口的时间和成本（不包括关税），记录了完成货物进出口官方程序所需要的时间和成本。从这一定义看，和跨境贸易相关度最高的指标是开办企业（商事制度）和获得信贷（如跟单信用证、融资成本），应该赋以较高的权重或优先度；合同执行和解决企业商务纠纷相对来说重要性没有那么高，可以赋以较低的权重或优先度。

根据上述分析，再考虑到中国自贸试验区还处于制度建设的发展完善阶段，应对各评估方面的程序指标赋以较高权重。另外，中国目前整体尚未进入中高收入阶段，在评估时也应参考注重引资的印度营商环境指标。基于此，本小节构建了自贸试验区营商环境评估主指标评价体系（见表5-3）。

表 5-3　自贸试验区营商环境主指标评价体系

评估方面	评估优先序（即主观权重最高）	
跨境贸易	1	
	量化指标	权重
	文书	0.5
	时间（天）	0.25
	成本（美元/集装箱）	0.25
开办企业	2	
	量化指标	权重
	程序（个）	0.3
	时间（天）	0.2
	成本（占人均国民收入的百分比）	0.2
	实收资本下限	0.2
获得信贷	3	
	量化指标	权重
	动产担保法规	0.5
	信贷信息系统	0.5
执行合同	4	
	量化指标	权重
	程序（个）	0.5
	时间（天）	0.25
	成本（占人均国民收入的百分比）	0.25
解决破产	5	
	量化指标	权重
	时间（天）	0.2
	成本（占人均国民收入的百分比）	0.2
	结果（清偿资产净值）	0.2
	投资回收率（清偿资产占投资比）	0.3
投资者保护	6	
	量化指标	权重
	关联方交易披露	0.5
	关联方交易责任	0.5

续表

评估方面	评估优先序（即主观权重最高）	
纳税	7	
	量化指标	权重
	年纳税次数	0.25
	年工作小时数	0.25
	总税负	0.5

二、营商环境国际化进展评估：主指标测算与标杆比较

本节首先采用主指标对自贸试验区营商环境国际化进展进行测算和国际比较，其次采用标杆比较法从政策比较角度对自贸试验区营商环境国际化进展进行评估，最后还将对服务贸易行业的营商环境国际化进展进行评估。

（一）自贸试验区国际化进展：基于主指标体系的营商环境指标评估

本次评估希望在跨境贸易这个维度，将自贸试验区营商环境同其他经济体的营商环境进行国际比较，找出最显著的差距，并提出政策建议。依照第一节确定的主指标评价体系，再考虑到数据的可获得性，本小节选择5 项评价指标（跨境贸易、开办企业、执行合同、解决破产、纳税），根据世界银行 *Doing Business 2015：Going beyond Efficiency* 提供的国别数据，对自贸试验区营商环境国际化进展进行评估。

如上文所强调，国际比较应立足经济体所处发展阶段和贸易状况，故本次评估选择情况与上海最为贴近的韩国为标杆（评估得分赋值为1）。但在评估得分计算上，评估面的各指标值不一定具有单向可比性。在同一个评估面，有些指标的正向取值更优，而有些指标的负向取值更优。因此，

国际比较评估不能简单地采用加权求和再标准化的做法，而需要采用远为复杂的前沿面方法，这是今后评估工作应予以提高的地方。本节只将各国具体指标简单地予以列表比较，不计算评估得分，具体如表5-4至表5-8所示。

表5-4　跨境贸易指标国际比较

量化指标	指标权重	自贸试验区	中国	美国	日本	韩国	印度
出口文件（个）	0.3	8	8	3	3	3	7
出口时间（天）	0.2	6	21	6	11	8	17.1
进口文件（个）	0.3	5	5	5	5	3	10
进口时间（天）	0.2	7	24	5.4	11	7	21.1
总得分	1					1	

表5-5　开办企业指标国际比较

量化指标	指标权重	自贸区	中国	美国	日本	韩国	印度
程序（个）	0.3	4	11	6	8	3	11.9
时间（天）	0.2	4	31.4	5.6	10.7	4	28.4
成本（占人均国民收入的百分比）	0.2	2	0.9	1.2	7.5	14.5	12.2
实收资本下限（占人均国民收入的百分比）	0.2	0	0	0	0	0	111.2
总得分	1					1	

表5-6　执行合同指标国际比较

量化指标	指标权重	自贸区	中国	美国	日本	韩国	印度
程序（个）	0.5		37	33.6	32	32	46
时间（天）	0.25		452.8	420	360	230	1420
成本（合同额占比）	0.25		16.2	30.5	32.2	10.3	39.6
总得分	1					1	

表 5-7 解决破产指标国际比较

量化指标	指标权重	自贸区	中国	美国	日本	韩国	印度
时间（年）	0.25		1.7	1.5	0.6	1.5	4.3
成本（财产百分比）	0.25		22	8	4	4	9
投资回收率（%）	0.5		36	80.4	92.9	83.1	25.7
总得分	1					1	

表 5-8 纳税指标国际比较

量化指标	指标权重	自贸区	中国	美国	日本	韩国	印度
数量（年纳税次数）	0.25		7	10.6	14	10	33
时间（年工作时数）	0.25		261	175	330	187	243
税负（利润百分比）	0.5		64.6	43.8	51.3	32.4	61.7
总得分	1					1	

就完整的国际比较评估程序而言，在确定各评估面的总得分之后，再根据各评估面的权重或优先序计算出各经济体的营商环境总得分。囿于条件，本次评估还不能给出总的评估得分。但这里需要作出两点技术性说明：第一，对各经济体而言，有的经济体在这项评估指标占优，有的经济体在另外一项指标占优，不能简单地通过加权求和再标准化计算总得分后排序，而应该采用数据包络技术（DEA）计算经济体营商环境的总得分。第二，主指标体系最大的特点是导向性评估。本节构建的自贸试验区营商环境主指标评估体系侧重跨境贸易发展状况，因此，总得分排名高，只能说明该经济体的跨境贸易便利化和制度化保障水平高，不能笼统地认为该经济体的营商环境评估就比其他经济体得分高，因为营商环境包含 11 个方面的指标，跨境贸易只是其中一个方面。

（二）自贸试验区国际化进展：基于标杆比较法的营商环境政策评估

2015 年 10 月 5 日，跨太平洋伙伴关系协定（TPP）12 个谈判国达成基本协议，同意进行自由贸易，并在投资及知识产权等广泛领域统一规范。这是近年来国际贸易最为重大的事件，对中国参与全球经济发展和国际经济治理必将产生深远影响。当前学界对此较为一致的看法是 TPP 对中国发展的短期影响不大，长期影响则比较大。如果能更好地发挥自贸试验区的功能定位和创新高地优势，则可以很好地消减 TPP 带来的不利影响。而自贸试验区的创新高地优势首先体现在营商环境政策方面。本小节采用标杆比较的方法（根据世界主要自贸试验区政策、部分国家（地区）之间的经济贸易协定和外商投资准入管理、中美 BIT 协议对自贸试验区营商环境政策的国际化进展进行比较），在一般性政策环境比较的基础上，还将对服务贸易、文化产业两个非传统货物贸易行业所面临的营商环境的国际化进展进行案例分析。

1. 自贸试验区与世界主要自贸试验区的政策比较

自由贸易区一般被分解为广、狭二义。广义的自由贸易区是指两个或两个以上国家或地区通过签署协定，在 WTO 最惠国待遇基础上，相互进一步开放市场，分阶段取消绝大部分货物的关税和非关税壁垒，在服务业领域改善市场准入条件，实现贸易和投资的自由化，从而形成涵盖所有成员全部关税领土的"大区"，如北美自由贸易区、中国与东盟自由贸易区。狭义的自由贸易区是指一个国家或单独关税区内设立的用栅栏隔离、置于海关管辖之外的特殊经济区域，区内允许外国船舶自由进出，外国货物免税进口，取消对进口货物的配额管制，如巴拿马科隆自由贸易区、德国汉堡自由贸易区、美国纽约港自由贸易区。上海自由贸易区属于狭义上的自由贸易区范畴，本小节选择中国香港自由贸易区、巴拿马科隆自由贸易区、美国纽约港自由贸易区、德国汉堡自由贸易区等几个典型自贸试验区，从五个方面与自贸试验区进行对比分析。

（1）功能定位。表 5-9 表明，自贸试验区在亚洲兴起，尤其是中国上海自由贸易区的成立，吸引了国内外的广泛关注。欧美则出现了截然不同的两种现象：美国自贸试验区的数量越来越多，已发展到 277 个，政策稳定而且开放自由；而德国则在 2013 年 1 月取消了世界上历史最悠久的汉堡自贸试验区，自贸试验区的栅栏反而成为了阻碍汉堡发展的藩篱。但实际上，这种现象背后反映的是世界贸易更加开放自由的发展趋势。汉堡自贸试验区的趋势表明了整个欧盟已经逐步成为一个更广意义上的自贸试验区。

表 5-9　自贸试验区与世界主要自由贸易区功能定位比较

上海自由贸易区	中国（上海）自由贸易试验区是中国大陆境内第一个自由贸易区，是中国经济新的试验田。力争将其建设成为具有国际水准的投资贸易便利、货币兑换自由、监管高效便捷、法制环境规范的自由贸易试验区。上海自贸区的政策与经验强调复制性和推广性
中国香港自由贸易区	1841 年 6 月 7 日，英国政府代表 Charles Elliot 宣布中国香港成为自由贸易港。1872 年以来，香港自由贸易港的内涵和功能逐步扩展，成为全世界最自由、最开放也最多功能的自由港，是全球最大的贸易、金融和航运中心之一
巴拿马科隆自由贸易区	巴拿马科隆自由贸易区成立于 1948 年，位于巴拿马运河大西洋入海口处，是西半球最大的自由贸易区，是仅次于中国香港的世界第二大自由贸易区，是拉美贸易的集散地、转口中心
美国纽约港自由贸易区	自由贸易区遍布美国东南西北所有区域，目前美国自由贸易区已经发展到 277 个。美国纽约港自由贸易区又称纽约港第 49 号对外贸易区，于 1979 年由美国国会批准设立，是全美自贸区中面积最大的自贸区之一，主要功能是货物中转、自由贸易。区外还设有若干分区，发展制造业、加工服务业
德国汉堡自由贸易区	汉堡港自由港区建于 1888 年，为世界上最早的自由港，主要功能是货物中转、仓储、流通、加工和船舶建造。1994 年汉堡港自由港区改建为自由贸易区。随着欧洲统一市场的不断完善，欧盟内部大部分货物实现了免税流通。从 2013 年 1 月起，终止汉堡港自由贸易区，所有汉堡港区内的公司将同其他欧盟关税区内的海港一样根据同样的海关管理规定进行运营

（2）产业发展政策。表 5-10 表明，与其他几个发展相对成熟的自贸试验区相比，上海自由贸易区的产业还处于起步阶段，产业战略选择清晰，但是在具体的产业政策上，开放度与自由度还略显不足，尤其在金融业的开放程度上还需进一步探索推进。

表 5-10　自贸试验区与世界主要自由贸易区产业发展政策比较

上海自由贸易区	服务业是上海自由贸易区的核心产业。未来自贸试验区将以国际贸易、金融服务、航运服务、专业服务和高端制造五大产业为导向，提升园区服务业比重。在临港地区打造金融、集中保税展示交易中心、文化贸易平台三个板块
中国香港自由贸易区	中国香港具有四大传统支柱产业：金融、旅游、贸易与物流、专业服务。在大力巩固四大传统支柱产业的基础上，中国香港自由贸易区近年来积极推动文化及创意产业、创新科技、检测和认证、环保产业、医疗服务、教育服务六项有明显优势的产业的发展
巴拿马科隆自由贸易区	主要产业为金融、贸易与物流、会展。巴拿马是拉美地区最活跃、最成功的国际金融中心，外资银行及分支机构密集，有 100 多家国际银行；重视会展业发展，巴拿马国际博览会世界闻名；贸易物流业发达，是全球第二大转口站。区内的经营以轻纺、服装、工艺、日用品和家电产品为主
美国纽约港自由贸易区	该区以围网分隔封闭，主要功能是货物中转、自由贸易、外国货物出港。区外还设有若干分区，主要功能是进出口加工制造，涉及石化、汽车、饮料、制药、手表等加工业务
德国汉堡自由贸易区	货物商业性加工、物流（货物集散转运）、船舶建造等是主业，金融、保险、商贸、中介等第三产业和服务贸易发展成效显著

（3）贸易投资政策。表 5-11 表明，上海自由贸易区区选择金融等六大领域全面开放，在政策、条件上还有一定限制，与中国香港、巴拿马等自贸区的自由贸易制度安排相比还存在一定距离。在产品进出的管制上，还达不到其他自贸区货物进口自由、无配额限制的标准。

表 5-11　自贸试验区与世界主要自由贸易区贸易投资政策比较

上海自由贸易区	①投资领域开放采用"负面清单"管理模式和"准入前国民待遇"，在金融服务、航运服务、商贸服务、专业服务、文化服务、社会服务等领域全面开放。在符合相关规定的前提下，允许符合条件的外资机构、组织以合资形式或独立形式成立公司并开展相关业务。②改善自贸试验区内行政管理体系，使其与国际高标准贸易和投资规则相适应；政府管理将由注重事先审批转为注重事中事后监管
中国香港自由贸易区	①实行自由贸易制度。一是对进出口贸易不设置管制，为履行国际义务及维护中国香港安全原因、对贸易实行必不可少的管制除外。二是不设置关税壁垒，对一般商品的进出口均不收关税。三是进出口手续极为简便，除少数受贸易管制的商品需进行事前申请外，一般商品的进出口无须报批。四是外来船舶免办进港申请及海关手续，实行非强制引水，关检及卫检手续简便，并豁免港行行政费。②实行企业自由经营制度。一是中国香港对外来投资项目不设任何管制，除了金融、电信、公共运输、公用设施及部分大众媒体等领域。二是对本地公司及外商一视同仁，实行少干预、无补贴政策。三是对企业经营进出口贸易没有限制，任何企业只要依法注册登记，即可从事进出口贸易。四是商品与劳务支付的价值也基本上保持充分的自由竞争状态

巴拿马科隆自由贸易区	①巴拿马科隆自由贸易区货物进口自由，无配额限制，对进出商品控制很少，豁免关税的范围相对较宽。除爆炸品、枪支弹药、麻醉品、易燃品和其他特别规定的商品外，一律自由进入区内，免关税。货物进出自由贸易区只需填写一份表格。②在巴拿马科隆自由区注册公司手续简便、审批快。区内设管理委员会，负责管理和组织本国和外国企业从事进口、展销、制造、装配和转口业务，为办公机构出租和修建住房及厂房、出租地皮、批准外国人在区内经商等。③政策稳定，区内管理非常严密。当地政府专门立法给予保证和优惠，投资者有法律保障。该区采取的安全措施也优于其他很多自由贸易区
美国纽约港自由贸易区	①任何国外或国内的商品，除法律禁止或由管理局规定为有害公共利益、健康或安全之外，皆可不受美国海关法的限制而进入对外贸易区。②国际贸易活动均可在区内开展，可以存储、展示和销售、重新包装、组装、分类、清洁、搭配国内货物进行加工。在自贸试验区内，只要没有零售销售，商品可以自由买卖。③货物进入对外贸易区不受配额的限制，无配额的货物准许进入区内暂存，待有配额再进口，也可以无限期在区内保存，待价而沽。④自贸试验区的货物可以24小时无限制地通过海关
德国汉堡自由贸易区	汉堡自由港对进出的船只和货物给予最大限度的自由，提供自由和便捷的管理措施，贯穿于从货物卸船、运输、再装运的整个过程中。①船只从海上进入或远离自由港驶往海外无须向海关结关，船舶航行时只要在船上挂一面"关旗"，就可不受海关的任何干涉。②凡进出或转运货物在自由港装卸、转船和储存不受海关的任何限制，货物进出不要求每批立即申报与查验，甚至45天之内转口的货物无须记录。货物储存的时间也不受限制。③货物只有从自由港输入欧盟市场时才需向海关结关，缴纳关税及其他进口税

（4）税收优惠政策。表5-12表明，与其他自贸试验区基本免税的税收政策相比，上海自由贸易区实施的促进投资和促进贸易的税收政策还有一定的调整空间，税种、税收范围、税收比例都可以更加优惠。

表5-12　自贸试验区与世界主要自由贸易区税收优惠政策比较

上海自由贸易区	①实施促进投资的税收政策。注册在自贸试验区内的企业或个人股东，因非货币性资产对外投资等资产重组行为而产生的资产评估增值部分，可在不超过5年期限内分期缴纳所得税。对自贸试验区内企业以股份或出资比例等股权形式给予企业高端人才和紧缺人才的奖励，实行已在中关村等地区试点的股权激励个人所得税分期纳税政策。②实施促进贸易的税收政策。将自贸试验区内注册的融资租赁企业或金融租赁公司在自贸试验区内设立的项目子公司纳入融资租赁出口退税试点范围。对设在自贸试验区内的企业生产、加工并经"二线"销往内地的货物照章征收进口环节增值税、消费税；可根据企业申请，试行对该内销货物按其对应进口料件或按实际报验状态征收关税。区内生产企业以及生产性服务业企业进口所需的机器、设备等货物免税（生活性服务业企业进口的货物除外）。③积极研究完善适应境外股权投资和离岸业务发展的税收政策

续表

中国香港自由贸易区	中国香港实行低税率及简单税制。①不设置关税壁垒，除对烟、酒、甲醇、碳氢油、化妆品等 6 类商品征收进口关税及消费税外，对其他一般商品的进出口均不收关税，只征收 0.05%的从价税。②不征收增值税、销售税或资本增值税，只有在中国香港赚取的收入才须课税，只需一年申报企业所得税一次。③进口机器及原料无须缴付关税，股息也无须课税。报税手续也十分简单，大部分人均可在网上自行办理
巴拿马科隆自由贸易区	"免税"一词几乎可以应用于科隆自由贸易区的所有商业活动。有以下多种鼓励投资的税收政策：①境外货物进入贸易区或从区内出境免进出口税，货物销售对巴拿马运河区或过境船只视为出口，免税。②外国公司的股票持有者所获股息无须缴纳；对持有两年以上的资产进行资本买卖无须缴纳资本收益税；因外贸业务和直接销售所得的利润而给付的股利可免缴股息税。③区内免销售税，免生产税；投资无须缴税；在自由贸易区经营的公司无须缴纳市政地方税（除汽车执照外）。④非巴拿马籍的行政人员与巴拿马居民缴纳同等税率的所得税。⑤区内公司所得税采用累进制，税率 2.5%~8.5%，两年内免利润所得税，若雇用巴籍员工，再给予减免 0.5%~1.5%所得税的优惠
美国纽约港自由贸易区	①推迟缴纳进口关税。运进自贸试验区的货物不需要立即缴纳进口关税，只有当货物通过海关运入美国时才需要支付关税。②倒置关税率节省关税。通过在自贸试验区设厂，企业可以自由选择支付原料的税率还是成品的税率，选择其中税率低的支付。③无关税出口。企业在自贸试验区设厂可以不需要支付任何进出口关税实现出口。④自贸试验区产品出口海外，如果遇到退货，不需要为退回的货物支付进口关税。⑤自贸试验区之间运输免税。企业在不同的自贸试验区间转移货物是免关税的，只有最终通关进入美国的时候才需要支付关税
德国汉堡自由贸易区	外国货物从水上进出区自由，有的需申报，有的不需申报。外国货物进区后 45 天以内不征收关税，以后根据货物不同去向分别处理，如进入保税库、加工区或关税区，可享受不同的关税政策

（5）金融政策。表 5-13 表明，在外汇管制、利率自由、资金运营、跨境业务、金融创新等方面，上海自由贸易区都有较大改革，但与其他几个自贸试验区放松金融管制、实行金融自由化的政策相比，还有一定距离。

表 5-13　自贸试验区与世界主要自由贸易区金融政策比较

上海自由贸易区	①加快金融制度创新。可在自贸试验区内对人民币资本项目可兑换、金融市场利率市场化、人民币跨境使用等方面创造条件进行先行先试。在自贸试验区内实现金融机构资产方价格实行市场化定价。探索面向国际的外汇管理改革试点，建立与自由贸易试验区相适应的外汇管理体制。鼓励企业充分利用境内外两种资源、两个市场，实现跨境融资自由化。深化跨国公司总部外汇资金集中运营管理试点，促进跨国公司设立区域性或全球性资金管理中心。②增强金融服务功能。推动金融服务业对符合条件的民营资本和外资金融机构全面开放，支持在自贸试验区内设立外资银行和中外合资银行。允许金融市场在自贸试验区内建立面向国际的交易平台。逐步允许境外企业参与商品期货交易。鼓励金融市场产品创新。支持股权托管交易机构在自贸试验区内建立综合金融服务平台。支持开展人民币跨境再保险业务，培育发展再保险市场

续表

中国香港自由贸易区	采取自由的金融政策，实行自由外汇制度，形成了以外资银行为主体、以进出口贸易为主要服务对象的银行体系。①外汇市场完全开放，企业可以在香港银行开立多种货币账户，采用不同货币营运业务或进行投资。②外汇、黄金及钻石等可以自由地进出中国香港，各种货币可在中国香港自由买卖及汇兑。③资金经营自由，没有国民待遇和非国民待遇之分，本地银行与外国银行享受完全平等的待遇
巴拿马科隆自由贸易区	巴拿马的本国货币仅为辅币，其合法货币为美元，贸易结算也使用美元。在巴拿马的银行存款不纳税，无外汇管制，利润汇出、汇入自由
美国纽约港自由贸易区	在区内放松金融管制，实行金融自由化。放宽或取消对银行支付存款利率的限制；减少或取消对银行贷款规模的直接控制，允许业务交叉；允许更多新金融工具的使用和新金融市场的设立；放宽对外国金融机构经营活动的限制及对本国金融机构进入国际市场的限制，减少外汇管制
德国汉堡自由贸易区	德国汉堡自由贸易区金融自由，外汇交易均不作限制，如外汇兑换自由、资金进出和经营自由；投资自由，如雇工、经营自由，无国民与非国民待遇之分等

2. 部分国家（地区）之间的经济贸易协定和外商投资准入管理

本部分旨在梳理上海自由贸易区现行管理制度的基础上，从营商环境最重要的外商投资准入制度方面对自贸试验区国际化进展程度进行国际比较，具体如表 5-14 至表 5-16 所示。

表 5-14　自贸试验区营商环境管理制度框架

投资管理体制	三版负面清单
	外商投资、境外投资：备案管理
	企业准入："单一窗口"
	企业登记：注册资本认缴制
	服务业扩大开放：283 项目落地
贸易监管制度	海关：23 项监管服务创新
	国际贸易"单一窗口"受理平台
	货物状态分类监管
金融制度改革	人民币跨境使用、利率市场化先行先试
	87 家持牌金融机构、约 3000 家金融服务机构进驻
	上海国际能源交易中心、国际黄金交易中心成立

续表

政府职能转变	企业年度报告公示、经营异常名录制度
	自贸试验区信息共享与服务平台
	反垄断审查制度

资料来源：根据公开资料整理。

表 5-15　部分国家（地区）之间的经济贸易协定和外商投资准入管理

国家（地区）	时间	外商投资管理办法		
		正面清单	负面清单	政府混合
中国内地—香港/澳门 CEPA	2004 年 1 月 1 日	√		
中国—新西兰 FTA	2008 年 10 月 1 日	√		
中国—新加坡 FTA	2009 年 1 月 1 日	√		
日本—新加坡 ECA	2002 年 11 月 30 日	√		
日本—马来西亚 ECA	2006 年 7 月 13 日	√		
美国—澳大利亚 FTA	2005 年 1 月 1 日		√	
美国—新加坡 FTA	2004 年 1 月 1 日		√	
美国—智利 FTA	2006 年 1 月 1 日		√	
美国—秘鲁 FTA	2009 年 2 月 1 日		√	
日本—智利 FTA	2007 年 9 月 3 日		√	
日本—泰国 FTA	2007 年 11 月 1 日		√	
日本—墨西哥 FTA	2005 年 4 月 1 日		√	
日本—越南 FTA	2009 年 10 月 1 日		√	
韩国—智利 FTA	2004 年 4 月 1 日		√	
韩国—新加坡 FTA	2006 年 3 月 2 日			√
中国—东盟服务贸易协定	2007 年 7 月 1 日			√

注：FTA 为自由贸易协定；ECA 为经济合作协定。

资料来源：上海财经大学"上海市政府发展研究中心研究项目试验区负面清单 2013 年版的研究"课题。

表 5-16　自贸试验区外商投资管理制度试点的主要内容

主要内容	细分项目	正面清单管理模式	负面清单管理模式	
			2014 年版	2015 年版
基本结构	—	—	行业分类代码在管理措施前	行业分类代码在管理措施后
审核制	审批数量	全部	负面清单内	负面清单内
	内外资是否一致	不一致	不一致	不一致
备案管理	备案数量	—	负面清单外	负面清单外
	内外资是否一致	—	一致	一致
负面清单	长度	—	139	
	无具体限制条件措施	—	25	

资料来源：上海对外经贸大学 2014 评估报告及相关公开材料。

通过对表 5-14 至表 5-16 内容的比较分析可以看出：自贸试验区的外商投资管理在现行管理体制中居于核心地位，是衡量营商环境国际化最为重要的指标，也是跨境贸易的制度体现和制度保障。以负面清单管理模式为核心的外商投资管理制度具有以下特点：第一，外资管理理念发生根本转变。负面清单"不列入即开放"的管理理念，要求减少政府干预、缩小审批范围、简化审批程序。第二，审批制度由核准制改为备案制。将负面清单以外的外商投资项目核准以及企业合同章程审批改为备案管理，推动外资管理从"重审批轻监管"转变为"宽准入重监管"、由事前审批为主转变为注重事中事后监管为主，形成综合监管体系。第三，外资管理措施受到实质约束。负面清单列明特别管理措施，减少外资管理中的灰色地带，制约政府权力，规范政策空间，限制行政手段。总体来看，现行外商投资管理体制进一步与国际通行规则接轨，调整的方向是正确的；表述方式不断完善，投资限制逐步减少，投资便利化程度明显提高。在实际操作中，自贸试验区新设外商投资企业当中，通过备案方式设立的达到 90% 以上，备案的领域大大超过审批的领域。

但是，自贸试验区目前的外商投资管理制度框架与国际高标准国际投资规则之间尚存在差异。自贸试验区负面清单是自主实施的单边开放措施，从负面清单的基本框架来看，与国际通行的国际贸易和国际投资协定负面清单相比还有一些差异：一是涵盖范围的差异。国际通行的负面清单中投资定义和范围包括直接投资和间接投资，同时涵盖准入前和准入后阶段，包括投资设立、取得和扩大的全生命周期。自贸试验区负面清单的投资只针对直接投资，仅涵盖准入前阶段。二是不符措施内容的差异。国际通行负面清单的不符措施针对国民待遇、最惠国待遇、当地存在、业绩要求、高管和董事会等多方面；自贸试验区负面清单的不符措施仅针对国民待遇。三是清单开列方式的差异。国际通行的负面清单通常包括部门、相关义务、政府级别、措施和描述五项基本要素。自贸试验区负面清单的架构相对比较简单，对于特别管理措施的描述还不充分，也没有单独制订电信、金融、文化产业等敏感部门的规范。

3. 中美双边投资协定（BIT）、TPP 与自贸试验区负面清单管理模式比较

原本期望能于 2015 年 9 月就负面清单达成初步协议的 BIT 谈判很遗憾未能如愿。如果 BIT 谈判顺利并缔结条约，那么 TPP 带来的挑战将被削减到最低。2014 年世界经济论坛上，美国贸易代表迈克尔·弗罗曼表示，美国希望在推进 BIT 谈判取得进展之后才会考虑是否将中国纳入 TPP 的问题。从条款上来看，TPP 投资条款与《BIT 2012》范本内容可能高度重合；从本质上来看，如果基于《BIT 2012》范本完成相关谈判，就意味着接受 TPP 投资条款内容基本无悬念。因此，将美国投资协定 2012 与自贸试验区负面清单进行比较（见表 5–17），对于评估自贸试验区营商环境的国际化程度具有很强的现实意义和完善制度建设的指导意义。

表 5–17　基于《美国 BIT 范本》与负面清单（2015 年版）的外商投资管理国际化评估

类别	内容	《美国 BIT 范本》负面清单	自贸试验区负面清单（2015 年版）
投资	投资定义	广义定义：主要有 8 种形式	狭义定义：主要指外国投资
	投资过程	"准入前+准入后"国民待遇	准入前国民待遇

续表

类别	内容	《美国 BIT 范本》负面清单	自贸试验区负面清单 （2015 年版）
功能	行为主体	缔约方政府	东道国主动开放
	表现形式	国际条约（双边投资贸易协定的附件）	政府文件（上海市政府公告）
	功能作用	缔约国双边投资保护	外商投资产业指导
	法理依据	缔约方法律法规；习惯国际法	国内法律法规
内容	具体内容	国民待遇、最惠国待遇、业绩要求、高级管理人员和董事会	国民待遇、不合业绩要求、高级管理人员和董事会等
范围	产业门类	涵盖所有国民经济产业门类	限定 18 个产业门类（不包括社会组织和国际组织两大门类）
	空间范围	缔约方领土：可行使主权或管辖权的任何区域	自贸试验区（120.72 平方公里）
调整	调整空间	空间小：基本不允许新增或加严限制	空间大：若干年调整一次，允许新增或加严限制

资料来源：负面清单（2015 年版），中国（上海）自由贸易试验区网站；《美国双边投资协定 2012 年范本》，美国贸易代表办公室网站。

表 5-17 表明，自贸试验区营商环境中至关重要、居于核心地位的外商投资管理制度与 BIT 的要求还有相当大的差距（不严格地说，也可以认为是同 TPP 要求的差距）。具体表现在以下几个方面：第一，投资与投资者的界定。TPP 投资谈判将"投资"界定为投资者直接或间接拥有、控制的各种资产，只要该资产具有资金或其他资源承诺、利润或收益预期以及风险承担等投资特征，就可以界定为"投资"。上述界定基本与美国《BIT 2012 范本》一致，但《BIT 2012 范本》的范围要比 TPP 小一些。第二，实体规则。包括国民待遇、最惠国待遇、损失补偿时给予非歧视待遇、业绩要求、征收和补偿、转移等条款。在最惠国待遇方面，要求给予投资者准入前和准入后的最惠国待遇，即在准入、设立、获得、扩大、管理、运营、清算、销售、处置等方面给予投资者不低于同等条件下给予任何其他缔约方或第三国投资者及/或其投资的待遇。这些要求与《BIT 2012 范本》的要求一致。上述条款特别是国民待遇条款，通过赋予投资者投资前准入待遇，极大程度上约束了东道国通过行政审批的方式约束、控制外资进入的

做法，成为推动投资自由化最实质的条款。TPP"业绩要求"条款要求在涉及建立、收购、扩大、管理、指导、运营、出售和其他资本处置活动时，不得采取传统上发展中国家经常采用的违反国民待遇的歧视性做法，这与《BIT 2012 范本》高度一致。资金转移条款规定基本一致，但 TPP 投资条款在一定程度上比《BIT 2012 范本》的相关条款更为谨慎。此外，TPP 征收和补偿条款规定的内容与《BIT 2012 范本》的相关条款内容一致。第三，"投资者—国家"争端解决。TPP 的"投资者—国家"争端解决机制基本建立在《BIT 2004 范本》相关条款的基础上，这与《BIT 2012 范本》的情况一致。第四，其余条款。TPP 投资条款中，不符措施条款规定缔约国提供国民待遇、最惠国待遇、高级管理与董事会等义务不适用于政府采购或贴补等领域。该条款内容与《BIT 2012 范本》基本一致。

综合来看，中国在投资开放方面与亚洲其他国家相比存在明显的落后，落后的主要方面包括未开放"准入前国民待遇"、未明确规范业绩条款、有限使用负面列表方式等。

（三）自贸试验区国际化进展：基于案例分析法的营商环境行业评估

自贸试验区原本的制度设计是希望能在融入金融全球化方面取得比较大的突破，为全国范围内的金融体制改革和人民币国际化提供经验。但受制于当前人民币贬值、资本市场监管不到位等国际环境和现行制度的约束，金融改革探索基本处于停滞状态。另外，中国的贸易构成正在发生深刻的变化，货物贸易增长乏力，个别月份甚至出现货物贸易量下降的情况。服务贸易对于我国扩大外部需求、支持经济增长具有更为重要的意义。由于与货物贸易相比，服务贸易与营商环境质量或服务水平之间的关系更为紧密，因此自贸试验区在营商环境国际化方面的进展就显得更为重要。本小节采用案例分析办法，对服务贸易行业所面临的营商环境国际化进展进行初步评估。

1. "跨境通"电商发展状况

《中国（上海）自由贸易试验区总体方案》（以下简称《总体方案》）中明确提出，"要加快培育跨境服务功能，试点建立与之相适应的海关监管、检验检疫、退税、跨境支付、物流等支撑系统"。此外，《总体方案》中还有一些政策也与跨境电商发展相关，比如要积极培育贸易新型业态和功能，深化国际贸易结算中心试点，拓展专用账户的服务贸易跨境收付和融资功能等。在这样的背景下，诞生了"跨境通"这样一个因自贸试验区而生的企业。"跨境通"电商平台由东方支付在自贸试验区投资。

"跨境通"主要经营的商品包括服装、服饰、婴幼儿用品、3C电子产品、化妆品、箱包六大类，定位在中高端，但主营还是以快消类产品为主。主要经营模式包括以下两类：一是自行进口。消费者通过"跨境通"网站订购的进口化妆品、母婴用品和高档箱包服饰，可跨境外汇支付，经入驻"跨境通"的机构报关报检，再经海关征收个人行邮税后，快速入境并被快递公司直接送交至消费者手中。二是第三方入驻"跨境通"平台的企业进口并在该平台销售。"跨境通"搭建的是平台的平台，希望引入类似淘宝的卖家来经营"海淘"业务。对于进入平台的企业而言，不需要在自贸试验区内注册，也不需要仓库空间，后台服务都由"跨境通"平台完成对接。"跨境通"平台有自贸模式和直邮模式两种。自贸模式包括4个流程：海外商家预先将商品运至跨境通自贸试验区保税仓库，通过"跨境通"平台销售；消费者通过"跨境通"平台在线订购；"跨境通"根据订单以个人物品进行入境申报；清关后由第三方物流快递给消费者。直邮模式则由海外商家直接发货，通关入境后直接快递给在"跨境通"上购买商品的消费者。

"跨境通"的商品准入方便，商品符合境外标准，即可进口（商品无需中文贴标，方便引入境外商品产品线）。购物的基本流程是消费者在国外网站直接下单，从美国仓库物流配送至国内；一般从下单到收货，需要7~

10 天。在自贸试验区建设自己的物流仓库，将部分商品提前进口至上海，实行保税仓储，等消费者下单后，直接从自贸试验区配送。"跨境通"主要合作伙伴包括顺丰、TNT、DHL、UPS 四家国际和国内主流物流公司，以确保物流整体的安全性和准时性。税收方面，"跨境通"的商品售价低且大部分商品售价可降 15%~30%，原因在于消费者仅缴纳行邮税，无须缴纳一般贸易关税、增值税、消费税。实体店的商品是企业以一般货物的形式进口。比如，皮包的进口综合税率可以达到 100%，"跨境通"则按个人物品方式申报，行邮税税率仅 10%（按照不同的产品，行邮税税率分 10%、20%、30% 和 50% 四档）。

2. 外资医疗产业发展状况

自贸试验区内允许设立外商独资医疗机构，被认为是一项突破重大但前景需要观察的改革试点。2013 年版自贸试验区"负面清单"与其相关的表述为"投资医疗机构投资总额不得低于 2000 万元，不允许设立分支机构，经营期限不得超过 20 年"。而在 2015 年版"负面清单"中，这一表述被修改为"投资医疗机构不允许设立分支机构"，医疗机构投资门槛进一步放宽。国家层面其实不乏政策支持，2014 年 5 月国务院办公厅印发《深化医药卫生体制改革 2014 年重点工作任务》的政策导向，中国正在逐步放宽合资医疗机构的准入条件，并减少对外资持股比例的限制。自贸试验区作为中国改革的前沿，建立外商独资医院，有利于引入全球顶尖医疗设备技术，从而促进本地医疗设备的升级，造福于民。

从上海的情况来看，上海虽是我国医疗中心城市，但医疗整体水平较之欧美发达地区仍有很大差距，在医疗资源的分布与人口结构变化不相适应的情况下，医疗水平进一步提升除了内在挖掘外，积极引入外部资源、扩大对外资医疗水平和技术的引进也十分重要。在这一背景下，2014 年 7 月 22 日，德国阿特蒙集团、银山资本在自贸试验区设立中国自贸试验区阿特蒙医院，与上海外高桥（集团）有限公司下属的外高桥保税区三联发展有限公司、外高桥医疗保健中心共同签订涉及合作模式等事宜的战略框架协议。这标志着中国境内首家外资全资医院落户自贸试验区。但这里的外资医院不包括台资和港资在内，在阿特蒙医院之前，自贸试验区已经有了两家医院，分别是台资独资的上海禾新医院和港资独资的深圳希玛林顺潮眼科医院。

但是，外资医院的落户并不是那么容易的，自贸试验区要为其尝试突破一些障碍：首先，医疗机构进口甲类设备一年只能申报两次，并要长时间等待。在自贸试验区这一限制或有望突破。其次，相关的医疗设备，国内三级甲等医院都在使用的 PETCT（全身扫描），完税价格在每台 4000 万元人民币左右，但自贸试验区的保税政策可以降低这一成本。最后，据《外国医师来华短期行医暂行管理办法》，在外国取得合法行医权的外籍医师，应邀、应聘或申请来华从事不超过一年期限的临床诊断、治疗业务活动。注册期满需要延期的，可以按规定重新办理注册。自贸试验区医院按照 20 年的时间长度签署的合作协议，在时间上明显不匹配。这方面，自贸试验区正在寻求突破。总的来说，目前外资独立医疗机构在自贸试验区仍有三大瓶颈：外籍医师注册、高端设备引进、国际商业保险的对接。

展望外资医疗产业发展前景，阿特蒙医院虽然是第一家，但不会是唯一的一家。据不完全统计，已有 20 多家国际高端医疗机构与自贸试验区管委会接触，期待进入中国市场。未来，外高桥医保中心也将利用自贸试验区平台，与美国耶鲁大学医学院、加州大学医学院、德国慕尼黑大学医学院、美国宇航中心展开合作，引入国际先进的医疗设备、先进的医院管理理念和运作模式。

3. 远洋运输业发展状况

自贸试验区航运领域的改革，承担着一个重要的使命，即推动上海国际航运中心的建设。在国际航运中心建设上，自贸试验区一直在人才、法律方面存在短板，这有望通过自贸试验区的改革推动和突破。对此，自贸试验区在远洋货物运输方面推出了三项政策：放宽中外合资、中外合作国际船舶运输企业的外资股比限制，允许中资公司拥有或控股拥有的非五星旗船进行沿海捎带业务，允许设立外商独资国际船舶管理企业。

在自贸试验区挂牌后的第 19 天，即 2013 年 10 月 17 日，中国海运所属中海国际船舶管理有限公司（中海国际）获得营业执照，正式入驻上海自贸试验区。截至 2014 年底，上海润元船舶管理有限公司、上海南盛堡船舶管理有限公司、海工船舶管理（上海）有限公司等 6 家船舶管理企业已完成落户，成为上海首批外资船管企业。此外，来自德国、新加坡、中国香港的其余 6 家国际船管企业正在办理工商注册过程中。2014 年 9 月，国务院又印发了《国务院关于促进海运业健康发展的若干意见》，在风险可控前提下，在中国（上海）自由贸易试验区稳妥开展外商成立独资船舶管理公司、控股合资海运公司等试点，强调了"稳妥"两字。

然而，在运行一年多后，通过对自贸试验区航运业相关开放政策的评估发现，多项政策放开后收到的效果并不明显。只允许成立 2 家外商独资的国际船舶管理企业、1 家外资控股的国际海上运输业务企业。其主要原因在于配套政策不完善。例如，允许设立外商独资的船舶管理企业的政策效果不好的原因是它们不能管理中国籍船舶，不能进入中国船员劳务市场；在远洋货物运输上，允许中资公司拥有或控股拥有的非五星旗船进行沿海捎带业务效果也不好，因为只能捎带至上海港的货物，海关操作困难。来自上海交通委的材料显示，关于放宽中外合资、合作国际船舶运输企业的外资股比限制，由于境内航运企业经营成本高、营商环境竞争力弱等原因，截至 2014 年 10 月底，虽有外资航运企业咨询该项政策，但尚未有企业正式提出申请。由于多项政策在短期内对企业和航运业的帮助有限，大多数港口、航运企业容易采取观望的态度。

为突破这些政策瓶颈，自贸试验区协同相关管理机构推出了如下改革措施：①应自贸试验区管委会的要求，自贸试验区将努力营造适应航运业发展的制度环境，推进航运服务的提升、辐射、突破。在航运服务等级的提升上，将单纯的物流服务功能转向贸易、物流、投资服务功能并举，将以口岸服务功能为主转向"口岸+腹地"的综合功能并举。②2015年版"负面清单"进一步扩大了开放领域，继续限制投资水上运输公司，放开投资国际海上运输业务，允许外商独资投资国际海运货物装卸、国际海运集装箱站和堆场业务，继续限制投资国际船舶代理（外资比例不超过51%），继续限制外商投资外轮理货业务。③浦东航运办方面正针对国际船舶管理企业反映的船员个税征收与国际惯例不符、代收代付所产生的税负问题，以及船供备件的报关便利化等核心问题开展企业调研，研究对策，争取借助自贸试验区的改革之机，在相关领域取得更多突破。

（四）总体评价

从2014年10月至今的情况来看，自贸试验区营商环境建设进一步完善，在总体指标和标杆比较方面都相较上一年有所提高。从主指标体系比较的结果来看，自贸试验区发展更接近韩国的情况；相关的标杆比较和行业案例分析都表明，自贸试验区在打造更友善的跨境贸易管理制度方面取得了明显成绩。具体到各个指标而言，自贸试验区的营商环境在投资管理制度、贸易监督制度、金融创新制度、事中事后监管制度四个方面都有所进展。

投资管理制度。修订出台2015年版负面清单，将外商投资准入特别管理措施由2013年版的139条减少到2015年版的116条。深化商事登记制度改革，实施企业注册资本认缴登记制等改革。第一批服务业6大领域23项扩大开放措施全面实施，第二批服务业和制造业领域31项扩大开放措施加快落实。

贸易监管制度。完善"一线放开、二线安全高效管住"的监管制度。海关、检验检疫、海事等部门推出了60余项创新举措，进出口通关速度比区外加快 30% 以上。完善实施国际贸易"单一窗口"管理制度，建立贸易、运输、加工、仓储等业务的跨部门综合管理服务平台，推动监管部门信息互换、监管互认、执法互助，实现多部门在一个平台上提供高效、便捷服务。

金融创新制度。中国人民银行、银监会、证监会和保监会推出的 51 项创新举措加快推进落实，在资本项目可兑换、人民币跨境使用、小额外币存款利率市场化、外汇管理改革四个方面先行先试。自由贸易账户体系正式推出，形成分类别、有管理的资本项目可兑换操作模式。累计 119 家持牌金融机构和一批金融服务企业入驻。

事中事后监管制度。建立事中事后监管基础性制度，建设公共信用信息服务平台、自贸试验区信息服务和共享平台，实施企业年度报告公示和经营异常名录制度，成立自贸试验区社会参与委员会。完善专业监管制度，针对 23 项服务业扩大开放措施出台 14 个操作管理配套文件，对扩大开放行业明确具体监管要求。

但总体而言，自贸试验区改革并未取得预期的突破与成绩。从 2013 年 9 月到 2014 年 9 月，自贸试验区各项突破值得肯定；从 2014 年 9 月到 2015 年 9 月，自贸试验区尽管有很多突破，但在外界看来，福建等地的自贸试验区创新动作貌似更大胆、更有魄力。尤其在众所瞩目的金融领域改革方面，自贸试验区承担了一个其他自贸试验区几乎没有的功能，就是金融改革相关试点基本都放在上海。但是，自贸试验区"金改 49 条"似乎是因为一些因素引发了监管层对风险的担心，最终被暂时搁置了。具体到自贸试验区营商环境改革，以下问题就更难以逾越：谈金融改革，绕不开监管的风险，只要担心监管有风险，"口子"就开不了，金融改革空间于是就非常有限；谈货物贸易改革，政府能改革的基本都改革了，如通关速度加快等，已经没太多空间提升了；谈行政管理体制改革，要改的虽然很多，但都是突破性和理念性的改革，谁来牵头、主动改革中非主观因素出了问题是否可以不追究责任等尚未明确。

上海自贸试验区以及福建、广东自贸试验区的改革实践表明，地方可试点的空间比较小，都需要各个部委批准。所以地方层面认为，自贸试验区改革能否突破的核心点不在于地方，而在于部委。但各部委也指出，现在的改革都涉及很多部委，需要大家达成一致，而达成一致的意见基本上改革力度就小了。所以要进一步改善营商环境，就需要明确如何改、动力何在等问题，每个改革都牵涉到核心利益、牵涉到多个部门，不是缝缝补补就能解决的。

三、营商环境法制化进展评估

自自贸试验区成立以来，法制保障体系建设正全面推进，经全国人大常委会和国务院决定或授权，国家和市级层面通过"废、改、立"，在法治轨道上推进自贸试验区的制度创新，当前已经搭建出一个较为完备、同现行法律法规制度相容的自贸试验区法制保障体系。

（一）自贸试验区的法制化建设现状及国家法规对应落实情况

自贸试验区法制化建设的理念可以总结以如下：落实国际经贸基本原则；以法治原则完善"负面清单"；以法治引领服务贸易领域的进一步开放；建立和完善行政法治体系；建立抽象性行政行为的审查机制；建立和完善有效监管的规则体系；完善对各类权益保护的实施细则；加强商事审判能力建设和建立风险防范体系；等等。

1. 自贸试验区建设法制化保障制度的思路

基于上述理念，自贸试验区的法制化推进思路可以总结如下：首先以"法无禁止则可行"为由构建宽松的立法规制空间；其次通过实践探索制定有针对性的细化管理制度或政策措施；最后将具体的政策规制措施总结上升为政府政策或地方法规。2014 年 8 月 1 日生效的第一部有关自贸试验区的地方性法规——《中国（上海）自由贸易试验区条例》（以下简称《条例》）正是上述法制化建设思路的集中体现和实践成果。《条例》既比较完善地搭建了自贸试验区法规体系的总体框架，也较好地体现了与国际经贸规则的对接。

首先，目前国际经贸新规则的谈判围绕两条主线展开：一方面要求在货物贸易、服务贸易、投资、金融等领域进一步放松管制，另一方面要求在维护公共利益、国家安全、金融安全、环境保护、劳工保护、公平竞争等方面加强有效监管。《条例》的体例很好地体现了这两条主线。《条例》共分为九章：第一章是"总则"，第二章是"管理体制"，第三章是"投资开放"，第四章是"贸易便利"，第五章是"金融服务"，第六章是"税收管理"，第七章是"综合监管"，第八章是"法治环境"，第九章是"附则"。从框架结构上看，《条例》与当前谈判的《跨太平洋伙伴关系协定》（TPP）有不少相似之处。例如，"投资开放"和"金融服务"各一章，与"贸易便利"一起构成"放松管制"的主线；"综合监管"与"法治环境"一起构成"有效监管"的主线。

其次，《条例》体现了非歧视与透明度两大国际经贸基本法律原则。非歧视强调的是对内外资、民营、国有等市场主体，在不损害国家安全的前提下，在市场准入、法律地位、发展权利、监管要求、税收政策、政府采购等方面给予公平待遇，一视同仁。透明度原则要求涉及经济贸易方面的法律、法规及相关措施，未公开的不得予以执行，应该以统一、公正和合理的方式即以正当程序实施有关法律、法规和相关措施。《条例》第十三条外资准入前的国民待遇，第四十七条市场主体平等地位，第五十二条到第五十四条有关自贸试验区地方性法规、政府规章、规范性文件的制定、实施、发布、审查等机制的规定，体现了非歧视和透明度两项基本原则。

最后，《条例》体现了加强政府、市场与社会三位一体的有效监管理念。

放松管制并不是放任市场，相反需要对市场进行有效监管，《条例》对此进行了机制创新。例如，第三十九条规定，"对信用良好的企业和个人实施便利措施，对失信企业和个人实施约束和惩戒"；第四十条规定，"自贸试验区实行企业年度报告公示制度和企业经营异常名录制度"；第四十三条规定，"自贸试验区建立企业和相关组织代表等组成的社会参与机制，参与市场监督"。这三个条款构建了政府、市场与社会三位一体的监管架构。

2. 自贸试验区建设法制保障制度的现状

就整体法制体系构建而言，自贸试验区法制保障框架体系的构建已初见成果。全国人大、国务院、地方人大也根据自贸试验区探索和发展的需要，及时调整相关法律、行政法规的实施。在核心法律法规文件方面，上海市人大常委会也通过了《关于在中国（上海）自由贸易试验区暂时调整实施本市有关地方性法规规定的决定》。到 2015 年，国家已经调整实施 3 部法律、15 部行政法规和 3 部国务院文件的部分规定。目前，自贸试验区法制保障制度的核心要件包括国务院通过的《中国（上海）自由贸易试验区总体方案》、上海市人大常委会通过的《中国（上海）自由贸易试验区管理办法》、上海市政府颁行的《中国（上海）自由贸易试验区条例》，这三项核心制度业已全部颁行实施。其中，2014 年 8 月 1 日起正式实施的《中国（上海）自由贸易试验区条例》，将自贸试验区的各项规章制度从区域性的阶段性行政意志上升为区域性法律意志，为自贸试验区的持续发展奠定了良好的法制保障。

（1）具体行政法规和实施细则建设的进展分析。在行政审批或者准入特别管理措施方面，已调整 3 件国务院文件和 3 件国务院批准的部门规章；17 个国家相关部门出台商事登记、贸易航运、金融财税、服务业开放等支持意见和实施细则。上海市政府也颁行了《中国（上海）自由贸易试验区外商投资准入特别管理措施（负面清单）》以及相关的投资备案管理办法。2014 年，区内工商登记涉及许可项目已简化编制为 41 项"先照后证"事项目录，2015 年又完成实施了新一轮 31 项扩大开放措施，并与有关部委沟通调整 2 部行政法规和 1 部部门联合规章的有关规定。截至 2015 年 10 月 15 日，国家层面已出台 59 个支持文件和配套措施，市级层面累计出台 106 个支持文件和配套措施，具体如表 5-18 所示。

表 5-18　自贸试验区国家—上海本地政策分层统计

		核心文件	综合性政策	支持意见通知	管理办法公告	实施细则	合计
成立至 2015 年 10 月总情况（项）	国家层面	3	12	18	25	1	59
	市级层面	3	2	22	66	13	106
	合计	6	14	40	91	14	165
2014 年 9 月至 2015 年 10 月新出台（项）	国家层面	0	4	4	9	1	18
	市级层面	0	2	14	11	3	30
	合计	0	6	18	20	4	48
第二年政策出台占比（%）	国家层面	0	33	22	36	100	31
	市级层面	0	100	64	17	23	28
	合计	0	43	45	22	29	29

注：国家层面的综合性政策是以国务院名义颁行的文件，地方层面的综合性政策是以上海市政府或办公厅名义颁行的文件；支持意见或通知是转发性或确认性的文件，无具体实施内容；管理办法是指就某项事务制定的行政法规或规章；实施细则是标题明确含有"实施细则"或"规则"字样的行政文件。

表 5-18 说明，在法制化保障制度建设方面，自贸试验区成立第二年（表 5-18 中的 2014 年 9 月至 2015 年 10 月）的主要工作是在第一年各项制度创新的基础上，将现行的各种行政措施和管理办法制度化，并通过国家层面行政机构的行政认可获得合法地位。通过释放制度红利，将现有的政策措施落实到位，充分发挥自贸试验区政策创新高地的优势。但也要看到，就数量而言，第二年自贸试验区各项行政法规或政策措施的出台数量远少于第一年；就结构而言，在各项制度法规中，来自中央政府的认可性文件占比最高，国家部委层面出台的管理办法和实施细则占比也高于上海地方层面。这说明自贸试验区政策创新遇到瓶颈，行政措施和管理政策的

创新难有大的突破，需要来自中央政府层面的支持。

（2）具体行政法规和实施细则建设的内容分析。在行政法规和实施细则的内容方面，具体如表 5-19 所示。

表 5-19　自贸试验区政策类型分层统计

		核心文件	综合性政策	支持意见通知	管理办法公告	实施细则	合计
成立至 2015 年 10 月总情况（项）	投资管理		5	11	30	2	48
	贸易便利		3	7	34	1	45
	金融创新		2	7	11	6	26
	商事监管		0	8	10	3	21
	法制保障		1	4	2	2	9
	制度框架	6	3	3	4	0	14
	合计	6	14	40	91	14	165
2014 年 9 月至 2015 年 10 月新出台（项）	投资管理		1	3	3	0	7
	贸易便利		0	3	4	0	6
	金融创新		1	2	4	1	8
	商事监管		0	5	5	1	11
	法制保障		1	4	2	2	9
	制度框架	0	3	1	2	0	6
	合计	0	6	18	20	4	48
第 2 年政策出台占比（%）	投资管理						15
	贸易便利						13
	金融创新						31
	商事监管						52
	法制保障						64
	制度框架						43
	合计	0	43	45	22	29	29

如表 5-19 所示，国家层面与上海市级层面出台的支持配套文件，覆盖了投资管理、贸易便利、金融创新、商事监管、法制保障、制度框架六个方面。截至 2015 年 10 月 15 日，共出台了 14 项综合性改革方案、40 项

支持意见、91 项具体管理办法、14 项实施细则。总的来看，自贸试验区建设中的法制化保障体系主动遵循了全球经济治理体系的规则，也符合法制化市场经济的要求。

表 5-19 说明，自贸试验区第二年主要着力于法制化保障的制度建设，法制保障方面出台的制度措施占了两年的 64%，内容既包括反垄断、行政审批和处罚方面的行政法授权，还包括行政复议、法律文书审查、中外律师事务所联营等程序法方面的授权。尤其要强调指出的是，这些法制保障方面的制度措施都是上海地方层面出台的重大举措。这表明，在国家事权的授权方面难有突破的情况下，大力完善地方的行政法规执行制度是自贸试验区在制度建设方面的新突破。这也显示了自贸试验区沉稳发展的务实精神，既然在大的政策方面难有进展，就踏踏实实做好自贸试验区本地的法制化保障制度。

（3）自贸试验区跟进国家政策的情况分析。除了本地化的政策创新和法规建设，自贸试验区营商环境法制化在第二年的另一项重要工作是落实中央出台的支持性政策措施。如表 5-18 所示，2014 年 9 月至 2015 年 10 月，国家层面共出台了 18 项综合性政策、支持意见、管理办法和实施细则，上海地方层面共出台了 30 项政策措施和实施办法。表 5-20 从政策类型角度分析中央—地方的政策对应情况。

表 5-20　自贸试验区跟进国家政策情况统计

	投资管理	贸易便利	金融创新	商事监管	法制保障	制度框架
国家层面（项）	5	2	5	2	0	4
市级层面（项）	2	4	3	8	11	2
市级—国家跟进比例（%）	0.4	2	0.6	4	—	0.5

表 5-20 说明，表面来看，自贸试验区在跟进国家出台的政策方面并不如人意，在重要的投资管理、金融创新方面，都未能推出更多的实施细

则，以释放国家层面的制度红利。然而，在贸易便利和商事监管这两方面，上海市及时出台了相应的行政措施和实施办法，使国家政策能更好地落到实处。进一步分析，上海地方难以出台跟进政策措施的都是受限于国家事权层面的立法制度，而能及时推进跟进的政策措施都是操作性很强的、现行事权或规制框架比较宽松的行政管理领域。

3. 自贸试验区建设法制保障制度的突破：基于法律服务业的案例分析

《中国（上海）自由贸易试验区总体方案》要求，探索密切中国律师事务所与外国律师事务所业务合作的方式和机制。2015 年 5 月，贝克·麦坚时国际律师事务所和北京奋迅律师事务所宣布双方共同在自贸试验区设立办公室并实行联营，这是上海市司法局核准的首家自贸试验区中外律师事务所联营试点。根据此前政策，外国律师事务所驻华代表机构只能"提供有关中国法律环境影响的信息"。最早外国律师事务所在中国只能设立代表处，与中国律师事务所进行松散的、"一案一议"式的合作。中外律师事务所的合作中外国律师事务所只能对国际法或其所在国的法律作解释，不能解释中国法律，类似咨询公司的功能。后来，中国部分大型律所和国外律所进行排他性的合作，在品牌、名称上联合，客户共享，但财务仍相对独立。值得注意的是，以上两种合作方式实际上都是"灰色"和不透明的。所以才会在自贸试验区的背景下探索中外律师事务所合作的方式和机制。

2014 年 1 月，司法部做出批复，同意了上海市司法局提出的《关于在中国上海自由贸易试验区探索密切中外律师事务所业务合作方式和机制试点工作方案》等 3 项试点方案。根据司法部的批复，今后将在中国（上海）自由贸易试验区内试行两项律师业开放措施：一是允许在自贸试验区设立代表处的外国律师事务所与中国律师事务所以协议方式，相互派驻律师担任法律顾问，即由中国律师事务所向外国律师事务所代表处派驻中国执业律师担任中国法律顾问，由外国律师事务所向中国律师事务所派驻外国律师担任外国法律顾问，在各自执业范围、权限内以分工协作方式开展业务合作。二是允许外国律师事务所与中国律师事务所在自贸试验区内实行联营，即由已在中国设立代表处的外国律师事务所与中国律师事务所按照协议约定的权利和义务，在自贸试验区内实行联营，以分工协作方式，向中外客户分别提供涉及外国和中国法律适用的法律服务。联营期间，双方的法律地位、名称和财务保持独立，各自独立承担民事责任。2014 年 11 月，根据司法部的批复，上海市政府发布了《中国（上海）自由贸易试验区中外律师事务所互派律师担任法律顾问的实施办法》《中国（上海）自由贸易试验区中外律师事务所联营的实施办法》两项实施细则。

互派律师担任法律顾问的实施办法包括以下要点：①允许中外律师事务所以协议方式，相互派驻律师担任法律顾问，在各自执业范围、权限内，采取分工协作方式开展业务合作。②至少一方在自贸试验区设有机构。③中国律师事务所和外国律师事务所互派法律顾问的数量不得超过 3 名。④在互派法律顾问的合作中，中国律师在被派驻到外国律师事务所驻上海（含自贸试验区）代表机构担任法律顾问期间，可以中国律师身份向客户提供中国法律咨询服务和涉及适用中国法律的民商事诉讼、非诉讼法律事务的代理服务，可以分工协作方式与外国律师事务所驻上海（含自贸试验区）代表机构合作办理跨境或国际法律事务，可以就重大复杂法律事务提请所在的中国律师事务所与外国律师事务所合作办理。⑤外国律师被派驻到中国律师事务所或者分所担任外国法律顾问期间，除向接受派驻的中国律师事务所或者分所提供外国法律信息、法律环境等方面的咨询服务外，可以外国律师身份向客户提供涉及外国法律适用的咨询和代理服务，可以分工协作方式与中国律师事务所或者分所合作办理跨境或国际法律事务。

律师事务所联营实施办法包括以下要点：①允许中外律师事务所在自贸试验区内实行联营，以分工协作方式，向中外客户分别提供涉及中国和外国法律适用的法律服务，或者合作办理跨境和国际法律事务。②联营期间，双方的法律地位、名称和财务各自保持独立，各自独立承担民事责任。

③至少有一方在自贸试验区设有机构。④中国律师事务所与外国律师事务所联营，可以共同以联营的名义接受当事人的委托或者其他律师事务所的委托，在各自获准从事律师执业业务范围内，以分工协作的方式办理中国以及外国法律事务，或者合作办理跨境和国际法律事务。参与联营业务的外国律师事务所及其驻华代表机构、代表和雇员不得办理中国法律事务。⑤中国律师事务所与外国律师事务所以联营名义合作办理法律事务的，可以统一向委托人收费，双方再依照联营协议进行分配，也可以根据联营中各自办理的法律事务，分别向委托人收费，但须事先告知委托人。

这两个实施细则同时表明，英美等外国律师事务所通过联营，就能以联营所的名义出具中国法下的意见书；以联营所的名义出庭，全面参与各项法律业务。不过，两个实施细则对两者之间的合作禁区也有详细规定，国外律师事务所服务仍有限，当前法律限制其进入的业务包括以下几方面：①中国律师事务所负责人及其分所负责人不得作为派驻律师到外国律师事务所驻上海（含自贸试验区）代表机构担任中国法律顾问。②外国律师事务所负责人及其驻华代表机构首席代表不得作为派驻律师到中国律师事务所（或者分所）担任外国法律顾问。③派驻到中国律师事务所或者分所的外国法律顾问从事相关业务活动时，在派驻期间不得从事或者宣称可以从事中国法律服务，不得在名义上或者实质上成为中国律师事务所的合伙人，不得参与中国律师事务所或者分所的内部管理。④参与联营业务的外国律师事务所及其驻华代表机构、代表和雇员不得办理中国法律事务。

（二）自贸试验区法制化建设面临的挑战及任务评估

总的来说，上海还是在自己的立法和行政权授权范围内最大努力地去跟踪落实国家的相关政策法规，在本地化的法制保障制度建设方面尤为出色。行政政策难以跟进的根本原因还是自贸试验区面临的法律体系挑战问题。

1. 自贸试验区法制化建设面临的法律体系挑战

自贸试验区涉及的投资贸易便利化、资本项目兑换等事项都属于国家层面事权，且已有相关法律做出了规定。按照一般程序，对于已有国家法律做出规定而自贸试验区需要突破相关法律规定的，应当先由全国人大或其常委会根据建设自贸试验区建设的需要对相关法律做出修改。通过修法建设自贸试验区，不仅耗时长，而且全国人大常委会为一个区域专门立法，无论从立法成本还是从法制的统一性方面看可行性都不大。

在自贸试验区的立法实践中，政府采取了相对变通的"法无禁止则可行"方式，即不是对尚未制定法律的事项申请授权先制定行政法规，而是申请授权在某一个区域内暂停实施现行法律法规。2013 年 8 月，国务院向人大常委会提出《关于授权国务院在中国（上海）自由贸易试验区等国务院决定的试验区内暂时停止实施有关法律规定的决定（草案）》（以下简称《决定》）的申请。2013 年 8 月 26 日，十二届全国人大常委会第四次会议审议通过《决定》，授权国务院在自贸试验区等国务院决定的试验区内，暂时停止实施外资、中外合资、中外合作企业设立及变更审批等相关法律规定，并确定于当年 10 月 1 日起施行此《决定》，同时授权国务院对自贸试验区内实施的新的法律法规负责解释。11 月 15 日，中共十八届三中全会在关于中央深化改革决定中，又专门提出切实建设好、管理好自贸试验区，为全面深化改革和扩大开放探索新途径、积累新经验，使得自贸试验区建设获得最高政治背书，正式上升为国家新一轮发展战略。

在立法框架上，作为国务院批准的规范性文件，《总体方案》确定的先行先试事项指向制度创新、扩大开放等根本问题，法律调整内容上广泛涉及税收、海关、金融、外资、贸易等国家事权以及中央专属立法权等，需要突破现有的国家法律和行政法规，尤其是必须获得全国人大常委会和国务院的"双层授权"。然而，授权地方停止适用现行有效法律的合法性、必要性和合理性，在认识上始终不尽一致。自贸试验区先行先试的事项主要涉及行政审批等有关部委的核心权力，而这些审批权多数早被法律加以固化，即使全国人大常委会的起步只是授权国务院暂停三部法律的实施，但随着自贸试验区法制化进展的深入，需要授权调整的法律法规的数量与日俱增。但《立法法》颁布后，全国人大常委会如何授权地方立法至今尚未有前例，上海的地方权力机构更多只能限于理顺地方性法规和规章的"小修小补"，而很难在体系化、法规化方面取得更大的进展。

在执法体制上，自贸试验区以集中行使原来分散在不同部门的行政执法权为基调，设立了管委会综合执法机构，集中统一行使监督和执法权。这对于根除不同行政执法机关的法定职权竞合重复、交叉和多头执法，以及行政部门之间相互推诿、扯皮和执法效能低下等弊端，都具有比较积极的意义。同时，这也是实践"小政府"的全新执政理念、厘清市场和政府最优边界的又一次新尝试。不过，这种自贸试验区内只限于行政执法权在"小而全"的意义上收拢后的特定化定制产品，不仅对于现有行政机构来说存在逐步消化和适应的过程，而且多次复制后会导致以长期性的各方利益博弈和妥协为基本路线的法律制度修订和构建负荷过载，难以有效响应。

在调解体系上，虽然上海地方审判和检察机关都已在自贸试验区内设立了相应的派出机构，而且之前也有类似因事而设的上海世博法庭这样比较成熟的实践经验，但在自贸试验区内设立正式的司法机构安排，涉及政权架构性的组织和职权配置，实际上归属于《人民法院组织法》和《人民检察院组织法》规定的事项，不容地方置喙。因此，自贸试验区内的派出司法机构在上位法没有做出相应调整前，难以做出"完整建制化"意义上的独立或知识产权法院等这样的专门司法组织安排。不仅如此，在派出司法机构的法律适用依据上，随着自贸试验区法制化建设的深入，还会有更多的法律调整出现；在"简政放权""开放倒逼"的背景下，会有国内法律和国际规则优先适用等复杂的问题陆续浮出水面。同时，作为自贸试验区改革主要方向的一线彻底放开后，作为二线的管制底线司法究竟如何有效实施，也是自贸试验区法制化建设亟待解决的重要问题。

2. 自贸试验区法制化建设的原则和面临的任务

自贸试验区法治建设虽然从一开始就坚持高标准，特别是《条例》中不少条款体现了国际经贸新规则发展的要求，但是从党中央、国务院对上海自贸试验区进一步改革开放的要求和从国际经贸规则所体现的开放趋势来看，自贸试验区法治建设还有待深入和细化。

（1）运用法治思维规范行政监管的模式与方法，建立统一、透明、可预期的行政法治。

透明度是当前国际经贸规则中的法治基本原则之一，其主要内涵如下：①涉及经济贸易方面的法律、法规及相关措施，未公开的不得予以执行；②涉及经济贸易方面的法律、法规及相关措施，在制定前要给予利益相关方以合理时间予以评论；③涉及经济贸易方面的法律、法规及相关措施，在公布与执行之间要预留合理的政策适应期；④应以统一、公正和合理的方式实施上述法律、法规和相关措施。十八届四中全会《决定》明确提出，坚持以公开为常态、不公开为例外的原则。各级政府及其工作部门依据权力清单，向社会全面公开政府职能、法律依据、实施主体、职责权限、管理流程、监督方式等事项。自贸试验区目前的众多改革措施，有的采取试点方式，但试点条件是否客观中立尚未可知；有的规定"条件许可"，但条件是什么没有明确的规定；有的规定可以随着政策的调整进行调整，但调整的方向是什么、是否会更具有限制性不得而知。这就损害了改革政策的可预期性。

（2）建立和完善有效监管的规则体系。从国际经验来看，市场准入大门打开后，在强调政府监管的同时，要特别注重发挥市场与社会组织的监管作用。《中国（上海）自由贸易试验区条例》在这方面体现了监管理念的变化，但仍需要进一步突破和合理简化。

第一，增加对失信企业实施约束和惩戒的具体措施的可行性。放松管制并不是放任市场，相反需要对市场进行有效监管。《条例》对此进行了机制创新。例如，第三十九条规定，"对信用良好的企业和个人实施便利措施，对失信企业和个人实施约束和惩戒"。对于如何对失信企业实施约束和惩戒，《条例》没有明确规定。制度完善的方向是让失信企业对与其交易的市场主体进行赔偿，而不要求该市场主体进行损失、因果关系的证明。

第二，《条例》第四十条规定，"自贸试验区实行企业年度报告公示制度和企业经营异常名录制度"，这实际上是监管理念的重大变化。以前政府通过准入前的行政审批由政府对市场主体进行判断，好的市场主体被批准进入市场，坏的市场主体不予批准。事实证明，政府不是商人，不可能判断出市场主体的好坏；而且在准入后，好的市场主体也可能变坏。现在政府无须在准入前对市场主体进行价值判断，政府要做的是督促市场主体持续地、动态地披露真实信息，由市场交易对手根据这些信息自行判断，自己承担风险。这种理念非常好，但企业年度报告公示的内容尚需增加，尤其是临时发生的重大事项，以提高信息的及时性。

第三，《条例》第四十三条规定，"自贸试验区建立企业和相关组织代表等组成的社会参与机制，参与市场监督"。这是因为无论从资源、动力或其他方面看，政府和市场都不可能对无限市场实施有效的监管，还需要社会组织特别是 NGO 的加入，建立政府、市场与社会组织三位一体的监管机制势在必行。

（3）完善和细化对各类权益保护的规则。《条例》中规定了对各类主体权益保护的规则。例如，第四十八条"自贸试验区内投资者合法拥有的企业、股权、知识产权、利润以及其他财产和商业利益受法律保护"。第四十九条"自贸试验区内劳动者平等就业、选择职业、取得劳动报酬、休息休假、获得劳动安全卫生保护、接受职业技能培训、享受社会保险和福利、参与企业民主管理等权利受法律保护。在自贸试验区推行企业和劳动者集体协商机制，推动双方就劳动报酬、劳动安全卫生等有关事项进行平等协商。发挥工会在维护职工权益、促进劳动关系和谐稳定方面的作用。在自贸试验区健全公正、公开、高效、便民的劳动保障监察和劳动争议处理机制，保护劳动者和用人单位双方的合法权益"。第五十一条"加强自贸试验区知识产权保护工作，完善行政保护与司法保护衔接机制。本市有关部门应当和国家有关部门加强协作，实行知识产权进出境保护和境内保护的协同管理和执法配合，探索建立自贸试验区知识产权统一管理和执法的体制、机制。完善自贸试验区知识产权纠纷多元解决机制，鼓励行业协会和调解、仲裁、知识产权中介服务等机构在协调解决知识产权纠纷中发挥作用"。《条例》中的这些规定需要有详细的规则加以落实，可以在下一步的建设过程中选择一到两个点予以突破。

（4）建立与完善自贸试验区风险防范的机制。防范风险是建设自贸试验区的底线。风险防范机制主要包括外资国家安全审查机制、金融开放创新中的跨境流动资本的风险防范机制等。从历史经验来看，发展中国家在金融开放创新、资本项目兑换进程中基本上都遭遇过金融风险甚至金融危机。因此，探索建立国家安全审查机制与维护金融安全机制是自贸试验区健康发展的重要基础。

（三）自贸试验区法制化建设落地成效评估：实施方案与实践经验

2013 年，自贸试验区获批，国务院颁布了《中国（上海）自由贸易试验区总体方案》（以下简称 2013 年版方案）。2015 年随着自贸试验区扩容，国务院于当年 4 月批准颁行《进一步深化中国（上海）自由贸易试验区改革开放方案》（以下简称 2015 年版方案）。可以说，2015 年版方案的颁行是自贸试验区法制化保障制度建设的一个里程碑，也是法制化体系落地的重要体现。从法制化建设落地成效的角度而言，2015 年版方案的颁行具有三点意义：一是对自贸试验区成立一年多来各项行政法规的调整、行政政策或措施的系统总结与合法化认定。由于 2015 年版方案是国务院颁行的，这就在很大程度上解决了国家事权与地方授权的矛盾。二是对自贸试验区行之有效的经验做法进行了系统总结和归纳，这对于推广、复制自贸试验区的发展经验具有积极意义。三是 2015 年版方案明确了自贸试验区下一步的主要发展任务，指出了自贸试验区的发展经验还有哪些可以超越的地方，对其他三个自贸试验区的发展同样具有指导作用。

1. 自贸试验区法制化建设落地成效评估：基于 2015 年版方案与 2013 年版方案的纵向比较

本小节拟首先比较 2013 年版方案与 2015 年版方案的主要差别，其次总结自贸试验区成立以来的可复制、可推广经验，进而分析自贸试验区的发展还有哪些可超越的地方。我们通过比较，共总结出 2015 年版方案同 2013 年版方案共有 5 个方面、20 项具体差异。

第一，指导思想与发展目标（4 项）。

（1）具体要求增加了一项。2013 年版方案：建立符合国际化和法制化要求的跨境投资和贸易规则体系。2015 年版方案：加了一个"化"，即市场化，建立符合国际化、法制化和市场化要求的跨境投资和贸易规则体系。

（2）对自贸试验区目的要求更为明显。2013 年版方案：打造中国经济升级版。2015 年版方案：明确要求推动"一带一路"和长江经济带的发展。目的指向更为明显。

（3）发展目标异同。明确表示上海要成为四大自贸试验区里最强大的。2013 年版方案：力争建设成为具有国际水准的投资贸易便利、货币兑换自由、监管高效便捷、法制环境规范的自由贸易试验区。2015 年版方案：力争建设成为开放度最高的投资贸易便利、货币兑换自由、监管高效便捷、法制环境规范的自由贸易园区。

（4）实施范围不同。2013 年版方案：上海外高桥保税区、上海外高桥保税物流园区、洋山保税港区和上海浦东机场综合保税区。2015 年版方案：上海外高桥保税区、上海外高桥保税物流园区、洋山保税港区、上海浦东机场综合保税区、陆家嘴金融片区、金桥开发片区、张江高科技片区。2015 年版方案同时提到，在严格遵照全国人民代表大会常务委员会授权的前提下，自贸试验区部分对外开放措施和事中事后监管措施辐射到整个浦东新区。

第二，政府职能转变（7 项）。

（1）整体区别。2015 年版方案非常详细，2013 年版方案较为笼统。主要是通过两年的实践，无论是中央政府还是地方政府都对试点应该干什么，尤其是怎么干，有了一个相对明确的认知。这也可以说是对 2013 年版方案的每句话进行了细化。

（2）强调了负面清单。2013 年版方案：这部分没提及负面清单，但后面提到了。2015 年版方案：指出推动负面清单制度成为市场准入管理的主要方式。

（3）单独列出了诚信体系建设。2013 年版方案：在政府职能这方面，没有提及。2015 年版方案：在政府职能方面，单独列出了加强社会信用体系应用。

（4）强化了社会力量参与。明确指出可以一个行业多个协会。2013 年版方案：积极鼓励社会力量参与市场。2015 年版方案：通过扶持引导、购买服务、制定标准等制度安排，支持行业协会和专业服务机构参与市场监督。探索引入第三方专业机构参与企业信息审查等事项，建立社会组织与企业、行业之间的服务对接机制。充分发挥自贸试验区社会参与委员会作用，推动行业组织诚信自律。试点扩大涉外民办非企业单位登记范围。支持全国性、区域性行业协会入驻，探索引入竞争机制，在规模较大、交叉的行业以及新兴业态中试行"一业多会、适度竞争"。这里面有一个最重要的点是鼓励"一业多会"，即一个行业可以有几个协会，这样对于打破现在的协会垄断具有极大的意义。

（5）对国家安全审查的重视。2013 年版方案：完善国家安全审查制度，在自贸试验区内试点开展涉及外资的国家安全审查。2015 年版方案：进一步发挥自贸试验区在国家安全审查和反垄断审查工作中的建议申报、调查配合、信息共享等方面的协助作用。

（6）首次提出产业预警制度。2013 年版方案：无。2015 年版方案：配合国家有关部门试点建立与开放市场环境相匹配的产业预警体系，及时发布产业预警信息。上海市人民政府可选择重点敏感产业，通过实施技术指导、员工培训等政策，帮助企业克服贸易中遇到的困难，促进产业升级。这对于企业来说很有意思，可以防止企业盲目投资。

（7）强化权益保护制度。2013 年版方案：建立知识产权纠纷调解、援助等解决机制。2015 年版方案：完善专利、商标、版权等知识产权行政管理和执法体制机制，完善司法保护、行政监管、仲裁、第三方调解等知识产权纠纷多元解决机制，完善知识产权工作社会参与机制。优化知识产权发展环境，集聚国际知识产权资源，推进上海亚太知识产权中心建设。进一步对接国际商事争议解决规则，优化自贸试验区仲裁规则，支持国际知名商事争议解决机构入驻，提高商事纠纷仲裁国际化程度。探索建立全国性的自贸试验区仲裁法律服务联盟和亚太仲裁机构交流合作机制，加快打造面向全球的亚太仲裁中心。

第三，投资与贸易制度（7 项）。

（1）境外投资。2013 年版方案：改革境外投资管理方式，对境外投资开办企业实行以备案制为主的管理方式，对境外投资一般项目实行备案制。2015 年版方案：建立完善境外投资服务促进平台。试点建立境外融资与跨境资金流动宏观审慎管理政策框架，支持企业开展国际商业贷款等各类境外融资活动。统一内外资企业外债政策，建立健全外债宏观审慎管理制度。

（2）商事登记制度。2013 年版方案：工商登记与商事登记制度改革相衔接。2015 年版方案：简化和完善企业注销流程，试行对个体工商户、未开业企业、无债权债务企业实行简易注销程序。这意味着未来部分企业注销的程序将大为简化。

（3）组织机构代码证、营业执照、税务登记证有望三合一。2013 年版方案：无。2015 年版方案：探索工商营业执照、组织机构代码证和税务登记证"多证联办"或"三证合一"登记制度。

（4）内外资融资租赁标准将统一。2013 年版方案：允许和支持各类融资租赁公司在试验区内设立项目子公司并开展境内外租赁服务。2015 年版方案：统一内外资融资租赁企业准入标准、审批流程和事中事后监管制度。探索融资租赁物登记制度，在符合国家规定前提下开展租赁资产交易。

（5）允许外资投资典当行。2013 年版方案：无。2015 年版方案：稳妥推进外商投资典当行试点。

（6）强调邮轮、游艇产业发展。2013 年版方案：强调了货物运输等航运。2015 年版方案：专门提出。推动与旅游业相关的邮轮、游艇等旅游运输工具出行便利化。

（7）境外游客离港退税。2013 年版方案：无。2015 年版方案：符合条件的地区可按规定申请实施境外旅客购物离境退税政策。

第四，金融领域（1 项）。

2013 年版方案：不少内容。2015 年版方案：具体方案由人民银行会同有关部门和上海市人民政府另行报批。这说明金融是重点，也是风险较多的领域，所以要非常谨慎和小心。

第五，税收领域（1 项）。

2013 年版方案：基本无税收优惠。比较引人关注的是提出在符合税制改革方向和国际惯例以及不导致利润转移和税基侵蚀的前提下，积极研究完善适应境外股权投资和离岸业务发展的税收政策。2015 年版方案：自贸试验区内的海关特殊监管区域实施范围和税收政策适用范围维持不变。在符合税制改革方向和国际惯例以及不导致利润转移和税基侵蚀前提下，调整完善对外投资所得抵免方式；研究完善适用于境外股权投资和离岸业务的税收制度。区别在于这次明确了"调整完善对外投资所得抵免方式"，这说明政府充分鼓励企业"走出去"，而重复"境外股权投资和离岸业务的税收制度"说明政府对此比较重视，拟出台措施突破。

2. 自贸试验区法制化建设落地成效评估：基于四大自贸试验区负面清单的横向比较

2015年4月20日，国务院颁布了《自由贸易试验区外商投资准入特别管理措施（负面清单）》，也就是业内俗称的2015年版负面清单，根据国办通知要求，该版本负面清单适用于上海、广东、福建、天津四大自贸试验区，是首个全国自贸试验区统一适用的负面清单。四个地区共用一个负面清单，这和2014年版自贸试验区负面清单到底有何差别？事实上，从这个差别可以看出政府的意图。首先要说明的是，新负面清单依然是依据《国民经济行业分类》（GB/T4754—2011）来编制，共划分为15个门类、50个条目、122项特别管理措施。其中特别管理措施包括具体行业措施和适用于所有行业的水平措施。概括来说，四大自贸试验区通用负面清单同自贸试验区2014年版负面清单有以下6个方面的差异。

（1）条款逐步变短，少了或放宽了18个领域限制，整体开放度越来越高。2013年版自贸试验区负面清单是190条，2014年版自贸试验区负面清单是139条，现行四大自贸试验区共用的方案是122条。整体来说，新负面清单取消或放宽了18个领域的限制。

（2）减少了一个门类——建筑业。2014年版自贸试验区负面清单共涉及16个门类56个领域，而此次四大自贸试验区共用的新负面清单共涉及15个门类49个领域，减少的门类是建筑业。目前，在四个自贸试验区共用的版本里，已经找不到任何有关建筑的字样。比如说，在建筑业中，包括投资铁路干线路网的建设、经营须中方控股等4条特别管理措施被取消，说明此次政府决定放开建筑领域对外资的限制；与建筑相关的设计、规划等也未提及。

（3）制造业大幅度放宽限制。共用版负面清单在制造业方面的条款由2014 年版的近 50 条减少到 17 条，其中，农副产品加工业，酒类，烟草，印刷，文教、工美体育和文化用品等一般制造业领域完全放开，只是在航空、船舶、汽车、轨道交通、通信设备、矿产冶炼、医药制造等关系国计民生的重点制造业领域对外资有所限制。

（4）金融业限制更为具体，增加的部分主要是金融业。共用版清单将自贸试验区 2014 年版负面清单所列的特别管理措施由 4 条增加到了 14 条，且更加细化。比如，境外投资者投资银行业金融机构，应为金融机构或特定类型机构，针对这一特别管理措施，新负面清单列出了 8 项要求；境外投资者投资银行业金融机构须符合一定数额的总资产要求，新负面清单也列出了 3 项具体要求；而除符合股东机构类型要求和资质要求外，外资银行的受限条件也进一步细化了 4 条内容。

（5）文化、体育和娱乐业的条款内容由 2014 年版的 8 条上升为 2015年版的 24 条，多了 16 条。需要说明的是，共用版负面清单虽然多了 16条，表明政府对文化领域的开放仍持谨慎态度，但更多要理解为限制条款的细化。总体来说还是趋向开放的，但对于如何谨慎合理开放，政府规定得越发细致。比如，大型主题公园的建设、经营属于限制类，这个在 2014年版、2013 年版负面清单以及新版中都有说明。但比如电影院的建设、经营须由中方控股，放映电影片，应当符合中国政府规定的国产电影片与进口电影片放映的时间比例，放映单位年放映国产电影片的时间不得低于年放映电影片时间总和的 2/3 等，在自贸试验区负面清单的 2014 年、2013 年版本中都没有规定得如此详细，属于细化的内容。

（6）广东、福建因为有 CEPA 和 ECFA，所以本质上讲负面清单更具吸引力。香港特别行政区、澳门特别行政区、台湾地区投资者在自贸试验区内投资参照新负面清单执行。但是，内地与香港特别行政区、澳门特别行政区关于建立更紧密经贸关系的安排及其补充协议（CEPA）、《海峡两岸经济合作框架协议》（ECFA）、我国签署的自贸协定中适用于自贸试验区并对符合条件的投资者有更优惠的开放措施的，按照相关协议或协定的规定执行。因此，在广东、福建自贸试验区，基于 CEPA 和 ECFA，香港、澳门、台湾投资者将会在某些领域，比在上海、天津自贸试验区享受更大的开放度。

3. 自贸试验区实践经验的可复制与可推广状况评估

2015 年 1 月，自贸试验区网站发布了《国务院关于推广中国（上海）自由贸易试验区可复制改革试点经验的通知》，这是官方首次系统地将自贸试验区的可复制、可推广的内容向全国推广，而以前只是诸如海关总署等部门在系统内推广相关经验，缺乏系统性和全局性。这次推广的 5 大项、28 个小项涉及方方面面。根据官方公布的消息，自贸试验区在全国范围内复制推广的改革事项分为五大类，即投资管理领域、贸易便利化领域、金融领域、服务业开放领域和事中事后监管措施。虽然基本上都是相对简单容易复制的，但能在一年多内形成如此之多的可复制内容并由国务院发文推广，说明自贸试验区的工作得到了中央政府的认可。

从落地成效评估的角度来看，广东、福建、天津自贸试验区业已挂牌运行，自贸试验区的运行为这三个自贸试验区，尤其在金融改革以及政府职能转变领域，提供了哪些可资借鉴的实践经验呢？以福州为例，该市印发了《福州市推广中国（上海）自由贸易试验区可复制改革试点经验工作方案》，自贸试验区五大领域改革试点经验将在福州全市范围内全面复制推广。那么，从第三方角度来说，如何看待自贸试验区试点经验？哪些可复制？哪些可推广？哪些可超越？作为改革时间较长相对也较为成熟的自贸试验区，上海在事中事后监管，特殊区域监管，贸易、金融、法律改革等领域都有值得借鉴的地方，但同时上海自贸试验区正处于改革的"加速期"，压力较大，金融、服务业等还需要进一步开放。

（1）自贸试验区建设加速期的工作重点是出台实施细则，控制政策风险。从 2013 年 9 月底挂牌开始，上海官方对自贸试验区工作的评价是四句话：一是以负面清单管理为核心的投资管理机制已经建立，二是以贸易便利化为重点的贸易监管平稳运行，三是以资本项目可兑换和金融服务业开放为目标的金融创新制度基本确立，四是政府职能转变为导向的事中事后监管制度基本形成。

按照《总体方案》所要求的两到三年改革期，自贸试验区已进入"加速期"，对于上海自身而言压力较大。目前而言的加速期，就是把自贸试验区《总体方案》中所讲的那些大方向以及中国人民银行所讲的大方向加速落地。之前落地细则既不清楚，同时也打了很大的折扣，现在应该是细则政策密集落地期，但从目前的情况来看，实施细则的出台力度还不够大。例如，现在营业执照发得很快，但风险控制还需要通过出台实施细则予以加强。因此，自贸试验区仍需要完善事中事后监管。在金融体系方面，更多的是对内开放，让更多国内资本有很好的平台出去投资，参与全球配置资源。服务业开放，可能要更进一步，以前服务业开放处在试点阶段，现已经开始有所动作，今后还需持续探索实践。

（2）自贸试验区政策的可复制与可推广关键在于责任明确，内容清晰。上海自贸试验区的成功实践要在其他三大自贸试验区复制和推广并不容易。在政府职能转变中政府公示制度方面，自贸试验区现在已经非常明确，但事前审批制转变为事中事后备案制的政策很难复制，这牵涉到政府管理职能和体系的重大变革。在负面清单方面，如果其他自贸试验区还有自己的负面清单，"政出多门"，将造成法律上的扭曲，因此四大自贸试验区的工作应贯彻落实 2015 年版共用负面清单。在金融方面，与此联系较为紧密的广东既有优势也有劣势。其问题在于进行金融领域改革需要认清自己的定位，要找到自己的特色和独特优势、理念和管理模式。此外，上海自贸试验区做得比较多的是法律方面的改革，例如《上海有自贸试验区守则》，包含了负面清单、权力清单；《知识产权保护法》，包含了反垄断法的法庭；还有《劳工保护法》，既和国际接轨又和国内有所差别。但从政策执行的角度来看，中央要求自贸试验区改革经验可复制可推广，但实际上如果上海的某些政策无法复制和推广，应该由谁承担责任仍未明确，如果不能明确可复制可推广的含义，将会造成混乱和伤害。可复制可推广在自贸试验区发展过程中，实际上变成了一个"框"，开始出发的时候没有错，但后来理解却割裂和对立了。改革跟政策突破应该是连在一起的。

（3）自贸试验区金融改革的重点在于管控风险，上海仍将是"排头兵"。2015 年 2 月 12 日，人民银行上海总部发布《中国（上海）自由贸易试验区分账核算业务境外融资与跨境资金流动宏观审慎管理实施细则》（以下简称《实施细则》），这标志着自贸试验区金融改革跨入 3.0 时代，《实施细则》是加快推进自贸试验区资本项目可兑换改革、探索投融资汇兑便利的重要举措。《实施细则》对于全面推进自贸试验区金融改革、便利实体经济投融资活动、加快上海国际金融中心建设、发挥好国家金融改革中先行先试的作用具有重要意义，有利于便利实体经济、深化自贸试验区金融试验改革、加快上海国际金融中心建设并推动国家金融改革先行先试。据悉，《实施细则》将本外币融资纳入统一的政策框架内，中外资企业或金融机构可依据统一规则，自主选择从境外借用人民币资金还是外币资金。在管理方式上依托自由贸易账户管理系统，采用风险转换因子等现代管理手段，对风险进行 24 小时逐笔实时监测，确保金融安全。

总的来看，国家层面对金融开放持非常谨慎的态度，金融领域的改革跟整个宏观经济有关，现在是"既要放开，又能管得住水龙头，随时控制风险"。自贸试验区的金融领域改革也因此受到"不如预期"的质疑，2014 年，很多承诺并未得到兑现。例如，自由贸易账户拓展到外币，到了 2015 年 1 月还没有实现。自贸试验区自由贸易账户只有人民币业务，存贷业务和柜台业务也没有，办理不了现金业务，只能做一些结算的业务。2014 年自贸试验区能够有所突破已实属不易，特别是在面临卢布危机等不利金融环境的形势下，一年内能出台这么多政策，并且有一些政策已经落地，更是难能可贵。金融改革当前只是往前有限地走了一步。其他三个自贸试验区的金融改革都可能会有新的内容，包括有限的、单独针对香港和台湾的一些政策，整体上不太可能超越上海自贸试验区。

（4）自贸试验区商事制度实践经验最具复制与推广价值。上海自贸试验区内不同的监管方式催生了新的交易方式和业态，尤其是保税展示及跨境电商，商事改革的实践经验最易于复制和推广到其他自贸试验区内。以保税展示为例，上海自贸试验区成立之后，货物通关速度、整个检验检疫速度比以前要更快更流畅，人气也有所增加。但保税展示不仅仅只存在于自贸试验区内，区外同样也有保税展示区，上海对此仍较为谨慎，对于自贸试验区外的保税展示区仍要求自贸试验区的相关管理方参与管理。但在跨境电商方面，上海做得不好，因为监管很严，做得比较慢。最早发展跨境电商，国家是为了促进出口而不是促进进口。但现在出口还是打不开，这个模式的未来是值得商榷的。2015 年 2 月 15 日，上海平行进口汽车试运行启动仪式在自贸试验区平行进口汽车展示交易中心举行，这一领域类似政策洼地，没有风险只有收益。天津自贸试验区可能做的一项改革就是汽车平行进口试点。

（四）总体评价

法律建设是自贸试验区开放型市场经济改革制度化、长期化的根本保证。自贸试验区正式实施的具有重大创新意义的《自贸试验区条例》以及全国首家专业知识产权仲裁庭、专业反垄断庭等的建立，无疑是探索实行开放型市场经济的法律法规体系的一系列重要举措。

自贸试验区法制保障体系建设第二年工作的亮点是在国家事权的授权方面难有突破的情况下，大力完善地方的行政法规执行制度。这也显示了自贸试验区沉稳发展的务实精神，既然在大的政策方面难有进展，就踏踏实实做好自贸试验区本地的法制化保障制度。在地方受限于国家事权层面的立法制度难以出台跟进政策措施的条件下，在操作性很强、现行事权或规制框架比较宽松的行政管理领域都能及时推进跟进政策措施。

由于自贸试验区法制化建设受制于现行法律体系，自贸试验区的法制化推进思路可以总结如下：首先以"法无禁止则可行"为由构建宽松的立法规制空间；其次通过实践探索制定有针对性的细化管理制度或政策措施；最后将具体的政策规制措施总结上升为政府政策或地方法规。这就导致从数量而言，第二年自贸试验区各项行政法规或政策措施的出台量远少于第一年；就结构而言，在各项制度法规中，来自中央政府的认可性文件占比最高，国家部委层面出台的管理办法和实施细则占比也高于上海地方层面。这说明自贸试验区政策创新遇到瓶颈，行政措施和管理政策的创新难有大的突破，在跟进国家出台的政策方面，自贸试验区的工作也并不尽如人意；在重要的投资管理、金融创新方面，都未能推出更多的实施细则，以释放国家层面的制度红利。

四、自贸试验区自然人流动状况评估

随着世界经济一体化的不断深化，自然人流动的自由化一直被提倡和鼓励。自然人流动促进了人才、资源和文化的交流，对全球贸易的自由化发展有巨大的推动作用。在国际服务贸易日益增长的今天，为了促进我国自由贸易区发展，需要从制度层面上探讨并且完善我国服务贸易体制。自然人流动制度的完善是自贸试验区新突破的关键，只有自然人流动才能真正促进服务业的开放。

（一）自然人流动的国际规则与经验

1. 国际上关于自然人流动的一般规则

根据 GATS 的规定的，自然人范围包括公司内部的被调任人员、执行特别任务的个体服务提供者和专家、短期访问者或商务访问者等。根据该范围界定，自然人流动被分类为从属于商业存在的自然人移动、非从属于自然人的商业移动及商务访客。

在 GATS 框架的基础上，TISA 强调不应该排除任何一种服务提供方式，尤其是自然人流动。第一，TISA 确定和扩大人员的类别。TISA 提出了一个非穷尽性"软清单"，将临时移动到国外提供服务活动的人员分为商业访问人员，公司内部调任人员，合约服务提供者和独立专家、咨询人员；尤其增加商务访客、专家和技术人员准入的便利性，包括对公司市场开拓意义重大的内部人员调动（ICT）。TISA 建议不仅要继续关注技术熟练人员的流动，同时也要关注技术半熟练人员的流动，只要技术半熟练人员遵守约束承诺即保证暂时流动自然人能如期回国，同时对于约束承诺的细则须在 TISA 或者自然人流动条款中详细列出。第二，TISA 提高了签证申领的要求和程序的透明度。自然人流动涉及签证申领要求、程序和可能的工作许可，但由于相关的法律法规的信息缺乏，导致人员流动的高成本和盲目性。TISA 承诺要把签证和工作许可申领的条件和方式、可能需要的时间、在东道国可以居留的时间以及如何延期等信息实现公开可获得。

2. 准入前国民待遇与自然人流动

国民待遇，指进行国际投资时东道国政府给予外国投资者不低于国内投资者相同条件下的待遇，这是以东道国投资者享受的待遇为参照对象的一种相对待遇标准，针对东道国政府的法律、法规及其他措施。早期 BIT 中的国民待遇条款侧重于对投资经营的保护，因此，东道国一般承诺给予准入后的外国投资者国民待遇，即运营阶段的国民待遇，以确保东道国对其征收行为的全额赔偿。但是，随着经济全球化的推进，国际投资协定中的国民待遇条款不再局限于保护投资经营的条款，而是逐渐演化为促进投资自由化的核心规则。在这种背景下，国际投资协定将国民待遇延伸至准入前阶段，即外资准入阶段前的国民待遇。准入前国民待遇，指在企业设立、取得和扩大等阶段给予外国投资者及其投资不低于本国投资者及其投资的待遇，即给予外资包括"准入权"和"设业权"在内的国民待遇。具体而言就是在外资投资领域、设立过程以及相关的实体和程序条件要求等方面实现内外国民平等对待。

准入前国民待遇将国民待遇提前至投资发生和建立之前的阶段，其核心是给予外资准入权。它相对于将现在普遍采用的投资领域国民待遇由"准入后"提前至"准入前"。准入前国民待遇的最大优点是能够充分调动外国企业投资的积极性，通过提供高效、透明的行政服务激发投资者的热情。目前，"准入前国民待遇+负面清单"的外资管理模式已逐渐成为国际投资规则发展的新趋势。截至 2014 年底，世界上至少有 77 个国家和地区采用了这种模式。

3. 迪拜自贸试验区和新加坡自贸试验区的经验

迪拜自贸试验区为鼓励外国人到自贸试验区投资和工作，实行了一些特殊的劳工政策，如自贸试验区简化工作签证申请程序，降低了签证费用，并按投资额和企业规模提供一定的免费工作签证名额；自贸试验区申请工作签证不实行担保人制度，使自贸试验区内雇员更容易变更工作；不限制企业雇用外国员工；实行一站式移民审查许可。

新加坡自贸试验区实现了自然人流动的最大突破。第一，类型扩大化。新加坡自贸试验区将自然人流动的人员分为商务访问者、合同服务提供者、公司内部流动人员、经理、专家等几类。特别是关于合同服务提供者的界定，将自然人流动准入人员的类型扩展到了一般的雇员，并实现了自然人流动与商业存在的脱钩。第二，部门无限制。新加坡对于合同服务提供者提供服务的部门没有任何限制。第三，透明度提高。新加坡自贸试验区彻底终结了数量限制、劳动力市场测试、经济需求测试以及其他有类似作用的程序对于自然人流动市场准入的限制。第四，便利化程度提高。按照规定，自然人的移民手续申请将得到快速处理，包括进一步的移民手续要求或相关的延期，并直接通知或通过申请人授权的代表或其未来雇主通知申请人临时入境的申请审批结果，包括居留时间和其他条件信息。

（二）自贸试验区构建自然人流动制度构想

在第五轮中美战略经济对话中，我国同意以"准入前国民待遇+负面清单"为基础与美方进行投资协定实质性谈判，而自贸试验区实际上为向这种新型管理模式转变提供了基础。从我国的实际情况来看，现行的外商投资管理体制建立于改革开放初期，基于"外资三法"的合同章程审批制度运行了30多年，对于我国吸收外资持续健康发展发挥了重大作用。但是随着我国经济、社会和法制环境的变化以及国际投资格局和规则的变化，这套体制已经无法适应进一步扩大改革开放。自贸试验区实行准入前国民待遇，体现出自贸试验区的改革重点不是政策优惠，而是制度创新。通过改革体现政府在管理方法和行政手段上的变化，从而让市场和企业发挥更大的作用。

1. 福建自贸试验区的自然人流动制度

福建自贸试验区对自然人流动的开放主要体现在对台方面。涉及服务贸易的内容如下：允许持台湾地区身份证明文件的自然人到自贸试验区注册个体工商户，无须经过外资备案（不包括特许经营，具体营业范围由工商总局会同福建省发布）；探索在自贸试验区内推动两岸社会保险等方面对接，将台胞证号管理纳入公民统一社会信用代码管理范畴，方便台胞办理社会保险、理财业务等；探索台湾专业人才在自贸试验区内行政企事业单位、科研院所等机构任职。促进两岸人员往来更加便利化的措施有以下几项：在自贸试验区实施更加便利的台湾居民出入境政策；对在自贸试验区内投资、就业的台湾企业高级管理人员、专家和技术人员，在项目申报、出入境等方面给予便利；为自贸试验区内台资企业外籍员工办理就业许可手续提供便利，放宽签证、居留许可有效期限；为自贸试验区内符合条件的外籍员工提供入境、过境、停居留便利（见表5-21）。

表 5-21　福建自贸试验区涉及自然人流动的行业及规定一览

行业	服务内容	资质	特殊规定
运输服务	船员		限台湾船东所属商船
商贸服务	导游、领队	自贸试验区旅游主管部门培训认证	限福州市、厦门市和平潭综合试验区
	导游	大陆导游资格证	在自贸试验区内居住一年以上，可在大陆全境执业
建筑业服务	建筑师、工程师	大陆一级注册建筑师或一级注册结构工程师资格	
工程技术服务	建筑师、工程师	台湾注册建筑师、注册工程师	考核学历、从事工程设计实践年限、在台湾的注册资格、工程设计业绩及信誉
	工程技术、经济管理人员	技术职称要求	
	企业经理	具有相应的从事工程管理工作经历	
工程技术服务	建筑、规划服务	持台湾相关机构颁发的证书	
	结构工程师、土木工程师（港口与航道）、公用设备工程师、电气工程师	大陆注册结构工程师、注册土木工程师（港口与航道）、注册公用设备工程师、注册电气工程师资格	不受在台湾注册执业与否的限制
专业技术服务	会计师	代理记账业务的台湾会计师应取得大陆会计从业资格，主管代理记账业务的负责人应当具有大陆会计师以上（含会计师）专业技术资格	
	护士	大陆护士执业资格	
	其他医疗专业技术人员		比照港澳相关医疗专业人员按照大陆执业管理的规定
	药剂师	台湾药剂师执照、大陆执业药师资格	

2. 自贸试验区的自然人流动制度构想

加入世贸组织的承诺中，我国对于四种服务贸易提供模式的承诺存在差异。在市场准入方面，境外消费承诺最高，跨境交付其次，而对于商业存在和自然人流动均有严格的限制和管理。在国民待遇方面也一样，只是境外消费和跨境支付承诺情况高于市场准入，同时商业存在方面也比市场准入要放宽很多，但是对自然人流动依旧保留了严格限制。自贸试验区的建立从某种意义上来说，是打破商业存在限制的一种尝试和努力，相应的配套措施中非常关键的一条是促进自然人流动。其他主要自由贸易区的发展经验表明，自然人流动不仅有利于服务业发展，更有利于整体经济的活力。

在上海及我国其他开放的沿海城市，针对人员流动中的问题已经有了些创新的做法，主要包括为海外高层次人才提供出入境以及就业许可证的便利条件，但这种做法仅仅只针对高层次人才，并没有成为一种常规制度，因而尚不具有制度创新的意义。在多边贸易体制下，人员流动不仅受到多边贸易体制规则的制约，区域和双边贸易协定以及各国和地区的相关立法也对此具有重要的影响。为此，加强自贸试验区人员流动自由度的制度建设应当考虑从以下几个方面着手：

（1）扩大自然人涵盖的范围。即覆盖更多的人员，那就需要扩展现有的专业技术服务类型；还有就是减少限制，这主要是指放宽对自然人资质的要求，因为现在很多行业不认可台湾的资质，需要到大陆再进行执业资格考试才可以从业，建议未来实现两岸资质互认，或者由自贸试验区设立专门的认证机构提高管理效率。

（2）积极完善对未列入"负面清单"项目的配套改革。针对负面清单列表上的投资项目，对外商投资存在有关市场准入和国民待遇方面的限制。而对于未列入清单的外商投资一般项目，则应遵循内外资一致的原则，如此可大大拓宽人员流动的领域。但是"负面清单"管理模式应当与消除隐性壁垒的措施同步推进，如在项目核准、行政管理、公共财政、金融支持等方面的配套改革需及时跟进，才能使这些领域的人员真正"流动"得起来。

（3）改革签证制度。一方面设立自贸试验区签证制度，以便利作为服务提供者的自然人的国际流动。首先，主要是改善和简化影响自然人流动的行政程序——签证程序，推行一站式签证服务。其次，对于符合条件的高层次人才及其配偶、子女申请多次往返签证、居留许可和永久居留，相关部门可开辟绿色通道，按规定加快进度办理。另一方面适度松动签证制度。应当改革现有签证制度中烦琐且不必要的规定，如外国人就业必须持工作签证入境。对此，我们不妨利用自贸试验区"境内关外"的特点予以变更，规定履行一定手续后可以直接在境内就业。对于现有签证制度中没有覆盖到的类型如外国实习生等，可通过政策予以明确。对于商务签证入境，应制定灵活的可转化为工作居留签证制度，为人才流动提供便利。

（4）简化就业许可手续。放宽就业许可证的期限规定，对一般的外国就业人员可以考虑将就业许可证期限放宽到年或劳动合同期。适度放宽就业的年龄限制，可以考虑将就业者年龄放宽。尽量简化就业许可手续，对限制领域的自然人流动不再经过主管部门批准，一律经劳动行政部门报批，避免多层、多头管理，拖延时间。对于特殊专业技术岗位，可以允许无本科学历的人才申请。放宽居住异地限制。梳理现行就业许可制度与劳动合同法之间的关系，通过相应政策化解两者之间的矛盾与冲突。就停留期限还有续签可能性进行说明。现在的政策仅就建设工程设计企业的主要技术人员、工程技术人员和经济管理人员做出不受"累计居住时间应当不少于6个月和3个月"的限制，其他行业则尚无明确说明。未来可以放宽对其他行业相关人员的停留期限，并就续期申请程序和审批流程等问题做出进一步说明。

（5）加快科研领域合作。现在科研人员、科研经费、科研设备和实验用品的出入境都受到严格限制，台湾的科研人员在大陆工作被征收高额所得税或被重复征税。厦门应以自贸试验区建设为契机，加快两地科研合作。首先，加快行政审批制度改革，成立自贸试验区专属的科研合作监管机构，提升科研规划、决策和协调能力。其次，减免科研设备和实验用品的关税，减免有贡献的科研人员所得税，放宽科研人员、科研设备和实验用品的过境管理，设立科研技术签证，放松对科研经费的外汇管制。最后，将科研人员合作方式的突破经验，推进到教育、医疗和更广泛的专业服务业的人员认证、避免双重税收等大量吸引自然人流动的模式中去。

尽管中国对于服务贸易有具体的承诺，但作为在一国之内的自由贸易试验区，上海自贸试验区完全可以摆脱区域及双边协定的影响，遵循市场准入和国民待遇的原则，精简不必要的烦琐程序，制定适合本区的人员流动管理制度，积极为自贸试验区的制度创新提供新的发展思路，以简单、高效而又安全的人员流动制度保障自贸试验区的发展建设。

五、改善自贸试验区营商环境的政策建议

将自贸试验区法制化保障制度与有关自贸试验区建设、国家下一步推行开放型经济新体制的路径和要求对接，确保自贸试验区法律法规内容透明化、执行程序规则公开化，构建符合国际通行规则的投资环境，这是自贸试验区进一步改善营商环境的内在要求。营商环境的法制化建设和国际化建设应互相促进，以国际化推动法制化，以法制化保障国际化。本节拟从推动自贸试验区营商环境的国际化入手，重点从法制层面提出若干政策建议。

（一）自贸试验区营商环境法制化的构建原则

法制的统一是一国实现法治的重要条件。要实现法律体系的和谐一致，就必须从立法主体着手，实现立法机关之间在权力分配上的统一。这是一个先决条件，因为如果各个立法主体之间没有清晰、准确的立法权力，就很难保证所制定的规范性法律文件之间不会有交叉、重复的现象发生。自贸试验区营商环境法制化构建要贯彻以下两条原则。

1. 法制统一原则

在自贸试验区建设中要理顺中央立法与地方立法之间的关系，充分贯彻法制统一原则，至少应该做到以下几个方面：第一，正确理解法制统一与中央立法集权的关系。法制统一绝不意味着立法权高度集中在中央，而是强调中央立法与地方立法之间的协调一致。要在实践中审慎地把握好集中与分权的度，既要有必要的中央集权，又要有适当的地方分权。要充分尊重自贸试验区对外开放的市场经济规律，按照开放型市场经济要求，合理配置中央与地方立法权力。第二，地方立法权的来源必须法定。无论是自贸试验区地方性法规，还是上海市政府规章、自治条例、单行条例和授权立法，其立法权都必须来自宪法、宪法性法律和全国人大及其常委会的授权决定，失却这些依据，任何主体都不得行使地方立法权。自贸试验区必须突破现有国家法律、行政法规的相关规定，获得全国人大常委会和国务院的双授权。第三，地方立法权的行使必须合法。自贸试验区立法权的行使必须遵守法律渊源和效力位阶原则，不得与上位法相抵触。具体包括自贸试验区立法不得与宪法、法律、行政法规的立法原则、立法目的和精神、具体规定等相违背；自贸试验区立法权的应用不得分割中央的专属立法权，不得超越权限立法；自贸试验区立法权的行使必须从国家的整体利益出发、从长远利益出发，不能无视这些利益而搞地方保护主义。第四，地方立法权的行使必须接受有关机关的监督。自贸试验区的先行先试对国家法制现代化提出了很高的要求。对自贸试验区立法权进行监督包括三种形式：事前监督，关于自贸试验区立法权来源的监督；事中监督，对自贸试验区立法制定过程进行程序和制度的监督；事后监督，通过违宪审查制度对自贸试验区立法进行的监督。

2. 区域治理原则

随着全球化的深入，"治理"及"全球治理"日益成为法律领域的主题词，传统的国家中心法律本体论逐渐被多元法律本体论所取代，各种次国家、跨国家和超国家层次的力量迅速崛起，同民族国家分享全球治理权。区域经济一体化是与经济全球化并存的当今世界的一大特征。在加入 WTO 多边体系的同时，中国也充分利用规则空间，逐步推进区域一体化。自贸试验区隶属于主权国家内部不同关税区之间的自由贸易安排。区域合作与区域一体化在全球治理结构中占有十分重要的地位。全球治理的框架似乎是由一个区域合作与区域一体化，也就是区域主义的几大中心构成的复杂结构。由区域政治范畴中的治理可以构成全球治理的整体。

自贸试验区作为区域一体化的自由贸易安排，应遵循现代化和城市化规律，因时因地选择适当的城市区域治理理论与实践，进而创造出最适合上海发展的城市区域治理模式。区域治理不等于区域管理。地方政府应致力于寻求最有效的方法来提供公共服务，以最低的行政成本满足民众的社会需求，提升城市和城市间区域性公共服务效益和效能。自贸试验区要减少区域内外的法律法规、行政规章等人为壁垒，有效降低本区域内的交易成本，促进货物、服务、资本、人员和技术的快速流动和自由组合，从而充分发挥其最大的效率。此外，要谨慎发挥中央政府在自贸试验区区域治理中的正向推动作用，使之保持适当的度，贯彻公平、正义的区域治理原则。

（二）自贸试验区营商环境法制化的构建设想

自贸试验区是国家将具有地域优势的区域进行划分的自由贸易区，同时国家授权地方立法机关制定规范本区域自由贸易区的法规、规章。展望自贸试验区区域法制现代化，其管理体制、海关监管和优惠政策应为未来立法的重点内容，而风险防范和争端解决则是司法的重点内容。

1. 自贸试验区立法体系构想

（1）管理体制。无论采用发展中国家或地区的政府主导性管理模式，还是发达国家或地区的企业主管型模式，我国未来的自由贸易区作为一个扩大了的经济实体，都应具有高度的商业性特征、行政自治特征、机构精简特征及服务性特征，其管理内容包括充分按公益事业原则进行的区域工商行政管理、充分按市场原则进行的区域经营管理。

（2）海关监管。海关管理是自由贸易区法制的主要内容。从国际惯例来看，自由贸易区是从海关管制区划分出来的、准许外国商品自由免税进出口的区域，因此，"境内关外"是其最主要的法律特征，我国自由贸易区也不例外。"境内关外"主要体现在海关监管方面，把自由贸易区视为关境之外，采用"一线放开，二线管住，区内不干预"的海关监管原则。有鉴于此，自贸试验区立法在海关管理上应坚持以下原则：第一，与国际惯例接轨原则。自贸试验区享有治外法权。第二，简化原则。自由贸易区的核心吸引力之一就在于海关手续的简化，尤其是自贸试验区物流方面应突破现有立法体例，简化货物进出关境的手续。

（3）优惠政策。世界各国或地区政府一般均给予自由贸易区内的企业一些政策上的优惠，主要包括税收优惠、财政优惠、金融优惠、投资优惠、自由港政策、商业零售等，其中关税豁免为自由贸易区最本质的税收优惠。优惠政策无疑也将是研拟中的我国自由贸易区立法的主要事项之一，其具体内容将在参照各国与地区立法体例以及现有的保税区立法、经济特区立法的基础上做出规定。必须注意的是，有别于保税区与经济特区，"境内关外"是自由贸易区最重要的法律特征之一，因此，关税优惠条款将是我国自由贸易区税收优惠的主要内容。20世纪70年代以来，以转口和进出口贸易为主的自由贸易区和以出口加工为主的自由贸易区就已经开始相互融合，自由贸易区的功能也在不断扩展，并逐渐趋向综合化，以大大提高自由贸易区的运行效率和抗风险能力。根据我国的具体情况，未来的自由贸易区也应考虑综合功能模式，但各个自由贸易区应有各自的侧重点和特点。为顺应随着经济全球化的发展，以物流为主导的多功能自由贸易区将不断增多的新形势，我国在构建自由贸易区时应注重自由贸易区的物流功能。此外，台湾地区自由贸易港区立法突破原有立法体例，准许厂商在港区内进行深层加工的做法值得大陆借鉴。有"世界工厂"之称的大陆境内的自由贸易区，若能对境内初成品进行深加工，将对促进区内整体经济效益提升有所助益。

2. 自贸试验区司法体系构想

（1）自贸试验区也是司法体制和审判机制的试验区。在自贸试验区，专门成立了上海市浦东新区法院自由贸易区法庭。自贸试验区法庭将集中受理与自贸试验区有关的投资商贸、金融、知识产权和房地产案件。其目的在于通过集约审理、专项审判，发挥司法审判的规范、引导作用，为自贸试验区建设和运行营造良好的法治环境；通过强化调研、总结等方式，对新情况、新问题开展专项研究，规范裁判尺度，确保法律正确有效实施。由于商贸与金融服务的溢出效应，相关争端的解决远非自贸试验区法庭可一己承担，自贸试验区建设所带来的司法创新需求将呈线性增长，这将是一场包括商事金融审判、行政审判、认知并继受国际条约与惯例等在内的范围宽广的司法体制与机制变迁。

（2）要注重建立健全争端解决机制。自贸试验区建设是一项巨大且复杂的工程，是否能够公正、便捷地进行争端解决，事关自贸试验区的前途和命运。国际商事仲裁是在贸易和投资领域中为各国和各国际性经济组织所普遍采用的争端解决方式，应当成为自贸试验区争端解决的首选方式。同时，也不排除大量经贸领域纠纷尤其是涉外知识产权纠纷通过诉讼的方式解决。另外，还要发挥商事调解在自贸试验区争端解决方面的作用。自贸试验区高效的争端解决途径还可通过在区内设立派出机构，如专门的金融法庭、仲裁机构等来实现。诉讼程序上，还可设立简便的诉讼保全、许可和执行禁止令。

3. 若干具体政策建议

建议探索自贸试验区多元争端解决机制，如引入小额案件的快速裁判以及纠纷调解程序、引入境外著名仲裁机构在区内设立仲裁或代表机构等。自贸试验区法制保障应体现超前性和突破性，建议探索授权自贸试验区在仲裁、行业自律等范围内自定法规或采用国际惯例，并允许外资律师事务所参与自贸试验区规则的制定。自贸试验区规则制定应与国际接轨，尤其在金融监管领域，有步骤推进建立一套与发达国家现行制度接轨的金融法规和民商事法规体系。建议针对自贸试验区内已出台的各项金融改革政策，尽快制定或调整实施细则、业务管理办法，为区内企业和金融机构的业务拓展提供明确法律指引和制度保障，包括区内民营银行、金融租赁公司等金融机构的准入门槛，区内银行业金融机构存贷比监管指标调整办法，跨境投融资业务与离岸金融服务办法，区内单位和个人双向投资境内外证券期货市场具体规定，区内保险机构跨境再保险业务及跨境投资范围与比例等涉及银、证、保监管事项。目前，自贸试验区金融监管立法尚存在空白，统一的金融法律制度体系尚未形成，建议将分散在银、证、保领域的相关法律、法规、规章、实施细则中的金融监管权整理汇总，制定一部统一的自贸试验区金融监管法，出台一份金融领域的负面清单，为我国深化金融市场化改革提供宝贵经验。

政府管理模式创新评估：服务型政府视角的分析

　　《中国（上海）自由贸易试验区总体方案》（以下简称《总体方案》）及试验区的功能建设要求率先实施以转变政府职能为核心的行政管理体制改革，为应对自贸试验区自由创新的挑战，要改革创新政府管理模式，按照国际化、法制化的要求，积极探索建立与国际高标准投资和国际贸易体系相适应的行政管理体系，推进政府管理由注重事前审批转为注重事中、事后监管。按照党中央、国务院的部署要求，自贸试验区不是政策洼地而是制度创新高地。

　　概括来说，自贸试验区制度创新包括四个方面：一是投资管理制度，二是贸易监管制度，三是金融制度，四是综合监管制度。核心在于政府职能转变，营造国际化、法治化的营商环境。因此，自贸试验区的制度创新必然要求政府管理方式的转变。

　　本章旨在对自贸试验区的行政管理体制改革进行评估，以服务型政府建设为评估导向，以理论标杆法为评估方法，围绕政府职能转变这一评估核心指标，按以下思路展开评估：第一节依托服务型政府理论，论述自贸试验区政府管理模式创新的实施原则、政府职能转变的实施逻辑，在此基础上提出自贸试验区政府核心职能的基本构建，以此作为评估自贸试验区政府行政管理体制改革的基本标杆；第二节总结自贸试验区政府转变政府职能方面的具体实践，梳理其中具有创新性和探索性的新做法和新制度、具有可复制和可推广性的实践经验；第三节将理论标杆和现实实践进行结合分析，分析自贸试验区政府在转变职能方面面临的挑战、存在的问题及其根源，并据此提出相应的政策建议。

一、政府管理模式创新与职能转变的评估标杆

《总体方案》明确要求：自贸试验区的首要任务是加快政府职能转变，通过深化行政管理体制改革，改革创新政府管理模式，按照国际化、法制化的要求，积极探索建立与国际高标准投资和国际贸易体系相适应的服务型政府及其管理模式。自贸试验区政府职能转变要求从原先的投资型政府向服务型政府转型、由审批型政府向监管型政府转变。

服务型政府是为社会提供基本而有保障的公共产品和有效的公共服务，以不断满足广大社会成员日益增长的公共需求和公共利益诉求，在此基础上形成政府治理的制度安排。自贸试验区构建服务型政府意味着治理方式的根本变革，政府介入的广度和深度需要有合理的界定，也就是需要厘清政府的职责范围。哪些事应该是政府做的，哪些事应该交给市场来做，哪些事可以由社会组织来完成，这些都需要合理的划分，只有如此，方能为自贸试验区建设奠定稳定的基石。

本节在对政府职能以及职能转变、职能转移等相关概念讨论的基础上，对政府职能转变的概念进行重新梳理；以自贸试验区政府职能中最为重要的监管制度为例来构建政府职能转变的分析框架。在第二节，本报告将运用该框架对自贸试验区的制度改革进行分析，指出当前改革中存在的误区和不足。

（一）政府职能转变的基本概念与实现逻辑

本小节先明晰政府职能的两个重要概念，再循此概念所揭示的视角，探讨政府职能实现方式转变的逻辑，从而为下一小节讨论政府管理模式创新须遵循的原则提供理论基础。

1. 政府职能转变所依托的两个重要概念

从研究现状来看，现有文献大多对政府职能转变的概念内涵把握还不够准确，对政府职能转变的认识还有待系统化、全面化。

（1）政府职能。从逻辑上看，"职能"这一概念包括三个层面的内容：做什么、为谁做和做得如何，这可以用学术概念中权力、责任和功能来描述。探讨中国政府的职能转变问题，必须以政府与社会、市场的权力关系研究为起始点。因此，政府职能转变涉及政府、市场、社会三者之间的复杂关系。就自贸试验区政府的核心职能监管制度而言（政府职能是政府在其权力的基础上，对公众及企业、社会组织等进行行为规制、资源分配等方面的角色和能力），在监管制度的实际运作中，政府、公众、企业、社会组织等形成了一个组织间关系生态。在这个生态环境中，不同组织发挥着各自的角色和功能。作为一种强制力基础上的角色和能力，政府职能首要的问题是其权力的边界，这种权力具体表现为决定权。

在当前的中国经济行为中，企业和公众追求更多的自主权，也追求更多的效率，政府也追求更大的效率，这构成了经济改革的动力基础。政府、企业、社会组织虽然有不同的使命和目标，但他们对他人、对社会各自承担不同的责任。在决定权放开的过程中，企业和公众的行为可能会影响他人利益或公共利益，如果影响公共秩序的行为不能被有效制止，"劣币驱逐良币"的制度逻辑可能形成。可见，在政府职能转变过程中，首先面对的是必定出现的秩序问题。基于此，本报告从权力、责任和功能这三个维度讨论政府职能转变问题。

（2）政府职能转变与政府职能转移。与政府职能转变相关的另一个概念是政府职能转移，当前学术界对于二者之间的关系尚未完全厘清。在经济行为中，政府、公众、企业、社会组织等组成一个组织间关系生态。在这个关系链中，权力的分配是首要问题。权力有多种概念解释，在监管制度中，权力概念的基本内涵是决定权，即谁来决定做什么。权力也因此构成了政府职能讨论的首要问题。从权力分配角度看，政府职能转变意味着其将某些权力（决定权）转让给公众、企业和社会组织，同时也可能会增加或扩大某些权力（决定权）。公众、企业和社会组织则相应地获得了这些从政府转移出的权力，失掉了政府扩大的权力。

从功能匹配角度看，政府职能转移可能会产生两种变化：第一，政府履行职能的方式会发生变化，提升其功能实现的效率；第二，政府与公众、企业和社会组织之间功能衔接的方式发生了变化，从而改变了功能的匹配度。因此，政府职能转变包括了权力范围从某种状态演变为另外一种状态，其履行权力的功能实现方式也从一种形式变化为另一种形式。国内学术界在使用政府职能转移概念时，更多强调政府权力和相应的功能从政府导出，转而由社会组织承担。基于职能转移这一概念所强调的"主体间"关系视角，可以认为政府职能转移是政府职能转变的一部分。政府职能转变，包括了政府职能自改变和政府职能转移两个方面。政府职能自改变主要从职能结构、履职技术等方面实现政府职能转变。政府职能转移强调将政府职能转变过程中导出的权力、责任和功能，转由公众、企业或社会组织来行使和实现，强调的是政府与市场、社会之间的关系变迁。

2. 政府职能实现方式转变的逻辑

基于上述两个概念所揭示的分析视角，本章提出自贸试验区政府职能实现方式转变所应遵循的两个逻辑：

第一，实现方式转变是政府职能转变的必然要求。自贸试验区政府职能转变关系到自贸试验区未来究竟要建立一个什么样的政府，这样的政府如何处理好与市场、企业、社会的关系。按照中共十八届三中全会决议精神，自贸试验区要建立法治政府和服务型政府，在此基础上构建人民满意型政府，这是自贸试验区政府职能转变的大方向。政府要有所为、有所不为，成为能够满足公众对公共产品和服务需求的有效政府。政府还要以人为本，对中国公民和外国公民平等相待，只有这样才能成为中国人民和世界人民满意的政府。比如，自贸试验区政府应调查研究在金融、航运、商贸、专业技术、文化、社会等领域的公众、企业、社会其他组织等对政府的需求，并及时回应，有针对性地、高效地予以满足。此外，自贸试验区的制度创新要求自贸试验区政府职能重心应由传统投资建设型向服务监管型转变、由事前审批向事后监管调控转变，充分发挥市场在配置资源上的决定性作用。因此，自贸试验区政府应着力做好公共服务与市场监管，政府职能实现方式的转变也要创新和优化。

第二，实现方式转变是治理现代化的要求。首先，要形成多元的治理格局。自贸试验区内要形成政府、市场、社会等力量的多元治理格局，政府只是社会治理主体之一，而不是全部。其次，公共服务供给模式与策略的创新。政府应借鉴"新公共管理理论"的主要思想，让市场发挥更大的作用。关键性的公共服务应该由政府来提供，差异化服务、公益性服务则可交由私人部门和第三部门去提供。另外，政府也要进行公共服务提供的策略创新，通过"购买公共服务""公共服务外包""凭单制度"等多种方式，将部分职能转移到私营部门、第三部门，促使公众"用脚投票"，进而提高公共服务提供的质量。再次，大力推进网络信息技术的应用。自贸试验区应大力推进网络信息平台建设，运用电子平台整合不同部门信息资源，实现协同管理。通过网络信息平台及时公开政府的政务、预算等信息，便于公众了解与监督，真正做到"权力在阳光下运行"。最后，政府决策更加民主与科学。缺乏科学论证的公共政策极易导致失误，从而给自贸试验区的改革带来重大的损失。因此，公共政策在制定、执行、分析与评估的过程中要有科学规范的程序。公共政策的最终目标是满足广大公众的利益，充分反映民意，广泛集中民智，让公众参与到公共决策的过程中，确保公共政策的正确性，这是社会主义民主发展的需要。因此，政府作为治理现代化的重要主体，需要转变职能实现方式，更好适应自贸试验区治理现代化的要求。

（二）政府管理模式创新的评估原则

近一年来，自贸试验区四大功能板块之一的政府管理模式创新因进度缓、动作小被部分媒体和公众所诟病。实事求是地讲，政府管理模式创新的改革难度大、阻力多，仍然是当前自贸试验区制度创新的重点和难点。本小节遵循前文所提出的政府职能实现方式转变的逻辑，依托服务型政府建设的理论和实践，探索自贸试验区政府管理模式创新实施的五项基本原则，为进一步推动我国政府管理模式创新提供理论基础。

1. 风险可控原则

所谓有控制的政府管理模式创新，就是政府对自身改革处于一种可控的主动状态，将改革风险控制到最小。自贸试验区政府管理体制改革四大风险如图 6-1 所示。

政府的本质是一种公共权力，所以政府维护权力合法性是其基本使命，在改革中伴随着社会结构的变化，政府管理或统治基础也会随之变化，如果政府不能及时调整其统治基础，就会存在巨大的风险。政府管理改革源于当局对自我现有状态的不满，其改革必定从自我解剖开始，但这种由内而外的改革势必牵动政府内部利益根基。因此，政府管理体制改革蕴含的风险是广泛存在的。

自贸试验区政府管理模式创新的重点是如何让政府管理变得放权、约束、竞争，将政府利益和权限放手于民、归还市场。所以，改革的风险更多侧重于市场的承载能力以及政府做减法后的市场秩序问题，政府管理体

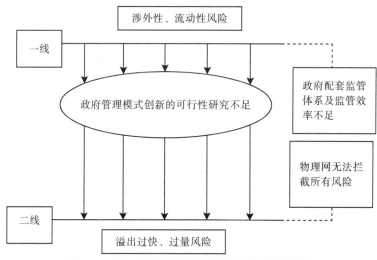

图 6-1　自贸试验区政府管理体制改革四大风险

制改革带来的风险必须通过时间上的逐步推进以及空间上的区域试点进行改革压力测试，避免贸然全面铺开推广所带来的风险失控。

2. 市场主导原则

自贸试验区管理模式创新最为核心的工作就是要解决政府与市场的关系，通过政府行政体制上的改革推动经济体制改革，完善中国特色社会主义市场经济制度。新中国成立以来我国的政府改革历程经历了从全能政府（1949~1987 年）到有限政府（1987~1992 年），再到明确市场的基础性作用（1992~2013 年）。党的十八大三中全会进一步深化改革，明确提出让市场在资源配置中起决定性作用，这就要求政府应当主要在宏观层面强化政府管理和公共服务职能，逐步退出在微观市场上的功能与作用。

大量理论和实证研究表明，政府减少干预是提高生产力、增加收入和持续发展经济的最可靠途径，政府干预应当视为一种稀缺资源，谨慎而节约地使用。自贸试验区政府管理模式创新必须坚持以市场主导为原则，不断压缩政府的成分，为市场腾出更大自由发展的空间，在压缩政府干预市场行为的同时还须抓好、做实政府管理之基，为市场经济的发展提供基础性保障工作。当前中国改革之路不容回头，而自贸试验区作为这一改革风口浪尖的先行者，必须牢固树立以市场导向为政府管理模式改革的基本原则，才能达到中央此轮改革的期望。

3. 崇尚法治原则

法治是以法律作为治国理政之基而排除人为因素干扰的一种国家方略或社会调控方法。从定义中可以看出法治具有两个部分：突出法律地位和排除人为因素。当前我国的法治思想更多强调立法、执法、司法等方面，忽略排除和限制人的行为，这就会导致虽然突出了法律地位，但不能排除法律为个人统治服务的可能性。因此，宪政制度是保障法治的关键和灵魂，正确对待公权与私权的大小、地位和边界则是行政宪制的体现。自贸试验区创设的"负面清单"管理制度之所以成功，就在于其背后"法无禁止皆可为"的法律属性，对应的"权力清单"则体现"法无授权不可为"的公法属性。

自贸试验区在政府管理模式创新上，应当总结和汲取在"负面清单"管理中获得的有益经验，厘清公权与私权的关系和边界，让"恺撒的归恺撒，上帝的归上帝"，并通过制度建设处理好法治建设中公权与私权关系的问题，将法治精神上升到更高的程度，推动我国社会民主和行政改革事业的发展。同样地，对于实际层面的依法行政、司法改革等也必须严格按照法治理念拓展政府管理。

4. 服务为先原则

党的十八大提出要"积极打造服务型政府"，因此，自贸试验区政府管理模式的创新必须充分关注和打造一个"民为本、社会为本"的服务政府，改变原有政府掌舵的管理形态。服务为先原则能延伸出多个服务型政府管理模式的原则，包括政府公开透明原则、行政高效原则、便民服务原则和社会治理原则等（见图6-2），将政府从审批型转变为服务型、从高成本型转变为高效率型，体现政府执政为民、促进社会与经济协调发展的要求。

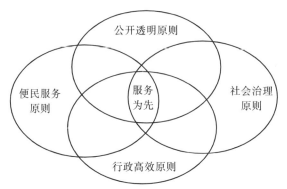

图 6-2　服务型政府管理原则

公开透明原则要求政府管理和运行必须在"阳光之下"，接受社会监督，同时提供可靠、有效的政务信息和国家政策，坚持以公开为常态、不公开为例外的原则，推进决策公开、执行公开、管理公开、服务公开、结果公开。

行政高效原则体现在两方面：一方面，政府管理组织结构不断优化，精简管理部门设置，运用科学绩效管理提升服务效率。例如，自贸试验区管委会精简机构，由原综合保税区的"9（内设机构）+3（片区管委会）"合并为"7+3"，自贸试验区扩区后又精简为"3+5"，内设机构不断重组优化。另一方面，还表现在政府实际履职过程中的速度与质量上，如自贸试验区简化通关手续、缩短工商营业执照的办理时间等。

便民服务原则在价值层面上体现我国"以人为本"的治国思想以及我党"为人民群众服务"的光荣使命，从法律层面上看是对政府行政行为提出的要求，是服务为先大原则的直接体现。

社会治理原则是转变原有社会管理的管制型政府下的社会运行形态，通过引入市场参与、加强社会群众自治实现社会良治。社会治理能有效支撑政府管理，依托包括各种社会组织和经济组织在内的力量，形成多中心协同的治理模式，缓解因政府减弱对市场的控制而产生的管理和法律真空，在政府渐退的过程中维持良好的市场秩序。虽然自贸试验区目前涉及社会治理的方面不多，但随着自贸试验区扩区以及自贸试验区政府管理体制改革的推进，国家层面提出的完善社会治理制度的要求必定会成为自贸试验区政府管理模式创新的一项基本原则。

5. 改革为本原则

自筹建以来，自贸试验区建设就不是"栽盆景"而是"种苗圃"，不是挖掘"政策洼地"而是制度创新。因此，自贸试验区当继续秉承改革为本的原则，创新政府行政管理模式，面对当前国内外形势的发展演变彻底转变经济结构和经济运行模式。

上海在建立自贸试验区之初就提到要采用区内较优惠的税收政策（包括企业所得税、关税和出口退税等政策）吸引企业落户自贸试验区，甚至是使自贸试验区发展成为像中国香港、新加坡这样的自由港和免税天堂。这种政策优惠虽然对地方可能产生积极效应，但政策具有空间和时间效力，因此这种优惠政策不可能在全国推广，也不可能长期推广。而基于制度创新的政府管理模式改革是一种不可逆的推动，为促进我国经济社会实现可持续健康发展提供可复制、可推广的经验。

（三）政府管理模式创新的评估框架

李克强在规划自贸试验区蓝图时就指出，自贸试验区是"改革高地"而非"政策洼地"，"要改革"而非"要政策"。国家领导人对自贸试验区的这一定位既是自贸试验区政府管理模式创新的评估起点，也是评估标尺。因此，要构建政府管理模式创新的评估框架，首先要明晰自贸试验区政府的核心职能结构和职能层次。

1. 自贸试验区政府管理模式创新评估的难点

从社会角度看，公民与企业并未在自贸试验区中获得明显的实际利益，与自贸试验区自设立起就被认为是新一轮经济红利相比，社会成员对自贸试验区与自身的关联感受并不明显。总体来说，政府管理模式的创新对于企业和公民的福利是间接的，虽然这种改革能较为明显地使社会成员有所体会，但这种体会通常较浅。企业和公民作为经济学上的经济人，在选择投资和消费时必定追求能带来更多利益的选择，从这点看，自贸试验区并没有提供人们所期望的企业增值税和消费免税政策，这大大降低了人们对自贸试验区成为类似于中国香港、新加坡这种自由港的预期。因此，社会层面对政府改革的热情较小，对实际政策层面的期待更高，忽视政府管理创新带来的间接效应，而这种思维恰恰与自贸试验区成立之前提出的"要改革不是要政策"相悖。

正是由于当前政府管理模式改革的效果未能显露于外，改革成果无法简单量化显现，政府管理模式创新作为自贸试验区设立的改革核心，在自贸试验区改革中反而没有得到更多关注与重视。从政府角度看，在自贸试验区运行一年多时间内，政府更多地关注到区内进出口总额、新设立公司数、负面清单长度等数字，这些数字较为直观地反映了自贸试验区发展成效并作为"成绩单"以检验自贸试验区的价值。政府部门为追求绩效难免更愿意以数字来突出改革成果，而对事中事后监管、一口受理等质变的改革往往宣传较少。既然政府管理模式的法治创新是一种基础性的改革，这种改革就成为制度创新成果之因，而公众又恰恰更多愿意接受果而非因，导致自贸试验区成绩的取得并没能够追本溯源，常常更多停留在成果之表象而非改革之实质。要解决自贸试验区政府管理模式创新评估面临的这一难点，首先需要对自贸试验区政府的职能定位、层次和核心结构有清楚的认识。

2. 自贸试验区政府的职能定位、层次和核心结构

早在自贸试验区筹建之初，学术界、企业界乃至普通民众对自贸试验区的设立目的有着多种猜想。制度创新作为自贸试验区的核心问题毋庸置疑，但对于制度创新的核心内容却语焉不详。当前官方提出的"投资、贸易、金融、政府监管"四大职能又可具体细分为政府管理和市场交易两个

层面，那么，自贸试验区设立的根本目的到底是推动政府管理模式创新，还是进一步推动市场经济和对外开放？部分学者将自贸试验区与其前身"海关特殊监管区"相比较，认为自贸试验区是其前身的"升级版"，主要服务于对外贸易，是新一轮的开放政策。也有部分学者认为，自贸试验区的核心功能在于金融创新，自贸试验区"一线放开，二线高效监管"的特点不仅适合于保税货物和商品，也适合于需要风险可控的金融创新。

本报告认为，自贸试验区设立的根本目的在于转变政府职能，依托政府管理模式的创新实现进一步的对外开放和经济改革，倒逼经济改革、贸易便利化和监管高效化只是推动政府行政管理体制改革的抓手。中共十八届三中全会提到经济体制改革绕不开行政体制改革，只有政府自身的改革厘清政府与市场的关系，才能推动市场经济高效运转。相比经济的改革，政府自身的改革牵一发而动全身，更需要通过某种特定环境给予压力测试与评价，而自贸试验区正好提供了一个很好的测试机会。

贸易便利化在自贸试验区经过 20 年的成长已逐步完善，金融创新在温州、前海等地也早于自贸试验区便有创新试点，所谓的自贸试验区中关于投资、贸易和金融方面的改革，本质上应当定性为政策创新而非制度创新。自贸试验区的设立并不是为这些经济领域提供特殊政策成为"洼地"，而是需要通过政府自身的制度创新实现改革"高地"。传统的政策在经济开发区、保税区中便能得到效果，一味以税收优惠、人才政策等政策优势推动地区发展需要改变，应当从政府自身转变管理方式，用高效、科学、公开的服务推动经济发展，这才是战略层面上自贸试验区制度创新的价值所在。

总结自贸试验区的职能可分为以下层次（见表 6-1）：

表 6-1 自贸试验区政府职能层次

战略层面	政府管理模式创新	制度创新
操作层面	贸易便利化→投资便利化→人民币国际化	政策创新

从操作层面看，与保税区向保税港区、综合保税区演进的趋势一样，横向发展的自贸试验区功能延续传统海关特殊监管区发展方向，逐步向香港、新加坡自由港模式发展，属于政策上的创新；从战略层面看，政府管理模式的创新从根本上保障了操作层面政策创新的推进，无论是贸易、投资还是金融，都需要通过政府管理模式的转变才算是一种彻底有效的一种制度创新。图 6-3 揭示了基于上述分析所构建的自贸试验区政府的核心职能结构。

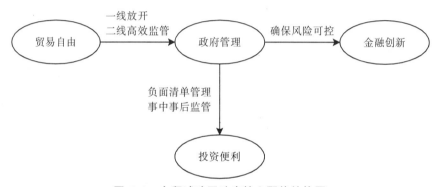

图 6-3　自贸试验区政府核心职能结构图

3. 政府监管模式创新的评估框架

按照自贸试验区建设《总体方案》，自贸试验区政府职能转变的基本要求可以概括为两个转型：从投资型政府向服务型政府转型，从审批型政府向监管型政府转型。按照党中央和国务院的部署，自贸试验区政府管理职能创新的核心任务是监管制度创新。按照这一评估起点和标尺，本小节按照建设服务型政府的基本理论，借鉴 Steven Cohen 的私有化策略分析框架提出政府监管模式创新的评估框架。

服务型政府机制设计的基本理论表明，企业行为的信息收集是监管制度设计的核心。从监管制度设计来看，谁在企业行为信息收集方面更具有优势，是本分析框架设计的问题。本报告提出以下几方面的问题，作为监管制度的企业信息收集功能分析框架。

（1）政府某项监管权力存在的合理性依据是什么？

A. 政府基于什么理由来设计和履行该项监管？

B. 如果政府履行该项监管权力，有没有损害企业或行业组织的相应权力？

C. 该项监管权力对于整个经济秩序来讲，有没有避免"劣币驱逐良币"的功能？

（2）政府某项监管制度设计的目标是什么？

A. 政府设计该项监管制度是为了避免什么风险？

B. 如果没有该项监管制度，企业会有什么行为？

（3）监管制度需要收集哪些企业行为信息？

A. 基于规避风险的需要，监管制度需要收集的企业行为信息有哪些？

B. 企业是否很容易向政府部门提交这些信息？

C. 收集这些信息，有哪些工作需要完成？

（4）谁更有能力收集企业行为信息？

A. 政府在收集、甄别企业信息真伪方面是否具有专业技术？

B. 政府与行业组织、专业组织相比，谁在收集企业行为信息方面成本更低？

C. 政府与行业组织、专业组织相比，谁在收集企业行为信息方面更有经验？

（5）如何保证所收集信息的准确性？

A. 如果企业所报信息为假，政府有什么手段来鉴别？

B. 其他组织是否更有能力来鉴别信息的真假？

C. 企业信息能否及时报送给政府或相关机构？

（6）谁更有收集信息的成本优势？

A. 政府收集相关企业行为信息，需要花费多少成本？其他组织是否成本更低？

B. 成本更低组织是否能将相关信息及时报送给政府？

C. 不同信息由政府与其他组织合作收集，是存在成本更大的可能，还是更小？

（7）信息没有及时、有效收集会产生哪些后果？

A. 这与监管制度的设计目标相关，但具体哪些后果还有待详细研究。

B. 对整个经济秩序、社会秩序的影响是否十分深远？

C. 信息收集工作能否由有盈利动机的组织来完成？

（8）盈利是监管信息收集有效的可能性动力吗？

A. 盈利是否会影响信息收集对象的相应权利？

B. 盈利的市场化模式应该如何运作，其收集信息的边界在哪里？

C. 政府应该如何利用和监管营利性的信息收集机构？

（9）政府、行业组织、市场组织在收集信息方面有没有合作空间？

A. 哪些信息可以由政府委托给行业协会或中介组织、市场组织收集？

B. 委托给行业协会、中介组织、市场组织收集信息，会有什么风险？

C. 如何规避 B 中所蕴含的风险？

（10）监管制度变革能取得哪些效果？

A. 监管制度变革是否降低了企业的运作成本？

B. 监管制度变革对企业的影响还有哪些其他效果？

C. 监管制度变革对于行业以及整个经济秩序的效果有哪些？

这一框架对于评估政府职能转变的意义在于揭示了政府职能转变包括职能自改变和职能转移两个方面。职能自改变包括了职能结构变革和履职技术变革等两个方面，职能转移是指相关职能由政府转交给其他组织实现。自贸试验区政府的职能转变重点还在于职能自改变，政府职能转移还比较少。职能自改变需要由相应的职能转移来实现，这是下一步需要完成的工作安排和制度改进。本报告将在第二节依据此框架对自贸试验区政府管理模式创新和职能转变的现状进行评估。

二、自贸试验区政府管理模式创新与职能转变的现状评估

本节旨在对自贸试验区政府管理体制改革的进展进行评估，内容包括四小节。第一小节简述自贸试验区政府行政管理体制的基本架构，这是政府职能转变与管理模式创新的主体和执行者；第二小节立足服务型政府理论中的高效行政原则，对自贸试验区政府管理模式创新所取得的进展进行评估；第三小节从监管型政府这个维度出发，对政府职能转变所取得的绩效进行评估，并从中总结和提炼可复制、可推广的经验成果；第四小节从溢出效应的视角评估自贸试验区政府职能转变给周边地区发展所带来的促进作用。

就总体判断而言，自贸试验区挂牌成立以来，切实把制度创新作为核心任务、把防范风险作为重要底线、把企业作为重要主体。经过两年左右的探索实践，自贸试验区着力推进四个领域的制度创新，以负面清单为核心的投资管理制度已经建立，以贸易便利化为重点的贸易监管制度平稳运行，以资本项目可兑换和金融服务业开放为目标的金融创新制度基本确立，以政府职能转变为导向的事中事后监管制度基本形成。在建立与国际投资贸易通行规则相衔接的基本制度框架上，取得了重要的阶段性成果。

（一）自贸试验区行政管理体制的基本架构

就行政管理体制模式而言，上海自由贸易区的管理体制延续了我国政府的行政管理体制。其大致的组织结构是国务院批准设立，相关部委根据其职能派设驻区机构，地方政府派出管理委员负责经营管理，管理委员会（简称管委会）设置各管理部门，部门设置基本沿用政府职能部门的组织架构。本小节主要从管委会的角度探讨自贸试验区的行政管理体制。

1. 自贸试验区管委会职责及管理承载

根据《总体方案》，自贸试验区管委会的职能职责是落实自贸试验区的改革任务，对自贸试验区的有关行政事务进行统筹管理和协调。具体包括以下内容：负责推进落实自贸试验区各项改革试点任务；在自贸试验区内，领导工商、质监等部门组织开展行政管理工作，以及对海关、检验检疫等部门进行协调；负责自贸试验区内的行政管理工作；组织开展安全审查、反垄断审查等工作；负责自贸试验区内综合服务工作。从职能和职责上看，上海自由贸易试验区要比国外自由贸易园区的管理复杂得多，既有一般行政管理的内容，又有政策制定和制度创新的内容，还有经营发展的职责。

在管理承载方面，自贸试验区的区域范围和功能承载也比国外自由贸易园区更为广泛。从区域范围看，2015 年自贸试验区面积从 28.78 平方公里扩至 120.72 平方公里。扩区前，自贸试验区实施范围仅包括上海外高桥保税区、上海外高桥保税物流园区、洋山保税港区、上海浦东机场综合保税区 4 个海关特殊监管区域；扩区后，范围扩大至陆家嘴金融片区（34.26平方公里）、金桥开发片区（20.48 平方公里）、张江高科技片区（37.2 平方公里），总体面积是原来的 4 倍之多。扩区建设解决了自贸试验区实施面积过小的问题，同时将全部片区落实在同一个行政区域（浦东新区）内，使得自贸试验区拥有完整的政府框架和行政体系，能够更好地实现政府职能转变和改革。从功能承载看，新加入的三个片区汇聚了金融业、科技创新、高端制造业和服务业等，能在产业布局、功能定位上发挥三个片区的优势。陆家嘴金融片区是上海建设国际金融中心的重要阵地，能够利用自贸区金融创新开放优势，加速高能级要素市场和总部机构的集聚。张江高科技开发区是上海贯彻落实创新型国家战略的核心基地，区内形成了集成电路、软件和生物医药科技产业基地、国家信息产业基地等 9 个国家级基地以及多模式、多类型的创新创业孵化体系，能够有效缓解自贸试验区功能较为单一、创新能力薄弱等先天不足。金桥开发片区是上海重要的先进制造业核心功能区、生产性服务业集聚区、战略性新兴产业先行区和生态工业示范区，能够有效推进自贸试验区战略性新兴产业的跨步发展。新纳入的三个片区将弥补自贸试验区扩区前产业结构集中在贸易和物流领域的缺陷，在功能上发挥各片区差异互补的作用，推进"四个中心"和科技创新中心建设制度创新，进一步深化试验区功能拓展。

2. 自贸试验区的基本管理架构

自贸试验区管理职责的复杂性和管理承载的广泛性在客观上就要求自贸试验区政府必须将"改革创新政府管理方式"作为职能转变的重要内容之一。这一转变包含两方面的重要内容：一是自贸试验区的管理由运用行政手段为主转变为运用经济手段和法律手段为主；二是由各个部门各自为政转变为不同部门的协同管理，包括"建立集中统一的市场监管综合执法体系""建立一口受理、综合审批和高效运作的服务模式"。其中，跨部门协调机制的建立既是自贸试验区政府管理方式改革的现实需求，又是政府管理方式改革的最大创新点。

一般而言，跨部门协调所要解决的问题往往是跨越部门边界、地域边界或行政边界的复杂问题，这种跨界问题往往呈现出超越单个组织的管理权限、职能边界或跨越地域范围的特点。这就需要在政府体系内形成一个上下级政府之间、同级政府的不同部门之间、不同政策领域之间的跨界合作网络。全球的每一个自贸试验区都在不同程度上存在管理机构设置及权力配置的重叠、冲突问题，随着自贸试验区的进一步发展，这些问题日趋严重，不仅会增加自贸试验区的管理成本、影响政府监管效率，而且会造成投资者对自贸试验区的未来缺乏预期。因此，设计科学的政府管理体制，明确界定每个政府部门的职能，避免部门职能的重复设置，是解决机构重叠、职能冲突等问题的首要选择。由于自贸试验区政府管理事务具有跨界性特点，直接导致了参与自贸试验区政府管理主体的多元化。多元的管理主体就会产生部门分工的需求，而部门分工则直接产生了对跨部门协调的需求。从理论上而言，自贸试验区政府管理对象的跨界性越强，参与政府管理主体的多元性就越突出，部门分工也就越细，进行跨部门协调的必要性和难度也就越大。因此，要突破自贸试验区政府管理的跨界性难题，就必须探索系统的、有效的跨部门协调机制，使跨部门协调职能专业化、常态化。

自贸试验区现行的基本管理层级是由中央政府、地方政府以及自贸试验区内部共同管理的三层级管理体制。为推进部门协调和政策落实，这三层级管理体制之间就需要设有相互沟通的机制。机制按照"一线放开，二线管住"的管理原则设置，"一线放开"需要国务院各部委之间的协调，而"二线管住"主要是由上海市来做，需要上海市政府各个主管经济类事务的部门之间的协调以及上海市政府与其他地方政府之间的协调。

2015 年 4 月 27 日，自贸试验区扩展区域挂牌，其管理体制也做出相应调整，自贸试验区管委会与浦东新区人民政府合署办公。管委会内设综合协调局、政策研究局和对外联络局，承担自贸试验区改革推进、政策协调、制度创新研究、统计评估等职能。在片区层面，设置 5 个区域管理局，分别为保税区管理局、陆家嘴管理局、金桥管理局、张江管理局、世博管理局，其中保税区管理局负责管理保税区域，作为市政府的派出机构，委托浦东新区管理。扩区之后，自贸试验区在市级层面设立自贸试验区推进工作领导小组及其办公室。自贸试验区管理机构与浦东新区政府合署办公，承担统一管理自贸试验区各功能区域以及推进浦东新区落实自贸试验区改革试点任务的主体责任（见图 6-4）。这样的政府管理体制设计，使得改革政策的设计、协调和执行融为一体，自贸试验区改革的部门协同性大大增强。

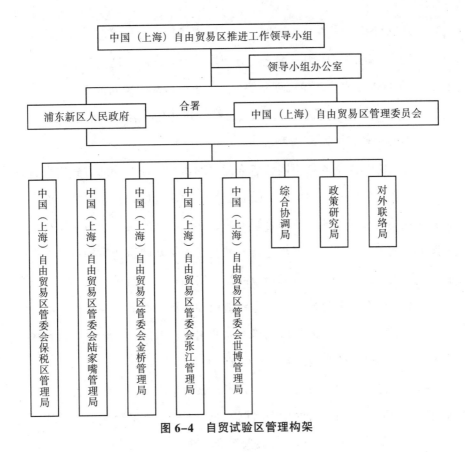

图 6-4 自贸试验区管理构架

（二）管理模式创新评估：跨部门协调机制的构建

自贸试验区建设至今，各个政府部门都推出了一系列的制度创新与政策设计，但改革措施的效果却差强人意，其中一个重要原因就是政府部门之间条块分割、职能交叉、边界不清，导致部门之间协同性缺失。因此，如何加强政府部门之间的协同性、创新现有的政府管理模式、探寻优化自贸试验区政府管理模式的实现机制，是自贸试验区面临的现实挑战之一。2015年自贸试验区扩区之后，由于区内多个主体功能区并存，功能区管委会与区政府机构职能重叠、冲突，跨部门协调的问题更加突出，急需自贸试验区政府进行相应的理论研究和实践探索。

本课题组通过评估之后认为，自贸试验区管委会与浦东新区政府合署办公之后，在跨部门协调机制构建方面取得重大进展，这是自贸试验区政府 2015 年推进政府管理模式创新的亮点。虽然跨部门协调机制还有诸多不足，但已经取得的经验做法值得认真总结，并具有可推广和可复制价值。

1. 跨部门协调机制的基本内涵

跨部门协调强调的是不同政府部门之间通过协作互补的方式实现自贸试验区的常态发展和有序运行。随着上海自贸试验区的扩容以及上海自贸试验区管委会和浦东新区政府合署办公，在中央政府层面，与上海自贸试验区事务相关的协调机制逐步完善，甚至出现了新的协调机构；在地方政府层面，上海市也逐步出台了相应的统筹协调机制。新设的天津、广东和福建自贸试验区的跨界性（主要是跨地域性）更加明显，也会遭遇各种纵向协调、横向协调以及内外协调等方面的困境。因此，上海自贸试验区构建跨部门协调机制的实践经验具有可推广性和可复制性。

跨部门协调机制的参与主体具有多种表现形式，如同级政府之间、同一政府不同职能部门之间的横向协调，处于不同行政层级的上下级政府之间的纵向协调等。正如"整体性政府"和"网络治理"理论所指出的那样，跨部门协调不只是同一行政层级的不同政府部门之间的协调，它还包括不同层级政府之间的协调以及政府部门与私营部门之间的协调，使得跨部门协调表现为横向协调、纵向协调以及内外协调等具体类型（见表 6-2）。

表 6-2 跨部门协调的要素框架：主体、客体与实现机制

构成要素	类型	主要内容
参与主体	横向协调	同级政府之间、同一政府不同职能部门之间的协调
	纵向协调	上下级政府之间的协调
	内外协调	公共部门与私营部门之间的协调
管理客体	跨界管理事务	管理权限
		职能边界
	跨域管理事务	地域边界

续表

构成要素	类型	主要内容
实现机制	结构性协调	科层化协调
		网络化协调
		内外协调
	程序性协调	程序性安排
		技术性安排

自贸试验区跨部门协调机制既存在于横向的不同政府部门之间，也存在于纵向的不同行政层级的政府部门之间，还包括公共部门与私营部门之间的协调。跨部门协调机制通过不同政府部门之间、不同行政层级的政府部门之间以及公共部门与私营部门之间的合作，减少不同参与主体之间的摩擦、矛盾与冲突，实现对自贸试验区的整体性治理。

根据自贸试验区的实际情况，可将自贸试验区的政府管理内容划分为行政管理、口岸管理、综合经济管理、开发建设经营管理4个方面（见图6-5），这些内容共同构成了跨部门协调机制的管理客体。

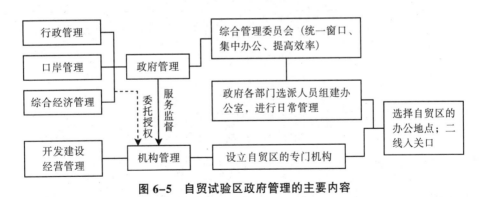

图6-5 自贸试验区政府管理的主要内容

借鉴经济合作与发展组织（OECD）关于跨部门协调机制研究的成果，本报告将自贸试验区跨部门协调机制分为结构性协调机制和程序性协调机制两大类：结构性协调机制侧重构建跨部门协调的组织载体，也就是为实现跨部门协调而设计的结构性安排，如部际联席会议、专项任务小组等，重点考察跨部门协调的组织类型和运行机制；程序性协调机制侧重研究为实现跨部门协调而采取的程序性安排和辅助类的技术或工具等，重点考察跨部门协调的工作程序、阶段要素和辅助性工具等，如面临"跨界性"公共事务时的议程设定和决策程序、制度化信息交流平台、促进协调的财政工具和控制工具的选择等。

2. 跨部门协调机制的基本框架

自贸试验区的政府管理由多主体、多层次的管理关系构成，各种跨部门协调机制在不同的横向与纵向管理关系中起着穿针引线的联结作用。本部分根据上文提出的分析框架，对自贸试验区跨部门协调机制进行归纳、描述和分析。其中，结构性协调机制主要包括科层化协调、网络化协调和内外协调。将 OECD 的研究框架同自贸试验区政府的管理实践相结合，可以把程序性协调机制进一步分为跨部门协调的程序性安排和技术性安排两种类型，具体如表 6-3 所示。

表 6-3　自贸试验区跨部门协调机制的分类

表现 ＼ 分类	构成要素	在上海自贸试验区政府管理中的体现
结构性协调机制	科层化协调	纵向协调、横向协调
	网络化协调	国务院自由贸易试验区工作部际联席会议制度；上海自贸试验区反垄断审查联席会议制度方案；上海自贸试验区推进工作领导小组和金融协调工作小组
	内外协调	建立社会力量参与市场监督制度；第三方检验、评估和结果采信制度
程序性协调机制	程序性安排	实行"一门式"服务，推行"一口受理"原则；"三个一"（货物"一次申报、一次查验、一次放行"）
	技术性安排	国际贸易"单一窗口"管理制度；上海自贸试验区《共享平台信息管理办法》

第一，科层化协调是指中央政府在自贸试验区的管理过程中运用各种方法，调整政府系统内部各部门之间、各工作人员之间、各行政环节之间

以及政府系统与外部环境之间、管理对象之间的关系，目的在于将政府各级系统中的冲突或矛盾的行为整合为合作与协调的行为，实现自贸试验区政府管理的整体化与有序化。在科层制内部用强制实施的控制手段比市场更为灵敏，当出现冲突时拥有一种比较有效的解决冲突的机制。科层化协调的核心是对碎片化的组织框架和管理形态进行层级整合和功能整合，以扁平化的组织结构代替碎片化的组织结构。

在自贸试验区，科层化协调主要表现为横向协调和纵向协调两种形式。纵向协调是不同行政层级的政府部门之间的跨部门协调。除中央政府外，上海市政府、浦东新区政府也是参与自贸试验区管理的重要主体。横向协调主要是指中央政府机构之间的跨部门协调以及自贸试验区内的跨部门协调。在中央政府层面，参与自贸试验区管理的互不隶属的部门和机构之间的协调与合作需要共同开展。在这些政府部门之间没有行政层级的控制，如何才能进行有效协调、哪个机构负责对这些部门进行协调、其协调的方式和途径主要有哪些，是中央政府层面推进跨部门协调机制建设的研究重点。在地方政府层面，对自贸试验区的微观管理涉及海关、边检、公安、工商、税务、商检、动植物检验检疫等职能部门，跨部门协调机制的构建需要这些部门的共同参与。

第二，网络化协调是在没有任何等级权威的指挥和命令下，政府各个部门在对彼此信任和责任认知的基础上，通过自愿交流、沟通甚至资源分享的形式来实现共同目标，常见的做法有定期召开部际联席会议、设立部际委员会或工作小组等。2015 年 2 月 7 日，国务院印发《国务院自由贸易试验区工作部际联席会议制度》。联席会议由商务部、中央宣传部、中央财办、发改委、教育部、工业和信息化部、公安部、司法部、财政部、人力资源和社会保障部、国土资源部、住房和城乡建设部、交通运输部、文化部、卫生计生委、人民银行、海关总署、税务总局、工商总局、质检总局、新闻出版广电总局、知识产权局、旅游局、港澳办、法制办、台办、银监会、证监会、保监会、外汇局 30 个部门和单位组成，商务部为牵头单位。

此外，上海市设立的自贸试验区推进工作领导小组也是一种网络化协调的表现形式。自贸试验区推进工作领导小组通过定期召开会议研究部署自贸试验区改革开放试点任务；领导小组办公室牵头与国家及市相关部门沟通协调，拟订相关规划、计划，负责全市范围自贸试验区复制、推广工作；浦东新区人民政府（自贸试验区管委会）及时梳理汇总需要研究协调的重大事项和重点难点问题，提请领导小组及其办公室审议决策和协调推进。值得关注的是，为适应自贸试验区扩区后政府管理体制调整的新情况，上海市进一步充实了推进工作领导小组的成员单位，市科委、市质监局等部门的负责人加入领导小组；同时，对领导小组办公室也作了进一步的调整，明确要充分发挥自贸试验区推进工作领导小组办公室的统筹协调作用。但需要指出的是，网络化协调对于部门之间的原有合作模式、信息沟通、信任交流、操作流程和规范程序等方面都有较高的要求。

第三，内外协调是公共部门与私营部门之间的跨部门协调。中央政府机构之间的跨部门协调、不同层级政府之间的跨部门协调，都是政府内部不同层级和部门之间的协调。公共部门和私营部门之间的跨部门协调也是自贸试验区建设中不可或缺的重要方面，主要表现为自贸试验区建立了社会力量参与市场的监督制度，实行了第三方检验、评估和结果采信制度。

第四，程序性安排主要包括常设性专门协调机构的运作管理程序，非常设性机构如部际联席会议设立的门槛条件、启动程序、运作程序、终止程序，所有纵向和横向协同面临跨界问题时的议程设定程序、决策程序以及政策执行中的程序性安排。自贸试验区实行"一门式"服务，推行"一口受理"原则。综合服务大厅设有工商"一口受理"、管委会其他部门对外业务、职能部门办理、贸易便利化专线 4 个服务功能板块，共设 36 个办事窗口，受理投资管理、海关、检验检疫、公安、外汇、管委会综合业务、外贸经营者备案、自动进口许可证等 12 项主要业务。

第五，技术性安排包括信息交流平台和交流的程序规则。信息作为一种资源，不仅具有多方面的经济功能，而且是传统政府维系管理秩序的重要手段之一。自贸试验区着力推进的国际贸易"单一窗口"建设即为技术性安排的典型范例。在国家相关部委的指导支持下，2014 年 2 月 21 日，上海国际贸易"单一窗口"试点工作启动，洋山保税港区率先试行这一贸易便利化措施。"单一窗口"试点允许贸易经营企业一次性提交相关信息和单证，通过一个平台、网页或地点（机构）申报，并对企业提交的信息数据进行一次性处理。"单一窗口"建设有助于推进口岸管理相关部门间的信息互换、监管互认、执法互助，共享监管资源，实施联合监管，健全口岸执法协作机制。2014 年 6 月 18 日，上海国际贸易"单一窗口"平台正式上线运行，收单业务通过"单一窗口"完成 50%贸易进口货物的申报手续。

自贸试验区建设的主要任务之一就是建立高效的信息共享平台。《总体方案》中提出要"推进企业运营信息与监管系统对接，加强海关、质检、工商、税务、外汇等管理部门的协作，加快一体化监管方式"。实现"一线放开，二线安全高效管住"的关键在于处理一线和二线的关系以及区内和区外的关系。外商投资由审批制改为备案制后，涉及投资管理、金融管理、贸易管理、政府管理等多项政府管理体制的改革，不仅需要从事前审批向事中事后监管转型，而且需要中国人民银行、中国银行业监督管理委员会、中国证券监督管理委员会、中国保险监督管理委员会以及交通部、海关总署、商务部等相关政府部门之间的政策协调和信息共享。换句话说，外商投资管理体制改革的实现不仅需要上海市内、区外的政策协调和信息共享，而且需要实现上海与周边地区乃至全国的政策协调与信息共享。这必须通过信息共享机制建设，加强中央政府层面各个部门之间的跨部门协调，还需要上海市政府层面各个部门之间以及中央政府与上海市政府之间跨部门协调的实现。简言之，"一线放开，二线安全高效管住"，一靠诚信，二靠信息的公开化、透明化，三靠综合监管体系的建设。由此可见，这些具体的技术性安排可以为跨部门协调机制建设提供现实的技术支撑。

（三）政府职能转变绩效评估：基于监管型政府的视角

上海自由贸易试验区是我国对标国际高标准贸易规则、深化改革和扩大开放的重大战略举措。经过几年来的探索实践，自贸试验区政府按照建设监管型政府的要求，基本形成了以政府职能转变为导向的事中事后监管制度；按照建设具有国际水准、开放度高的自由贸易园区的目标，在政府职能转变方面改革试点经验已经开始在全国复制推广。本小节拟从制度建设、实际绩效、可复制性与可推广性三个角度，对自贸试验区政府职能转变的现状进行评估。

1. 政府职能向监管型政府转变：制度建设评估

推进政府职能向监管型政府转变是自贸试验区政府管理制度创新的重点，推进监管型政府建设的关键是处理好政府与市场的关系。自贸试验区建设监管型政府所取得的绩效基本可以进行如下概括：进一步转变以行政审批为主的行政管理方式，制定发布政府权力清单、责任清单和减权清单；进一步厘清政府与市场的关系，充分发挥市场在资源配置中的决定性作用和更好发挥政府作用；进一步推进跨部门信息共享、综合办理和协同管理，鼓励社会力量参与，推动政府管理由注重事前审批转为注重事中事后监管。

（1）探索"负面清单"管理模式，创新投资管理制度。落实"准入前国民待遇+负面清单"管理制度。核心内容是对"负面清单"之外领域的外商投资，取消投资项目核准和企业合同章程审批，改为备案管理。之前我国对外商投资实施的是全面审批制，若要取消"审批"改为"备案"，必须更改现行法律中的"审批"条款。因此，三部外商投资法律（《外资企业法》《中外合作经营企业法》以及《中外合资企业经营法》）在自贸试验区范围内暂停实施。为此，自贸试验区制定了中国第一张"负面清单"，即"外商投资准入特别管理措施"。2013 年的"负面清单"有 190 项特别管理措施，2014 年是 139 项，2015 年国家层面发布的适用于四个自贸试验区的"负面清单"包含 122 项。新设的外商投资企业 80% 以上是通过备案制形式入驻自贸试验区的，另有不足 20% 的外商投资企业通过审批形式进入，需要审批的是一些比较特殊的行业和领域，比如金融等。"负面清单"就是要告诉外商投资者哪些领域是禁止进入的、哪些领域是需要通过审批才能进入的，除此之外都可以进入。

（2）改革商事登记制度。

一是注册资本由"实缴制"改为"认缴制"，这是自贸试验区首个可复制的经验。2014 年 2 月 28 日，国务院总理李克强签署国务院令，公布《国务院关于废止和修改部分行政法规的决定》（以下简称《决定》），该《决定》自 2014 年 3 月 1 日起施行。《决定》取消了公司登记管理条例等行政法规对注册资本最低限额、股东出资缴付期限、首期出资比例和货币出资比例的限制，将注册资本实缴登记改为认缴登记，实收资本不再作为公司登记事项，公司登记无须提交验资证明；同时依照《公司法》规定，保留了募集设立的股份有限公司设立登记时提交验资证明的规定。

二是企业注册由"先证后照"改为"先照后证"。"先证后照"：原来有前置审批要求的，企业在注册时应该事先提供前置审批的批件，核定后才可以设立公司或企业。"先照后证"：允许企业先设立，若要开展需要审批的业务，再行审批。同时，自贸试验区还取消了很多前置审批的事项。

三是由"工商年检"改为"年度报告公示"。这一经验也已经推广至全国。实行企业年度报告公示制度后，企业无须再到工商部门提交书面资料，仅需登录信用信息系统，并根据提示填写相应项目即可自行完成年度报告信息申报操作，便利性大大提高。

另外，自贸试验区还有几项商事登记制度的创新。①统一营业执照，即将原来的 14 种营业执照（内资、外资、合资及不同区域的）统一为一种。②企业准入的"单一窗口"，即自贸试验区建立了企业准入单一窗口工作机制，企业只需按规定提供一张表格，通过一个窗口提交申请材料，实现外商投资项目核准（备案）、企业设立和变更审批（备案）等行政事务的一门式办理。

（3）改革境外投资管理制度，由"审批制"改为"备案制"。对注册在自贸试验区企业的境外投资，管理方式由审批制改为以备案制为主。截至 2015 年 6 月底，自贸试验区范围内的境外投资项目共计 117 亿美元。

首先，深化贸易监管制度创新，提高贸易便利化水平，创新"一线放开、二线管住、区内自由"监管制度。海关方面，试点凭舱单"先入区、后报关"（核心创新）、"分送集报、自行运输""批次进出、集中申报"等模式，探索"自动审放、自主报税、联网监管、优化查验"等便利化措施。所谓"先入区，后报关"，是指将货物先运到工厂进行储存、加工或生产，然后再办理报关手续，较原来的"先报关，后入区"通关模式，其通关效率极大提升，企业可节省货物等待报关时间，以及因此而产生的物流、仓储成本。据测算，新模式下企业货物入区通关时间可缩短两至三天，仓储及物流成本平均减少 10%。检验检疫方面，试行"进境检疫、适当放宽检验"（核心创新）、"即查即放、快检快放"等查验模式，建立预检验、采信第三方机构检验结果、经认证的经营者互认制度等创新举措。在海关特殊监管围网区内是一线，出了围网入境是二线，一线是放开的，二线入境要管住，区内的运作是自由的，采取的是分线运作方式，在一线内强调"进境检疫、适当放宽检验"。

其次，推进货物状态分类管理制度。原来在海关特殊监管区内，进出口贸易的货物在海关报关后的运作是不便捷的。为了推动内外贸易一体化，帮助企业利用国际国内两种资源开展一体化运作，自贸试验区提出了"货物分类监管"的概念。分类监管的理念来自美国海关监管，即将货物状态分为保税货物、非保税货物和口岸货物。自贸试验区采用"分类监管、分账管理、标识区分、联网监管、实货监控"的监管模式，实行同仓存储，推动企业内外贸一体化运作。

最后，探索建立国际贸易"单一窗口"管理制度。国际贸易"单一窗口"，即将与国际贸易相关的监管部门的信息通过一次性单一窗口进行录入处理后，再反馈给贸易企业。"单一窗口"模式提高了企业的贸易便利化水平。2014 年，在自贸试验区范围内完成了口岸环节的单一窗口；2015 年，上海国际贸易单一窗口 1.0 版正式上线运行，它包括了企业的资质申请、资质办理、贸易许可、税费结算、信息查询等功能。国际贸易单一窗口管理制度推动监管部门信息互换、监管互认、执法互助，企业通过单一窗口一次性递交标准化电子信息，处理结果也由单一窗口反馈。

（4）深化金融制度创新，服务实体经济发展。国务院批准的《中国（上海）自由贸易试验区总体方案》（以下简称《总体方案》）中明确，在风险可控的前提下，在人民币资本项目可兑换、金融市场利率市场化、人民币跨境使用等方面创造条件进行先行先试，并探索面向国际的外汇管理改革试点。随后，"一行三会"（中国人民银行、证监会、保监会和银监会）先后发布了共计 51 条实施意见。之后，人民银行上海分行和上海地方银证机构也出台了很多实施细则，以便促进政策的落实和实施。例如，人民银行上海分行出台了一系列实施细则，包括开展跨境人民币支付业务、扩大人民币跨境使用、放开小额外币存款利率上限、反洗钱和反恐怖融资、外汇管理措施、分账核算业务、分账核算业务风险审慎管理、分账业务境外融资政策等，特别是通过建立自由贸易账户体系，实行分账核算、封闭管理，形成分类别、有管理的资本项目可兑换的操作模式。

金融制度创新的基本框架已经确立，其核心内容是自由贸易账户，即 FT 账户。通过 FT 账户的分账核算，形成分类别、有管理的资本项目可兑换的操作模式。目前，自贸试验区的 FT 账户对境外账户的进出是自由流动的，与其他 FT 账户的流动也是自由的，但是与国内的其他账户的流动是按照跨境业务管理的，这样有助于实现国内、国外资金的有限渗透。自由贸易账户体系、投融资汇兑便利、人民币跨境使用、利率市场化、外汇管理改革五个方面形成了自贸试验区金融创新框架，自贸试验区的金融服务功能不断增强。需要明确的是，自贸试验区金融创新的核心目的是促进该区域内投资贸易的便利和服务实体经济，并不是单纯地为了金融创新而创新，更不是为了建立一个离岸金融市场。自贸试验区金融制度创新是为了向自贸试验区内的实体经济和投资贸易便利化提供配套和服务。

（5）加强事中事后监管，创新政府管理方式。一是社会信用体系，重点是建立完善与信用信息、信用产品使用有关的一系列制度。二是企业年报公示制度和经营异常名录制度，重点是与注册资本认缴制等工商登记制度改革配套，运用市场化、社会化的方式对企业进行监管。报告公示制度已经形成。三是信息共享和综合执法制度，重点是建设自贸试验区信息共享和服务平台，实现各管理部门监管信息的归集、应用和共享，并建立各部门联动执法、协调合作机制。目前，自贸试验区信息共享平台汇集了中央到地方 34 个监管部门的 800 万条相关监管信息。通过信息共享平台，预期达到纵向（比如海关条线）信息通畅、横向（海关、质检、税务等之间）信息共享。比如，一个监管部门可以在该平台上查到目标企业在其他监管部门的信息，工商部门可以通过该平台查询该公司在海关、税务等部门的监管记录。四是社会力量参与市场监督制度，重点是发挥行业协会与专业服务机构在行业准入、认证鉴定、标准制定等方面的作用。比如，在抽查企业年度报告时，自贸试验区管委会通过政府购买服务的方式，委托会计师事务所共同审查，发挥专业服务机构的监督作用。另外，上海仲裁中心为自贸试验区制定了符合国际规则的"自贸试验区仲裁规则"，充分发挥了第三方机构的作用。五是安全审查制度，重点是建立自贸试验区在外资企业准入阶段协助国家有关部门进行安全生产审查的工作机制。2015 年 4

月 8 日，国务院正式发布了《自由贸易试验区外商投资国家安全审查试行办法》。六是反垄断审查制度，重点是探索自贸试验区在经营者集中、垄断协议和滥用市场支配地位等方面参与反垄断审查的制度安排。七是借助社会力量参与市场监管，在综合监管中，自贸试验区还借助社会力量参与监管。社会力量可以是非政府组织、第三方评估性机构、公民大众以及媒体等。目前，自贸试验区正在建立由企业和相关组织代表等组成的社会参与机制，引导企业和相关组织等表达利益诉求、参与试点政策评估和市场监督。此外，自贸试验区还支持行业协会、商会等参与自贸试验区建设，推动行业协会、商会等制定行业管理标准和行业公约，加强行业自律。

（6）以扩大开放为契机，提升服务领域发展水平。自贸试验区扩大开放措施分为两批，共计 54 条。2013 年 9 月底，国务院《总体方案》（附件：服务业扩大开放措施）制定了扩大开放金融服务、航运服务、商贸服务、专业服务、文化服务、社会服务 6 个领域、18 个行业的 23 条措施。2014年 6 月底，国务院《进一步扩大开放的措施》批复含 31 条措施，涉及服务业领域 14 条、制造业领域 14 条、采矿业领域 2 条、建筑业领域 1 条。据自贸试验区管委会统计，在第一批开放的 23 条措施中，已经有 800 多个企业（项目）落地；2014 年又有 60 多个项目落地。扩大开放措施中，包括暂停或取消投资者资质要求、股比限制、经营范围限制等准入限制。本质上就是某些原来外资不能投资的领域，现在可以投资进入了；某些原来不能控股的，现在可以控股了；某些原来不可以独资的，现在可以独资了。

（7）政府管理信息化建设。信息网络技术造就了现代政府管理的便捷、灵活与高效。自贸试验区正在建立自贸试验区监管信息共享机制和平台，力图实现海关、检验检疫、海事、金融、发展改革、商务、工商、质监、财政、税务、环境保护、安全生产监管、港口航运等部门监管信息的互通、交换和共享，为优化管理流程、提供高效便捷服务、加强事中事后监管提供支撑。其中，在信息收集上，管委会、驻区机构和有关部门需要及时主动提供信息，参与信息交换和共享；在信息平台利用上，各部门应充分利用信息共享平台，推动全程动态监管，提高联合监管和协同服务的效能；在信息平台规范上，共享工作规范、流程，共享的办法由管委会组织驻区机构和有关部门共同制定。

（8）社会信用体系建设。2014 年 4 月 30 日，上海市公共信用信息服务平台正式开通，其已成为加快社会信用体系建设的重要支撑和关键环节。未来，信用信息服务平台还会不断扩大信息归集和使用的范围，推行守信激励和失信惩戒联动机制，为政府工作、市场交易、个人生活和工作提供信用服务。为进一步强化事中事后监管，自贸试验区内将建立公共信用信息服务平台自贸试验区子平台，并按照公共信用信息目录向市公共信用信息服务平台归集。自贸试验区内各部门将记录企业及其有关责任人员的信用相关信息，可以在市场准入、货物通关、政府采购以及招投标等工作中查询对应人的信用记录及其所使用的信用产品，并对信用良好的企业和个人实施便利措施，对失信企业和个人实施约束和惩戒。同时，自贸试验区还鼓励信用服务机构利用各方面信用信息开发信用产品，为行政监管、市场交易等提供信用服务；鼓励企业和个人使用信用产品和服务。

（9）法制保障，法制化建设迈上新台阶。国家层面提供法治保障。在自贸试验区建设中，国家暂时调整实施外资企业法等 4 部法律、17 部行政法规、3 部国务院文件、3 部国务院批准的部门规章。另外，国家部委层面出台了一批支持文件和政策措施。上海市层面加强地方立法。2014 年 8 月 1 日，《中国（上海）自由贸易试验区条例》（以下简称《条例》）正式实施，市政府及相关部门和中央驻沪机构也发布了一系列的配套文件。《条例》共 9 章、57 条，包括管理体制、投资开放、贸易便利、金融服务、税收管理、综合监管、法制环境等方面，对自贸试验区的建设进行了全面的规范。自贸试验区立足打造国际化、法制化和市场化的营商环境。《条例》的颁布和实施，意味着自贸试验区在法制化建设上迈上了新的台阶。

2. 政府职能向监管型政府转变：实际绩效评估

2015 年 4 月 20 日，国务院发布《进一步深化中国（上海）自由贸易试验区改革开放方案》（以下简称《方案》），这标志着自贸试验区正式步入 2.0 时代。自贸试验区根据该《方案》研究制定了一系列工作安排，具体包括管理体制、投资管理、贸易监管、金融改革、事中事后监管、法制和政策保障 6 个方面 37 项改革任务。自贸试验区通过转变政府职能，加强制度建设，在推进改革任务完成方面已经取得实效，具体可以概括为以下 6 大方面：

（1）制度改革已见实效。监管型政府建设的核心是实现政府职能转变，大幅度减少审批事项，以制订负面清单为依据，形成一个开放透明、以备案制为主的投资管理体制。2015 年，自贸试验区在第一年"不涉及负面清单不必审批，五个工作日办结备案手续"的基础上，继续沿着"适应、突破、创新、推广"的主线深化改革，努力突破不合理的条框约束，制定符合国情要求的新政策法规，并把这些已经成熟的改革成果推广至其他自贸试验区乃至全国。截至目前，自贸试验区中央层面投资核准事项减少了76%，境外投资项目核准除特殊情况外全部取消。货物贸易实现了海关、安检和商检等 17 个部门的"单一窗口"联合办公，贸易便利化水平进一步提高。两年来，上海海关先后推出 31 项海关监管制度支持自贸试验区建设。目前，以一线"先进区、后报关"、二线"批次进出、集中申报"、区内"自行运输"为标志，自贸试验区建立了国际自贸试验区通行的"一线放开、二线管住、区内自由"的新模式。例如新鲜水果快速通关，在自贸试验区只需 6 小时就能完成所有通关手续，迅速进入国内市场。制度改革成效具体包括以下两个方面：

一方面，建设方案从"简"到"精"进一步深化。负面清单管理模式已在自贸试验区新扩区域全面推行。负面清单管理模式促使将外商投资项目由核准制改为备案制；针对负面清单以外的外资项目的备案，办理时间已经从 8 个工作日缩短为 1 个工作日。目前进入自贸试验区的所有投资项目，负面清单以外的项目占比已近 90%，均无须审批。该模式的实行所带来的政府管理的开放度与透明度符合国际通行规则，激发了外商投资的热情。同时，企业准入"单一窗口"制度进一步完善。内资企业登记"单一窗口"从企业设立向变更环节延伸，外商投资企业登记从"五证联办"向"七证联办"拓展。推出市场准入便利化"双十条"新举措，集中登记地制度已在 6 个集中登记地运行，在全国首创"允许自贸试验区内律师事务所将其办公场所作为企业住所进行登记"，率先开展企业简易注销登记改革试点。从各项措施实施半年的成效来看，完善自贸试验区管理体制等 6 项已成功实施，深化国际贸易"单一窗口"制度等 14 项取得阶段性成果，推动金融服务业对内对外开放等 17 项正在抓紧逐项落实。

另一方面，负面清单由"长"变"短"逐步放开。负面清单管理制度作为自贸试验区政府行政管理体制改革的重要一步，历经几版更新，先后已经有 2013 年版、2014 年版、2015 年版三个版本陆续公布。2013 年版包含了 18 个行业门类，共有 190 条措施。作为国内首个负面清单，虽然迈出了改革的"第一步"，但也广受质疑，主要原因在于该版本基本上是发改委《外商投资产业指导目录》的翻版。2014 年国家发改委和商务部协同在第一版基础上进行了删减，形成了 2014 年版负面清单。这一版本的特别管理措施分为 18 个行业门类共计 139 条，比 2013 年版缩减了 51 条。对 139 条措施，按措施类型分，完全禁止性措施为 29 条，限制性措施为 110 条；按产业分，第一产业有 6 条，第二产业有 66 条，其中制造业有 46 条，第三产业有 67 条。2014 年版负面清单分别在基础建设、自贸试验区土地开发等方面给予外商更多参与投资的权利。2015 年版的负面清单是第三版，调整的范围不仅是数量的减少，还在结构、透明度等方面优化提升。从数

量上看，2015 年版比 2013 年版减少了 68 条。从实施效果来看，2015 年
1~8 月自贸试验区新设外商投资企业 1959 家，引进合同外资规模不断攀
升，已超过 300 亿美元，区内新增外商投资企业数量占全市新增外商投
资企业近一半；累计办结境外投资项目 596 个，中方投资额达 172 亿美
元；累计新设内资企业数量也达到 26111 家，注册资本总额 9971.1 亿元
人民币。

（2）金融开放迈出了新步伐。金融领域的改革和开放，是自贸试验区
发展的重中之重。在诸多金融改革措施中，最受市场关注的就是自贸试验
区账户（FT）。2015 年 2 月，公布了 FT 账户进一步开放的细则，使合格的
自贸试验区新老企业可以通过该账户直接向海外投资或借贷，这对于过剩
资本走出国门、引入相对低廉资本具有重要的意义。QFII（合格的境外机
构投资者）、QDII（合格的境内机构投资者）等跨境投资通道，与新通道
QDLP（合格境内有限合伙人制度）、沪港通一起发挥着重大作用。

统计数据显示，截至 2015 年 6 月，开设 FT 特殊账户的金融机构共有
30 家，近 2 万家企业开立 FT 账户，70 家企业获准开展跨国公司总部外汇
资金的集中运营管理。截至 2015 年 8 月 14 日，自贸试验区通过 FT 账户跨
境本外币结算总额超过 2 万亿元人民币。融资租赁是另一迅猛发展的新兴
金融业态。2015 年前 4 个月，上海新设立的 423 家外资融资租赁公司中，
90% 以上注册在自贸试验区。其开展的飞机、船舶等大型设备租赁，切实
推进了实体经济发展。

2015 年 10 月 30 日，中国人民银行等部门和上海市人民政府联合印发
了《进一步推进中国（上海）自由贸易试验区金融开放创新试点加快上海
国际金融中心建设方案》。从该方案（共 40 条）的总体目标与任务措施看，
就是要在未来的改革试验中建设一个具有国际水准的货币兑换自由的自贸
试验区。其核心内容有三点：一是允许人民币资本项目可兑换；二是
QDII2 试点再提速，即允许合格的境内个人投资者（QDII2）进行境外投

资，这意味着国内投资者也可以投资境外中概股甚至是美股；三是自贸试验区企业投融资全面放开。新一轮的金融改革将会逐步提高区内企业的杠杆比例，扩大自贸试验区账户的开户范围，鼓励更多企业在海外低息融资。这将有利于自贸试验区企业在全球范围内优化配置资金，增强企业竞争力。

（3）服务业发展势头向好。服务类企业由自贸试验区成立前的占比 5% 上升至 40%，特别是金融企业迅速集聚，仅在 2015 年上半年，新增各类金融机构就超过 2100 家，约占新设企业的三成，增加值占地区生产总值比重超过 26%，对 GDP 增长的贡献率达到了六成左右。制造业也由单纯加工向产业链融合发展升级，以科技研发、维修检测和技术咨询为主的技术服务业已形成一定规模，维修检测业务、信息技术服务、数据服务和生物医药研发等业态进一步拓展。两年来，自贸试验区围绕金融、文化、航运、商贸、专业和社会六大服务领域，推出了 37 项开放举措，有 1037 个项目落地，不少项目填补了国内空白。

（4）平台建设进展顺利。在自贸试验区内，服务展示交易中心和资产交易中心已经启用。一些商业直销中心已经开始运营。自贸试验区五大功能平台，即跨国公司地区总部平台、亚太分拨中心平台、专业物流平台、高端现代服务业平台和功能性贸易平台建设基本完成。在贸易平台中，8 家商品交易中心，即中汇联合大宗商品交易中心、液化品国际交易中心、钢联大宗商品国际交易中心、亚太国际商品交易中心、华通白银国际交易中心、有色网金属交易中心、铁矿石现货电子交易中心和棉花国际交易中心已经正式上线交易。另外，自贸试验区境外投资服务平台、面向国际的金融市场平台建设正在有序推进，上海国际能源交易中心、国际黄金交易中心已批准成立，国际金融资产交易中心正在加紧筹建。跨境贸易电子商务保税进口模式正在加快发展。这些中心将立足于"大数据、供应链、国际化"发展战略，按照"境内与境外互动、线上与线下互联、现货与期货互通"的发展目标，全力打造自贸试验区国际化大宗商品现货交易平台。

（5）对外投资增长迅猛。自贸试验区还承担着帮助中国资本"走出去"的任务。自贸试验区已成为中国企业对外投资的桥头堡。统计数据显示，成立后两年时间，自贸试验区就累计备案境外投资企业 607 家，中方投资总额达到 184.39 亿美元。特别是 2015 年以来，自贸试验区境外投资热度急剧升温，呈爆发式增长。2015 年 1~9 月，境外投资累计备案项目数 385 个，中方累计投资总额 135.55 亿美元，占浦东新区总量的 98%，上海市总量的 41%。在项目总数和金额激增的同时，自贸试验区对外投资还呈现出多种类型，如私募股权类跨境投资、生产贸易型跨境投资和高科技类跨境投资均有表现，反映出自贸试验区企业境外投资的便利化程度，大大提高了企业境外投资的积极性。

（6）区内企业聚集效应更加明显。在外商投资和境外投资备案制改革的背景下，截至 2015 年 8 月 31 日，自贸试验区共新设外商投资企业 4891 家，累计投资总额 731.6 亿美元；新设内资企业 26111 家，注册资本总额 9971.1 亿元人民币。特别需要指出的是，其中新增各类金融企业超过 2100 家，自贸试验区挂牌两年来，在区内海关新注册企业总数接近 1.5 万家。

3. 政府职能向监管型政府转变：可复制性与可推广性评估

自贸试验区成立以来，以制度创新为核心，经过不懈的努力和探索，取得了一系列成果，并形成了 50 条可复制、可推广的经验，为在全国范围内深化改革和扩大开放探索了新途径、积累了新经验。

（1）在复制推广方面，切实贯彻落实好 65 号文件精神。在深入推进投资管理、贸易便利、金融创新、事中事后监管四个领域制度创新的过程中，已经形成了一批可复制、可推广的试点政策，2014 年 10 月以前已经有 27 项改革事项先后在全国或部分地区复制推广。2014 年 12 月 21 日，国务院印发了《关于推广中国（上海）自由贸易试验区可复制改革试点经验的通知》，进一步明确自贸试验区可复制可推广的改革试点经验，原则上除涉及法律修订、上海国际金融中心建设事项外，能在其他地区推广的要尽快推广，能在全国范围内推广的要推广到全国。

在该文件中，在全国范围内复制推广的改革事项有 29 项，各省、区、市借鉴推广的改革事项有 6 项（见表 6-4、表 6-5）。29 项中，投资管理领域的有 9 项，贸易便利化的有 5 项，金融领域的有 4 项，服务业开放的有 5 项，事中事后监管的有 6 项。此外，在海关特殊监管区域复制推广的有 6 项。

表 6-4 国务院有关部门负责复制推广的改革事项任务分工

序号	改革事项	负责部门	推广范围	时限
1	外商投资广告企业项目备案制	税务总局	全国	2015 年 6 月 30 日前
2	涉税事项网上审批备案			
3	税务登记号码网上自动赋码			
4	网上自主办税			
5	纳税信用管理的网上信用评级			
6	个人其他经常项下人民币结算业务	人民银行		
7	外商投资企业外汇资本金意愿结汇	外汇局		
8	银行办理大宗商品衍生品柜台交易涉及的结售汇业务			
9	直接投资项下外汇登记及变更登记下放银行办理			
10	允许内外资企业从事游戏游艺设备生产和销售，经文化部门内容审核后面向国内市场销售	文化部		
11	组织机构代码实时赋码	质检总局	全国	2015 年 6 月 30 日前
12	企业标准备案管理制度创新			
13	取消生产许可证委托加工备案			
14	全球维修产业检验检疫监管			
15	中转货物产地来源证管理			

续表

序号	改革事项	负责部门	推广范围	时限
16	检验检疫通关无纸化	质检总局	全国	2015 年 6 月 30 日前
17	第三方检验结果采信			
18	出入境生物材料制品风险管理			
19	允许融资租赁公司兼营与主营业务有关的商业保理业务	商务部		
20	允许设立外商投资资信调查公司			
21	允许设立股份制外资投资性公司			
22	融资租赁公司设立子公司不设最低注册资本限制			
23	从投资者条件、企业设立程序、业务规则、监督管理、违规处罚等方面明确扩大开放行业具体监管要求，完善专业监管制度	各行业监管部门	全国	结合扩大开放情况
24	期货保税交割海关监管制度	海关总署	海关特殊监管区域	2015 年 6 月 30 日前
25	境内外维修海关监管制度			
26	融资租赁海关监管制度			
27	进口货物预检验			
28	分线监督管理制度	质检总局		
29	动植物及其产品检疫审批负面清单管理			

资料来源：中国（上海）自由贸易试验区官网，《国务院关于推广中国（上海）自由贸易试验区可复制改革试点经验的通知》。

表 6-5　各省（区、市）人民政府借鉴推广的改革事项任务表

序号	改革事项	主要内容	时限
1	企业设立实行"单一窗口"	企业设立实行"单一窗口"集中受理	2~3 年
2	社会信用体系	建设公共信用信息服务平台，完善与信用信息、信用产品使用有关的系列制度等	
3	信息共享和综合执法制度	建设信息服务和共享平台，实现各管理部门监管信息的归集应用和全面共享；建立各部门联动执法、协调合作机制等	

序号	改革事项	主要内容	时限
4	企业年度报告公示和经营异常名录制度	与工商登记制度改革相配套，运用市场化、社会化的方式对企业进行监管	2~3 年
5	社会力量参与市场监督制度	通过扶持引导、购买服务、制定标准等制度安排，支持行业协会和专业服务机构参与市场监督	
6	完善专业监管制度	配合行业监管部门完善专业监管制	结合扩大开放情况

（2）在政府职能转变等方面，结合实际加大自主改革的力度。习近平总书记在 2015 年全国"两会"期间，提出"希望自贸试验区要大胆闯、大胆试，自主改革"。各地在不涉及法律调整和上海国际金融中心建设方面，自主改革的力度可以加大。自贸试验区在政府职能转变与管理模式创新方面进行了如下自主改革，积累了可以复制推广的先进经验。

在对外商投资的设立与变更方面，可以参照备案管理方式，采取"告知承诺+格式审批"改革，简化审批流程。在建立企业准入"单一窗口"方面，通过网上服务平台，实现工商、税收、质监、发改、商务等部门事务的统一收件、网上办事、统一发证。在健全和完善社会信用体系方面，可以依托上海市公共信用信息服务平台建立子平台，并探索开展事前诚信承诺、事中评估分类、事后联动奖惩的信用管理模式。在推进信息共享服务平台建设方面，实现相关管理部门监管信息的归集应用和服务共享，促进跨部门的联合监管。在建立综合执法体系方面，通过建立各执法部门的联勤联动系统和网上执法办案系统，形成综合协调、联动执法机制。浦东新区政府已经成立综合执法局，将各个部门的执法整合在一起，采用综合执法的管理模式进行监管。在鼓励社会力量参与市场监督方面，自贸试验区政府重点通过扶持引导、购买服务、制定标准等制度安排，支持行业协会、中介组织、专业机构等参与市场监督。当前，自贸试验区政府在政府管理中的"竞争中立""透明度""投资者权益保护"等方面也加大了探索创新的力度。

（四）政府职能转变绩效评估：基于溢出效应的视角

自贸试验区肩负着双重使命：一是进一步扩大对外开放，接轨国际贸易规则；二是深化自身改革，加快政府职能转变，创新管理模式。自贸试验区不是政策洼地，而是改革和创新高地，长三角区域应以自贸试验区为创新先锋，相关措施要及时跟进，把自贸试验区的溢出效应最大化。根据国务院的战略部署，自贸试验区制度创新的重点为以下四个方面：贸易制度、投资制度、金融制度和政府管理。本小节也从这四个方面对自贸试验区转变政府职能所带来的溢出效应进行了简要评估。

1. 贸易制度自由化

在面临着落入"中等收入陷阱"风险的考验下，推进自贸试验区的建设是中国主动顺应全球化经济治理新格局的重大举措。自贸试验区主动对接国际贸易投资新规则，推动我国开放型经济的转型升级。

（1）采用"境内关外"的贸易方式，促进新型贸易方式试点。促使贸易更加自由是自贸试验区建立的基本功能和定位，所以贸易制度的自由化是制度创新的基石。自贸试验区允许企业"先入区，再申报"，在自由贸易区实现"境内关外"。"境内关外"可以简化国际贸易手续，降低国际贸易成本，极大地提升产品进出境便利程度和物流效率，最大限度地提升国际贸易的便利程度和开放程度。除了本地交易，一些新型的贸易方式如转口贸易、离岸贸易、期货交易乃至保税期货交易都在自贸试验区进行试点。

在离岸贸易方式下，贸易的主体一方是在自贸试验区注册的企业，另一方是别国，贸易通关、验收、交割均在异国异地进行，但会计和税收却在自贸试验区进行。当条件具备时，如果自贸试验区可以进行离岸贸易的话，上海及周边地区的经济将会出现新的经济增长引擎。

自贸试验区也正在积极推进转口贸易。目前上海的外贸依存度大体为

100%，对比而言，香港的外贸依存度为 300%，可见自贸试验区开展转口贸易的潜力和空间非常巨大。自贸试验区的基础扎实，有上海制造、江浙制造和长江流域制造共同托底的基础，上海的转口贸易上升 4~5 倍是非常有可能的。

（2）推动长三角贸易更加开放。由于金融、外汇管制以及市场准入限制，长三角地区过去的贸易方式非常传统，这些传统的贸易方式甚至阻碍了资源的快速、有效流动，从而在某种程度上阻碍了经济快速发展。自贸试验区在贸易自由化方面的有效探讨将改变这种态势，引起国际高端资本流动，使长三角地区的经济更加开放、资源流动更加快速高效。长三角的外向型经济经过前一阶段高速发展后，急需新的动力推动。自贸试验区的贸易自由化举措将使得长三角地区企业进入国际市场的信息搜寻成本大幅度降低，进入国际市场的距离大大缩短，获得国际人才、国际资本、国际企业的渠道更加畅通和便捷，从而更好地促进长三角地区的进出口贸易。

2. 投资制度便利化

自贸试验区推进投资便利化能有效推动长三角地区更好地吸引优质外资。长三角地区交通便捷、物流费用较低，自贸试验区的贸易转型、通关便利化等制度必然会大大促进上海与周边地区的交流成本，有利于长三角地区引进国外先进技术与管理经验，拓宽海外市场。自贸试验区投资便利化会吸引更多的优质企业来到自贸试验区，也使得长三角地区更加容易接近国际优质企业，使长三角地区更容易获得国际人才、国际资本、国际科技和国际信息。尤其是江苏的装备制造业和新能源行业、浙江的轴承行业等一些制造业，可以充分利用自贸试验区的"窗口"优势，引进国际最新的技术，提升其在国际产业分工中的地位，提高产品附加值。江苏和浙江的科技创新型中小企业也将更容易获得国际天使投资和创业资本的支持，降低融资成本，得到更快的成长。自贸试验区的建设必将加剧上海区域范围内的要素稀缺度，进一步推动上海土地、劳动力、交通等有形要素的成本大幅度上升，一些外资企业会把上海作为总部，而把制造中心、采购中心转移到各方面条件比较好的周边城市。

3. 金融业改革先行先试

自贸试验区成立后，金砖国家开发银行已落户，同时自贸试验区还一直在努力集聚一些重量级、国际性、功能型的金融机构。自贸试验区推进金融市场体系建设，推进在自贸试验区建立和完善黄金、外汇、股权、债权、期货、保险、大宗商品、航运金融衍生品等面向境内外开放的交易、清算、结算平台。

目前我国的金融业以银行为主导，且对金融市场实施高度管制，所以金融机构很难展开真正的区域竞争，非信贷金融业务也难以得到快速的发展。在金融业务与金融产品不够丰富、金融产业链条不够长的情况下，区域金融市场分工比较难以形成。但是在可以预见的未来，在长三角甚至全国的金融合作中，自贸试验区应该会成为资金、信息和金融产品的流转枢纽，也会成为金融制度创新的先锋。长三角各城市可以根据自身状况培养本区域的金融中心，让本区域的金融资源有效集中，开发一些符合本区域经济的简单金融产品。同时，区域金融中心应紧密关注自贸试验区在金融领域的制度创新，争取一些政策；紧密关注自贸试验区推出的金融创新产品，进行有效推广和投向；积极发展一些新兴金融形式，尤其是互联网金融，注重金融业务、金融产品的规范和标准。

4. 推动制度创新

制度创新以可复制、可推广为目标。从某种意义上讲，衡量自贸试验区建设是否成功，就是要看能否形成更多在全国可复制、可推广的制度创新成果。经过国家有关部门的大力推进，自贸试验区已有一大批制度、经验在全国复制推广，取得了良好的效果。自贸试验区提出要进一步深挖改革潜力，拓宽改革领域，继续成为国家改革开放新理念的发源地和输出地，充分发挥制度创新的辐射效应。长三角地区经济发达，经济状况与上海有一定的相似性，所以对于在自贸试验区内试点成功且不需国家另行批准的政策，可以立即利用；对于那些在自贸试验区内行之有效但需国家批准方可推广的政策，要积极向国家申请试点。

（五）评估结果的简要总结

1. 跨部门协调机制的构建是自贸试验区政府管理模式的重大创新

自贸试验区跨部门协调机制是由参与主体、管理客体以及实现机制共同构成的要素框架。参与主体包括公共部门与私营部门，管理客体体现为行政管理、口岸管理、综合经济管理、开发建设经营管理等，实现机制由程序性机制和结构性机制构成。其中，结构性机制主要表现为科层化协调、网络化协调以及内外协调，程序性机制体现为由实现跨部门协调而采取的程序性安排和技术性安排。

就自贸试验区的具体实践看，跨部门协调机制主要还是以结构性机制为主、程序性机制为辅，程序性机制的存在主要是为了推进结构性机制的实现和完善，各项具体的程序性安排和技术性安排对于结构性协调机制的推进和落实产生了积极的推动作用。

2. 监管型政府的建设是自贸试验区政府管理体制改革的重点所在

经过两年来的探索实践，自贸试验区以建设监管型政府为政府管理体制改革重点，成绩斐然，具体表现在以下方面：以负面清单为核心的投资管理制度已经建立，以贸易便利化为重点的贸易监管制度平稳运行，以资本项目可兑换和金融服务业开放为目标的金融创新制度基本确立，以政府职能转变为导向的事中事后监管制度基本形成。在建立与国际投资贸易通行规则相衔接的基本制度框架上，取得了重要的阶段性成果。同时，上海自贸试验区按照建设具有国际水准、开放度高的自由贸易园区的目标开展建设，在政府职能转变、投资管理创新、贸易便利化等方面的改革试点经验已经开始在全国复制推广。

三、政府管理模式创新与职能转变的挑战与应对

本章第二节总结和评估了自贸试验区成立两年来通过政府管理模式创新和建设监管型政府所取得的主要成绩。尤其是"负面清单"管理制度，打破了传统政府管理模式，是正确对待市场准入的一个成功突破。"负面清单"只罗列政府禁止和限制的行业门槛，对清单外的领域都持自由准入的态度，在法律属性上表现为"法无禁止即可为"，符合西方民主法治所提倡的司法精神。由于西方古典经济学认为存在"看不见的手"能自发调节市场供求，政府公权无须干预市场中的私权，所以政府应当给予更大的自由和空间，改变原有政府固守准入大门的思维模式，提高政府的管理效能，降低行政审批、裁量、监管中出现的寻租空间。自贸试验区在"负面清单"管理上能够取得成功，一方面是因为它并非简单的政策调整，而是一种思路的转变，影响着整个政府管理模式的完善；另一方面是因为这一制度创新改变了政府的管理模式，而非政府的某一项制度，是真正的制度创新，同时具有可复制性和可推广性。

但我们同样需要看到，自贸试验区在政府职能转变问题上顾虑较多，深化改革决心不强，目前自贸试验区内政府定位依旧模糊，需进一步推进落实。表现在以下两点：第一，放得下，收得上。虽然自贸试验区"负面清单"管理对企业而言实现了放权，但对政府部门而言应当进一步收权，把权力关进制度的笼子里。与"负面清单"保护私法精神相对应的是，需要设置"法无授权不可为"的权力清单，约束公权力对市场经济的干扰行为。但在实际运行中，自贸试验区迟迟未正式发布"权力清单"，这显示了政府对权力公开的不自信。第二，放得开，管得住。"负面清单"迈出了政府管理模式创新的第一步，政府职能实现了从审批型向监管型的转变，政府监管职能从审批制向备案制过渡。但在目前监管手段、配套系统和法律

保障不足的情况下，很难要求行政部门大胆放开审批和许可的口子，导致侧重事中事后监管尚无法完全落实。

本节循此思路，分析自贸试验区政府管理模式创新和政府职能转变所面临的挑战与问题，并提出相应的政策建议。第一小节分析自贸试验区政府行政管理体制改革所面临的系统性、整体性、全局性挑战，第二小节分析自贸试验区转变政府职能和实施创新性行政管理所遇到的主要具体问题，第三小节提出相应的政策建议。

（一）自贸试验区转变政府职能面临的整体挑战

上海市委书记韩正指出：自贸试验区不能走收放一个平台的老路，必须螺旋式上升跨出改革的步伐。所谓螺旋式上升就是以开放倒逼改革，在先放审批口子的前提下，要求监管部门在监管上向上迈一个台阶，在倒逼机制下完善行政管理的改革。所以，当前自贸试验区转变政府职能所面临的最大的整体性挑战在于立法环境不完备，导致政府定位不清。政府对管理模式改变的不自信所带来的种种问题，主要表现为以下五个方面：

1. 法治环境不完备

目前自贸试验区相关立法主要包括国务院《总体方案》和上海市人大的《中国（上海）自由贸易试验区条例》（简称《自贸试验区条例》），但两者在法律位阶、条款内容、创新程度上受到较大质疑，也普遍未达到公众此前的预期。具体表现为以下两点：

（1）立法定位不明。《总体方案》作为自贸试验区建立的基础性法律文件，其法律位阶存在较大争议。有学者指出，国务院批准《总体方案》并不等同于国务院制定《总体方案》，也没有改变《总体方案》是由商务部、地方政府联合拟订的事实。因此，单纯从规范性文件的颁发主体来考虑，《总体方案》是经国务院批准才生效的，其法律效力似乎高于通常意义上的部门规章或地方政府规章；至于其效力是否高于省、自治区、直辖市人大常委会制定的地方性法规，在理论上是存疑的。但我们认为，制法主体的判断标准并不是依据文件的起草者而是发布者，即使其前身是由商务部会同上海市政府联合拟订的，但《总体方案》毕竟最终由国务院批准印发。更重要的问题在于：《总体方案》颁发主体为国务院，起草主体为商务部和上海市人民政府，而执行范围在自贸试验区这个从属于地方的国家级特殊区域内，所以《总体方案》到底是行政法规还是规章抑或是规范性文件，其定性较为模糊。

（2）立法位阶较低。第一，自由贸易区立法滞后，基本法律缺位。国际上设立特殊经济区域一般是先立法，再推广。我国由于特殊的历史背景，保税区的设立采取"先尝试，后立法"的模式，由此带来的种种先天不足，导致目前海关特殊监管区专门性基本法律缺失，在立法技术上普遍缺乏对实践的具体指导和调整作用，宏观调控能力和微观约束能力均显不足。对于作为保税区升级版的自贸试验区而言，立法进程缓慢，第一部真正的法规——《中国（上海）自由贸易试验区条例》在自贸试验区成立一年后才得以出台，依然走当年保税区的老路。关键问题在于自贸试验区的功能、意义和内容相较于保税区来说复杂许多，在区内的封闭环境中如果没有一套法律事先进行规范，不利于自贸试验区内制度创新的推进和保障。

第二，专门性立法较少，相关配套立法缺失。目前，专门调整保税港区的法律只有 2007 年 8 月海关总署制定的《海关保税港区管理暂行办法》，以及几个保税港区自己制定的管理办法。根据保税港区的功能设计，保税港区不单单具有保税的功能，还具有口岸、物流、加工等多重属性。因此，自贸试验区不仅涉及海关监管问题，还涉及外汇管理、企业的设立、税收优惠、港口规制、外汇管理、金融创新、国际检修、文化贸易等综合性法制环境。自由贸易区的立法应该是多方面和全方位的，而我国目前这种立法现状难以适应保税港区发展和建设的需要。我国保税区自建立 20 年来已分布于全国各地，但目前大部分地方保税区的管理依据只有地方规章，在国家层面尚未有法律或者行政法规出台。当前自贸试验区也仅有《自贸试验区管理条例》一部地方法规，但全国已经建立起上海、天津、广东、福建四个自贸试验区，第三批自贸试验区的申请批复工作也在紧锣密鼓地进行，因此，通过国家层面的立法进行统一管理势在必行。

2. 高标准对标国际经贸规则

自贸试验区设立之初，国务院对其提出的要求如下：要围绕"面向世界、服务全国"的战略要求和上海"四个中心"（即国际经济中心、国际金融中心、国际航运中心和国际贸易中心）建设的战略任务，把扩大开放与体制改革相结合、把培育功能与政策创新相结合，形成与国际投资、贸易通行规则相衔接的基本制度框架，探索和建立与国际高标准投资和贸易规则体系相适应的行政管理体系。几年来，国际经济政治形势发生了很大变化，国际贸易投资规则的再构建，正以前所未有的方式和路径迅速展开，而双边、区域和诸边谈判成为新规则形成的重要平台。美国牵头的"跨太平洋伙伴关系协议"（TPP）已达成初步协议，"跨大西洋贸易与投资伙伴协议"（TTIP）谈判也有不小进展。新一代经贸规则范围扩大、标准提高，在很大程度上反映了全球在经济合作上的新要求。自贸试验区作为改革试验田，要高度重视国际经贸规则的重构，密切关注和跟踪服务贸易和投资规则的新议题，自觉将自贸试验区的开放、改革和发展高标准地对标国际投资贸易规则，争取在自贸试验区建设中实现与国际规则的积极互动，以引领下一步的改革开放。

3. 机构、事权协调困难

自贸试验区管理体制有待进一步理顺，政府行政效率需要提升，主要表现在两个维度：一是政府机关事权协调困难；二是多头管理。

（1）事权协调困难。在央地事权管辖层面：现行的条块分管行政管理体制使得负面清单管理方式难以贯彻。自贸试验区内按负面清单管理模式已经开放的某些行业受制于条块分割的行政管理体制，企业的设立、运营仍然受到行业监管法律法规的约束。现行服务业开放的一个难点在于其行政管辖和事权管辖都不在自贸试验区，而是涉及中央有关部门的管理权限。以医疗服务行业为例，自贸试验区允许设立外商独资医疗机构，但按卫计委现行的《外国医师来华短期行医暂行管理办法》，外籍医师来华行医期限不得超过一年。在自贸试验区内部层面：自贸试验区扩区后，监管难度增大，构建一体化的监管体制是现行管理体制面临的重大挑战。扩区后的自贸试验区分成两种区域类型，即特殊监管区和非特殊监管区。原来的28.78平方公里属于特殊监管区域，而扩展区域属于非特殊监管区域。此外，张江、金桥、陆家嘴等自贸试验区区域的发展重点不同，在贸易投资相关政策上存在较大的差异。自贸试验区内复杂的功能区域划分不仅加大了监管的难度，还使现行监管机制在协同监管效率方面存在很大的挑战。

自贸试验区的最优行政管理体制究竟是采取派出制还是合署制尚需探索。自贸试验区扩区后，新扩区域全部在浦东新区一个行政区域内，因此，合署制的优势是在一个完整的行政体系内，更好地实现政府职能转变和改革，试验更具完整性。但浦东新区平台多、架构多、政策多的特点，使建立统一监管机制的难度很大。浦东新区的行政管理体制也经过多次调整，并在新区内形成了多块特定功能区域，如陆家嘴、金桥、张江等国家级开发区，综合保税区，上海国际旅游度假区，世博地区，临港地区等，浦东的行政管理层级越来越多，各种机构多次叠加、层级复杂，加大了政府职能转变的束缚，增加了行政成本，使得政府行政效率难以提高，集中表现在三个方面：①自贸试验区管委会与浦东新区政府关系有待厘清。管委会作为市级政府派出机构与浦东新区政府合署办公，但两者的法律地位、职权职责差异很大，在合署办公的行政管理体制下，两者需要进一步明晰权责。②浦东新区区内各层级间的关系有待理顺。新区内既有行政级别很高的自贸试验区，又有行政级别较高的特定功能区域，还有浦东新区行政体制内的镇、街道等下属行政机构，三类行政机构功能叠加，地域交叉重合，如何形成一套各司其职、权责分明的行政管理体制是自贸试验区面临的严峻挑战。③自贸试验区改革还需要与浦东综合改革、"四个中心"和科技创新中心建设加强联动。浦东不仅是自贸试验区的承载地，也是上海"四个中心"和科技创新中心建设的主战场，同时还肩负着国家综合配套改革的任务。目前自贸试验区的联动建设还不够，如金融制度改革需要加快创新步伐、"双自联动"还有待加强。

（2）多头管理仍存。多头管理是制约自贸试验区行政效率提高的另一症结。虽然《总体方案》中要求自贸试验区"实现不同部门的协同管理机制"，在《自贸试验区条例》中也提出了"监管互认、执法互助"的要求，但自贸试验区尚不能超出区外管理体制或者原有保税区体制的局限。以口岸货物贸易通关为例，许多具体的政策又涉及国务院的其他部门，各个部门的政策相互冲撞、相互矛盾，法律之间的冲突难以避免，这就造成了自贸试验区"多头分管"的局面，大大影响了通关速度。我国海关和商检卫检部门分离，分头申报，分头检查，手续重复；区港海关独立执法，如外高桥保税区和外高桥港区海关分设，降低通关效率；区港之间货物流转管理复杂，造成取件保税货物流转和税收征管的手续复杂。分析多头管理的根源，主要在于自贸试验区虽为上海地方管理的特殊部门，行政级别也达到副部级，但在区内的各项职能涉及中央多个职能部门，其本质上没有跳出区外"中央—地方垂直行政管理"的模式，因而无法脱离传统的管理模式。

4. 风险防控机制缺位

（1）改革内容本身有高风险。自贸试验区政府管理模式改变的目标是开放倒逼改革，而开放的代价自然是风险的涌入。自贸试验区主要改革内容中的投资便利化、货物贸易自由化都具有涉外性，金融改革具有高流动性和一定的涉外性，所以改革的三大内容都具有较高风险性，作为三大改革支撑的政府管理模式创新也必然成为控制风险的源头。

当前自贸试验区要求单边开放的同时又要求政府放权，也就是"外进内出"与"国退民进"相结合，这会导致市场风险性与不可测性大大增加。在制度上与国际接轨的同时，如果国内政府监管能力与效率无法达到国际水平，就会导致国内市场的混乱，甚至影响我国的安全稳定。当前的改革中涉外的部分类似中国"入世"前对国外进口商品进入中国的担忧，而此轮改革中主要针对的国际投资和服务贸易开放对中国的冲击更为直接快速，必须做好充分论证和周全考虑，并非一味减少负面清单而不考虑其风险性。在金融开放方面，我国的金融监管体系相对脆弱，在国内监管上还存在较多问题，如果急于出台缺乏风险评估的金融改革，会导致热钱快速涌入，破坏我国的金融体系甚至实体经济。以开放倒逼改革是给自己断后路，这体现了国家对改革的决心，但这种信心必须从政府管理上推动改进，严格控制风险。

（2）自贸试验区"溢出效应"的风险。自贸试验区设立以来，长三角等地区为共享自贸试验区"福利"而提出"溢出效应"概念，本报告在本章第二节的第四小节也对"溢出效应"做了简要的评估，自贸试验区的"溢出效应"其实蕴含很大的风险。中央要求上海用三年时间形成一批可复制、可推广的经验，但自贸试验区内的制度创新本来就可能具有一定风险性，在国家没有通过立法明确前，任何区内政策的区外实施都具有一定的法律风险。现实中，自贸试验区"溢出效应"成为部分省市搭乘自贸试验区改革的"顺风车"，以地方立法超越了我国现行法律，也突破了自贸试验区总体方案中"二线安全高效管住"的要求。从风险管控的角度来看，自贸试验区"溢出效应"的重点应落在自贸试验区带动周边经济发展的效应，而非制度创新本身的复制和推广。

商务部明确指出，外商投资准入属于中央事权，"负面清单"的制定、发布和实施权在中央政府，自贸试验区的"负面清单"是国务院依据全国人大常委会决定授权上海市制定的，具有特殊的试点性质，其他地方未履行必要的法律程序不能复制和效仿。在当前各地争先恐后对接自贸试验区的背景下，如何严控尚未成熟的制度创新是控制风险的重要环节。

（3）风险防控的有效性。自贸试验区《总体方案》中强调的"二线安全高效管住"并不仅限于货物贸易的监管。自贸试验区的前身——原海关特殊监管区设立的一个基本前提就是铁丝网将关境与国境相隔离。铁丝网通过分隔有形的货物进出境实现监管，但对于服务贸易、国际投资、人民币国际化、离岸金融等领域无法简单通过物理隔断进行管控。在不同制度背景下，自贸试验区区内、区外出现双轨制，虽然这种双轨制的本意是为了区内进行的试验不影响区外的经济，但由于市场趋利因素，人流、物流、信息流、资金流会自发地转向自贸试验区，原有铁丝网无法发挥防火墙的作用，而自贸试验区在上海扩区后更是没有了物理上的铁丝网，导致风险不可控。例如双轨制下的金融创新，自贸试验区内一旦实行银行利率自由化，就会导致区内、区外的存款利率差，作为经济人的区外企业或个人的存款就会快速涌入区内金融机构。同样，如果自贸试验区实行人民币国际化，就会导致区内、区外的外汇汇率差，容易产生热钱涌入、汇率套利、资金外流、国际洗钱等问题。两种金融改革虽然都是在限定区域内的试点，但由于资金无形的快速自由流通，实质上并没有限制住金融改革风险的外流。自贸试验区的改革就等于全国的改革，没有走中央要求的成熟经验复制推广全国的步骤，就会导致人民币升值压力和更多资产泡沫等全国性风险的产生。从这一点看，应对金融改革的政府管理提出更高的要求。服务贸易和外资投入虽然不像金融那么明显，但是风险也非铁丝网所能拦隔。上海市市长杨雄在 2015 年"两会"期间多次强调自贸试验区要"蹄疾步稳"，有步骤、分阶段地推进改革。政府管理作为外贸和金融改革的基础，起到重要的制度保障、监督、纠正、规范作用，所以当前金融等制度创新的瓶颈根源在于配套监管模式的不足，归根结底还是首先解决政府管理模式创新的问题。

5. 改革阻力较大

（1）外部阻力——涉及部门利益。当前自贸试验区内许多政府职能转变涉及多个国务院部门，制度创新难免与现有政策、区外政策出现冲突和矛盾。由于自贸试验区最高管理机构——自贸试验区管委会是上海市政府的派出机构，其权威性不足，而在国家层面的国务院尚未建立以自贸试验区监管和指导的专门监管机构，这就使自贸试验区制度创新虽为国家战略，但更像是上海单独运作。自贸试验区涉及工商、外贸、口岸、金融等领域的法律突破和政府管理模式改革都需要自下而上的推进改革，要落实制度创新就会突破现有职能部门监管政策，需要多家相关部委的多次沟通，特别是涉及服务业开放、取消行政审批等先行先试的重要事项，各方仍存在较大分歧。与国外成熟的自由贸易区相比，目前自贸试验区的组织结构对于改革较为不利，国外自贸试验区通常在国家层面设立专管委员会等机构从事自贸试验区地方和中央行政部门间的协调工作。应拓宽自贸试验区政府管理模式创新的权限，支持自贸试验区完成所肩负的改革重任。

（2）内部阻力——改革余量不足。改革的阻力一方面来源于国务院部委与地方政府、政府与市场等主体之间利益不平衡；另一方面在很大程度上是由于改革方向虽已提出，但改革实际履行的难度较大。虽然自贸试验区内大力推行"境内关外""一口受理""先照后证""负面清单""事中事后监管"等政府管理模式，但这些管理模式中的大部分在国内并非首创。放在国际上看，这些管理模式更是一种国际规则，并无特别创新之处。"境内关外"的口岸管理模式自20世纪90年代成立上海外高桥保税区起就已形成至今，只是监管效率随着管理水平和信息技术的上升而提高，并非此轮自贸试验区制度创新取得的成绩。"一口受理"模式最早也可追溯到2006年，当时上海最早成立的浦东新区市民中心将379项政府服务和审批集中，被认为政府机关"门好进"的标志。"先照后证""事中事后监管"等商事制度改革于2012年在广东就已提出，虽然最后确定这一制度的时间是在 2014 年《广东省商事登记制度改革方案》颁布之后，但自贸试验区也只能说与广东省试点工作同步推进，并非独有之创新。真正能算在全国范围内领先一步的只有"负面清单"管理模式上的制度创新。

改革开放 30 多年来，我国经历了多次行政管理体制改革，总体可以概括为政府职能转变、政府机构改革以及服务型政府构建三大内容。当前改革创新很难跳出三大板块开展，而要在三大板块内继续做深并做出成果，面临的最大难题就是改革是从简入难，改革越深入，就越难以有所突破。当前要进一步简政放权就是要放以往认为不能放的权；当前要改革的行政部门结构都是以往认为难以合并或者无法合并的部门，当前服务型政府已在许多地方政府积极落实，例如"一门式""一厅式"服务较为常见；联合执法队伍的整合也在开展中。要在这些成果基础上进一步改革就会出现深水效应，取得改革成果的难度增加。

（二）自贸试验区转变政府职能亟待解决的若干问题

为了将问题具体化，本报告针对自贸试验区加快职能转变中遇到的问题和挑战展开，下一小节提出的政策建议也以加快政府职能转变的问题为依据。国务院《进一步深化中国（上海）自由贸易试验区改革开放方案》（以下简称《深化方案》）对自贸试验区第二阶段深化改革开放做出明确部署。《深化方案》提出的 25 项主要任务和措施中，12 项属于"加快政府职能转变"的内容。作为自贸试验区改革的核心内容之一，政府职能转变过程中还存在哪些困难和障碍？如何对照《深化方案》要求进一步推进？现将实践中亟待解决的问题梳理如下：

1. 协调机制

自贸试验区内企业的多项审批权集中在不同层面的部委或委办中，企业审批流程更加复杂。虽然扩大开放措施已经出台，但相对应的审批权限并没有配套，医疗机构、旅行社、工程建筑设计企业等与区外的企业一样，均需在主体设立完成前后向行业主管部门申请办理经营资质。因此，区内企业的审批流程（多出"自贸试验区"审核环节）更复杂、审批时间更长，自贸试验区承诺大打折扣，投资者积极性受挫。例如，医疗机构用地与自贸试验区土地性质不符，项目无法落地，企业陷入了漫长的等待；建筑企业及其员工从业资质认证的问题，企业被卡在员工从业资格认证的环节，无法投入运营；在旅游行业，中外合资旅行社经营满两年才能取得出境游资质，但在注册时没有将该条件告知企业。

2. 金融开放

扩大开放措施"有政无策"，缺乏与之配套的操作规范。例如，人民币跨境双向资金池有助于银行帮助企业在规则体系下实现境外平台、自贸试验区平台和传统领域内资金自由调度，但通过资金池流入的资金，会计怎么记录、税怎么计算、资金在境内产生的利息归属于境外还是境内等这些开放后的后续操作问题需要进一步规范，只有规范清楚了，企业才真正敢用，才能真正发挥人民币双向资金池的作用。类似的问题在商业保理领域也有出现。例如，很多融资租赁公司是基于"兼营保理业务"入驻，但目前尚未对保理业务经营范围有明确规定，致使公司无法开展业务。表面上看，这是一个与政府职能转变没有直接关系的问题，但本质上这正是自贸试验区政府在"负面清单"管理模式中遇到的重要挑战，即对政府部门事中事后的专业化管理能力提出很高的要求，需要由国际会计师协会、商业保理协会等专业化组织共同参与操作规范的制定和企业运行的监督管理。

3. 科技创新创业体制

与《总体方案》相比，新的改革开放《深化方案》对政府职能转变提出了明确的"深化科技创新体制机制改革"要求，这一要求与自贸试验区新型创业型企业的需求相匹配，但在目前的自贸试验区政府职能转变中尚未将该项内容纳入。例如，科技创新型金融服务企业面临着金融牌照、VIE之外的出路等一系列新问题。自贸试验区作为改革开放的典范，吸引了一批科技创新型创业企业入驻，它们当中有一批属于互联网金融企业。其中有部分企业具有外资背景，在自贸试验区设立后仍然无法享受贴息等国民待遇，金融牌照的问题仍然是瓶颈，虽然是上海的企业，但在自贸试验区、在上海却拿不到（PE）牌照。另外，具有外资背景的企业除了 VIE 之外，目前尚无其他出路。自贸试验区应考虑对互联网金融企业发放牌照和在出路上先行先试。

4. 网络信息平台建设

网络信息平台是自贸试验区各部门实现资源共享、创新行政运作模式、推进综合监管的必要技术载体。综合来看，虽然自贸试验区网络信息平台建设已经取得不少的成绩，但与预期相比还存在一定的差距。在"前台"方面，除了自贸试验区官方网站，还没有能够形成可以综合企业基本信息、运营信息和信用信息的企业基础数据库，也没有形成能够综合海关、质监、工商、税务、金融等多部门的监管信息共享平台。在"后台"方面，自贸试验区内各部门的信息管理仍处于各自为政的状态，基于网络信息平台之间的合作还有待于深入推进。在信息采集方面，要想对众多企业信息、信用信息、监管信息等进行全面收集并不容易。况且，信息采集的标准、加工、传递等涉及多个环节、多个部门，大量的协调也在所难免。

5. 社会力量参与度低

社会力量参与自贸试验区治理已经在《自贸试验区条例》中多处体现。例如，要引导专业机构发展，建立由企业和相关组织代表等组成的社会参与机制，支持行业协会、商会参与自贸试验区建设等。此外，《自贸试验区管理办法》中也提到，自贸试验区有关政策措施、制度规范在制定和调整过程中，应当主动征求自贸试验区内企业意见。但这些还只是顶层设计，具体如何参与、如何建立合作机制、如何平衡政府和社会之间的关系等，还需要不断的探索与完善。社会力量参与自贸试验区治理还有许多薄弱的地方，具体表现在三个方面：一是自贸试验区社会共治的局面多是由政府在推动（比如将要建立的社会力量参与的综合监管机制），而市场、社会团体、行业协会、公众等都是比较被动的。这容易使政府治理再次回到过去的高度集权模式下，从而失去共同治理的意义。二是现有共同治理的领域多在市场监管方面，而且其中依然以政府监管为中心，社会力量能够发挥作用的空间比较有限。三是共同治理需要有平台和机制，否则共同治理就只能停留在口头上。现在自贸试验区正尝试建立由企业和相关组织代表等组成的社会参与机制。但共同治理还应该有更多较为开放的平台和机制，这样社会力量才能更加便捷地加入到共同治理的过程中。

（三）自贸试验区应对政府职能转变的政策建议

自贸试验区建设是打造中国经济"升级版"的重要一步。而政府职能转变无疑又是自贸试验区建设的关键，具有牵一发而动全身的效用。但由于自贸试验区建设还处于探索阶段，政府职能实现方式的转变面临着管理体制、市场开放、法律法规、电子政务建设、社会力量参与等多重制约。自贸试验区政府在坚持国家和上海实际情况的基础上，结合国外自贸试验区建设的成熟经验，从多方面着手，进一步推动自贸试验区政府职能实现方式的转变。

1. 健全与完善依法行政

自贸试验区有序运行必须有完善的法律法规的保障。在认真分析当前自贸试验区法治的现状和问题后，中央政府应结合国外自贸试验区法治建设经验，就法治保障做出以下努力：一是在国家层面进行立法，以解决《自贸试验区条例》效力、位阶不高的局限性。二是加快制定与自贸试验区改革相适应的法律法规。自贸试验区实行"负面清单"以后，政府职能更加注重事中事后监管，而相应的监管程序、内容、方式等均需要一定的规范，这样才能有效避免外资进入带来的风险。三是建立区内区外法律适用的协调机制。平等民事主体之间的横向交易法在区内区外必须适用相同的法律准则，否则会出现"超国民待遇"。四是进一步完善《自贸试验区条例》。《自贸试验区条例》涵盖管理体制、投资、贸易、综合监管等，既是自贸试验区建设的法规保障，又是指导自贸试验区建设的纲领性文件。通过细化《自贸试验区条例》，使得其中模糊性、原则性的条款变得更具针对性和操作性，能够更好地对自贸试验区建设进行指导。

2. 提升政府的专业化服务能力

政务部门需要改变"事前审批"的工作方式，以服务企业生命周期为导向，通过业务培训和政务服务企业化，为企业开办的事前、事中和事后提供高效的服务。窗口的受理人员需要通过定期和不定期培训，不断提升业务能力，为企业提供准确的办事流程和相关信息咨询。根据国际经验，将可以进行市场化运作的政府职能部门以企业化模式运营。建议根据企业的阶段性需求，成立"国际关系有限公司""中小企业服务有限公司""产业发展基金公司"等，公司的性质可以是国有或是混合所有制。将部门政府服务职能进行公司化运作，可以提升政务服务的专业化水平和质量，真正起到促进经济发展和服务企业的作用。

3. 建立政府多部门协同管理机制

自贸试验区政府面临工商、海关、金融、检验检疫、海事、边检等多个驻区部门的横向协调问题。此外，自贸试验区还要与市政府其他职能部门、浦东新区政府进行一定的协作。所以，完善自贸试验区多部门的横向协调机制十分必要，如部门负责人联席会议、定期联席会议机制、专题调查会、应急联动协调机制等。除了横向协调以外，自贸试验区也应借鉴国外自贸试验区管理的政企分离模式，双方分别负责自贸试验区内的行政管理和经济运营工作，互不干涉。自贸试验区政府可以专门负责行政管理事项，其中包括行政执法、投资注册、工商、税务、市场监管等，而具体的经济运营事项则交由开发公司负责，实现行政与经济职能的分离。这样既能发挥政府的协调、监管等优势，也能充分调动社会的积极性，有利于集中优势进行自贸试验区建设。

4. 完善和优化负面清单管理模式

自贸试验区应结合国外通行规则，通过以下三个方面来科学制定负面清单：

（1）注重政策的协调性。一方面，制定"负面清单"时应注意与国家其他政策之间的协调性，以便于政策的有效执行。另一方面，"负面清单"的政策性地位还不够明确。理论上，自贸试验区是国家在上海设立的专门试验区，属于国家层面的政策措施。但"负面清单"与国务院其他职能部门的政策发生冲突时，退让的是自贸试验区。所以，有必要进一步明确"负面清单"的政策性地位。

（2）优化与精简负面清单。在国外，"负面清单"的制定有三类依据：一是一般例外，是保护人类、动植物的生命或健康所必需的措施，是与保护可用尽的自然资源有关的、与限制国内生产或消费一同实施的措施等；二是以"负面清单"保留的不符措施，有国家安全审查制定、关键基础设施保护等；三是保留措施，指准许缔约方在特定情况下撤销或停止履行约定义务，以保障某种更重要的利益。而在自贸试验区"负面清单"制定之中，也可以借鉴这样的惯例与框架，以使"负面清单"更加透明、更加具有说服力。

（3）进一步扩大对外开放。从国外自贸试验区发展来看，它们的开放程度远比中国的高，对外资进入行业几乎没有限制，即使是重要行业与领域也很少有股权比例限制。当前，自贸试验区在金融、航运、社会服务、商贸等领域应该加大开放力度，特别是金融领域，其发展事关其他外资进入领域和上海"四个中心"建设，更显重要。

5. 引导与培育社会力量参与政府治理

从自贸试验区建设的实际情况来看，自贸试验区政府应该从建立社会管理平台、发挥行业组织和专业机构作用、拓宽社会公众参与途径等几个方面来推动自贸试验区共同治理格局的初步形成。发挥各类行业协会和商会的专业能力，鼓励社会力量参与市场监督，建立第三方信用评估系统。具体政策如下：首先，建立社会力量参与社会管理的平台。考虑设立自贸试验区市场监督社会参与委员会。社会参与委员会应该包括三类人员：一是工商、税务、质监、海事、边检、海关、综合监管与执法局等政府部门人员；二是律师事务所、会计师事务所、行业协会、商会、第三方检测机构等专业服务机构人员；三是企业、公民、媒体、专家学者等社会人员。作为由众多力量组成的社会参与平台，其成员的地位应该是平等的，且共同负责指导、组织、考核社会力量参与自贸试验区市场监管工作。其次，充分发挥行业组织的自我管理作用。再次，进一步发挥专业机构的专业服务功能。自贸试验区应该鼓励专业性机构的设立，支持资产评估机构、会计师事务所等机构对企业的运营情况进行监督。最后，拓展社会公众参与管理的途径。比如，充分发挥新闻媒体的舆论监督作用，对区内不良行为进行曝光；鼓励专家学者对自贸试验区建设进行理论性的研究，积极参与和监督相关政策的制定与执行，为自贸试验区的发展提供智力支持。

6. 推进网络信息平台建设

自贸试验区网络信息平台建设是一项系统工程，它涉及前文所述的"前台""后台"和信息采集机制三个方面的建设。政策设计可以从以下三个方面着手：首先，在自贸试验区内整合并建立涵盖日常监管、行政执法、信用评定、行政许可管理等的信息系统，打破海关、工商、税务、质监、金融、综合监管等部门信息各自为政的状态，实现监管信息的共享与互换。其次，在监管信息共享平台、企业基础数据库建立的背后，是政府对以往职能实现方式的流程重组。当前随着网络信息平台建设的推进，政府之间业务交流、信息共享与互换、综合监管与服务等实现了一体化。最后，深化电子政务建设，完善信息采集机制。政府部门应该就信息采集的渠道、加工、应用和反馈等进行沟通，尽早确立信息采集规范。

四、结语

本报告对自贸试验区政府管理改革制度建设和现实绩效的整体评估表明，在改革的利益"浑水区"，在改革"啃硬骨头"有"涉险滩"之虞时，现行政府管理体制的诸多自身痼疾"倒逼"我国政府职能转变已经不可逆转。自贸试验区建设必将超越市场和经济层面的创新，对政府与市场关系、政府在市场中的功能定位和权力行使提出新课题，从而蕴含着深入推进政府职能转变和简政放权的实验和探索意义。

当前，中央全面深化改革领导小组这一顶层设计组织已经启动运行，新一轮改革既需要自上而下的顶层设计，也需要自下而上的试验与试错，而这正是自贸试验区建设的历史使命。自贸试验区建设以制度创新促进经济改革，进而以经济改革促进政府管理方式和法制的改革，因而自贸试验区是经济改革更是政治改革的试验田。自贸试验区不仅是上海的，更是中国的；不仅是新一轮开放战略，更是新一轮改革突围。

OECD 贸易便利化指标：可用工具概述

一、OECD 贸易便利化指标是什么

为帮助政府改进边境程序、降低贸易成本、增加贸易流量并从国际贸易中获取更大利润，OECD 开发了一系列贸易便利化指标（TFIs），这些指标定义了作用区域，并测度了改革的潜在影响。OECD 指标涵盖了 160 多个国家跨收入水平、地理区域和发展阶段的所有边境程序。

基于这些指标的估算为政府提供了优先贸易便利化措施的基础，也为发展中国家政府更有目标地调动技术支持及能力建设行动提供了基础。TFIs 还为各国提供了包含在 WTO 贸易便利化协定中各种政策及措施实施情况的可视化工具，跟踪调查其自 2012 年以来的进程，并与其他国家或相关国家组进行比较。

两个互动网络工具使使用者能够比较 11 个贸易便利化指标下一国的表现，发现驱动所选国家表现的主要措施，并模拟潜在政策改革的影响。

二、WTO 贸易便利化协定对贸易成本的潜在影响

TFI 数据分析显示，通过生产投入品可获得性的增强和作为当前国际贸易特征的全球价值链参与度的提高，贸易便利化措施能使货物出口国和货物进口国都获利。

OECD 对各国家组 WTO 贸易便利化协定（TFA）潜在影响的计算基于两个不同的设想："完全"实施设想，WTO 成员将执行协定中包含的所有选项，包括基于"尽全力"制定的选项；"有限"实施设想，不考虑规定的酌定，WTO 成员将仅执行协定中强制的条款，但已执行最佳方案的国家仍将继续。这两个设想为可能通过协定实施而获得的潜在贸易成本下降提供了上下限约束。这一作用将强烈受到发展中国家对各种措施的分类方式及采用的执行时间段的影响。该计算还确定了各国家组降低贸易成本具有最大潜力的措施。

如图 1 所示，TFI 数据分析的结果如下：来自"全面"实施 WTO 贸易便利化协议的潜在成本下降，低收入国家为总成本的 16.5%，中低收入国家为 17.4%，而中高收入国家为 14.6%；如果各国限于协议的强制性规定，低收入国家的潜在成本下降为 12.6%，中低收入国家为 13.7%，而中高收入国家为 12.8%，分别比"全面"实施最佳方案少 3.9%、3.7% 和 1.8%。这种情况反映了尤其是低收入国家和中低收入国家重要的机会成本。

三、世界贸易便利化措施实施情况

TFI 数据分析显示，收入组的有些国家已经实施了一些 WTO 贸易便利化协议的条款。下面举例说明所选 TFA 条款的实施情况。相关国家应考虑包括其在 A 类通知中实施的措施，从而致力于改进实施过程中或仍未实施

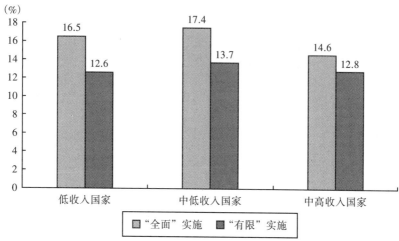

图 1　按收入分组总潜在贸易成本下降比重

资料来源：OECD：《WTO 贸易便利化协议实施：对贸易成本的潜在影响》，2015 年。

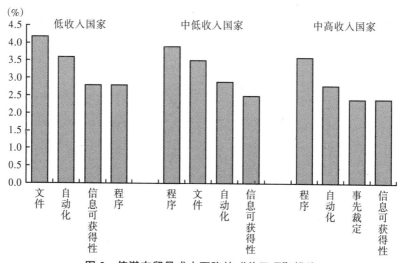

图 2　使潜在贸易成本下降的"前四项"措施

注：估计、数据、方法、来源及结论详见 http://www.oecd.org/trade/facilitation/indicators.htm。

的政策领域和措施，确定保障实施所需的任何技术支持。标明 B 类或 C 类条款的其余措施的进一步区别通过国家层面的差距分析实现，不仅考虑实施情况，还确定了服从于措施的必要行动。OECD 能提供所需国家实施情况的具体信息。

　　TFA 条款 1：公布和信息可获得性。案例国家普遍实施条款 1。在条款 1.1 列出的各种信息中，所有收入组的国家普遍公布进口、出口和过境程序（1.1.a），及应用的关税税率和税费（1.1.b）。中低和中高收入国家普遍公开分类及定价规则（1.1.d）、申述程序（1.1.h），及与第三国的协议（1.1.i）。大多数国家很好地建设了网上（1.2）及查询点（1.3）的可得信息。

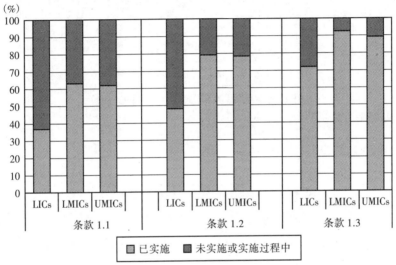

图 3　世界贸易便利化措施实施情况（Ⅰ）

资料来源：基于 2015 年 OECD TFIs 数据库。

　　TFA 条款 7：货物放行和报关。在条款 7 的规定中，约有一半中等收入国家实施了预先到达程序（7.1）和电子支付（7.2），而约有一半中高收入国家实施了风险管理措施（7.4）。放行从报关（7.3）分离出来与收入水平不相关。各收入组中平均报关时间（7.6）、授权经营者措施（7.7）及易腐商品（7.9）的设立和公布仍在进行过程中。

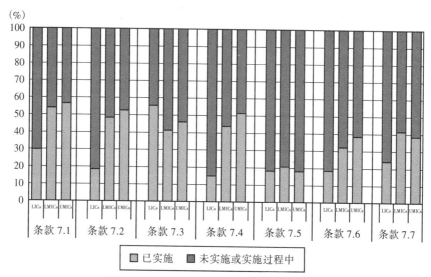

图 4　世界贸易便利化措施实施情况（Ⅱ）
资料来源：基于 2015 年 OECD TFIs 数据库。

四、互动工具

比较你的国家。"比较你的国家"工具为用户展示了单个国家贸易便利化表现的概况，从而可以比较所选国家和与所选国家属于相同收入组或区域的其他国家。用户还能将所有 TFI 区域中所选国家自 2012 年来的进展可视化。

TFIs 政策模拟器。政策模拟器使用户迅速了解指标的概况及驱动某一选定国家表现的关键措施，并将选定国家与其他国家相比较。该工具能进行潜在政策改革模拟：通过调整特定政策领域数据，用户得到一个"编辑"的表现条状图，显示出政策调整对所选国家整体表现指数及其与第三国相比的相关表现的影响。该工具还提供所得信息分享或特定选择参考及选定数据下载服务。

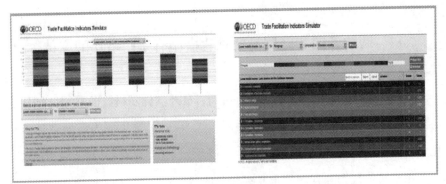

图 5　政策模拟器

注：在 http：//sim.oecd.org/Default.ashx？ lang=En&ds=TFI 可访问 TFIs 政策模拟器。

五、实施贸易便利化措施：成本和挑战

OECD TFIs 中贸易便利化措施实施的资本投资及运行成本与其带来的潜在利益相比相对较低。贸易便利化措施引进了完成传统边界机构授权的新方法，因此更为有效且效果更好。精简程序的费用应考虑到贸易成本减少所带来的潜在巨大利益。

引进和实施贸易便利化措施包括下列一个或多个领域的成本和挑战：诊断，新规定，机构的变化，培训，设备和基础建设，意识增强和变化管理。由于贸易便利化首先是边境署营业方式的改变，因此培训是最重要的，但其中设备和基础建设往往是费用最高的。OECD 近期一项对由发展中国家引致的贸易便利化措施的成本和挑战的审查表明，引进贸易便利化措施的总资本支出在 500 万~2500 万美元，而每年与贸易便利化直接或间接相关的运行成本不超过 350 万美元。

需要很大先期投资的措施，其运行费用并不一定高，提交文件的"单一窗口"机制就是最好的例子。一些措施实施费用可能相对较低，但长期中实际执行及其可持续性将存在挑战。克服变化的阻力需要政治意愿和充足的时间以及技术和金融支持。

六、帮助各国实施贸易便利化措施有哪些可用的支持

在过去的 10 年中，购买设备、培训官员及实施新措施的费用已经从贸易便利化的大量技术和金融援助中受益。自 2005 年来，为援助贸易便利化，已经支出大约 19 亿美元。

用于边境规则和程序简化及现代化的捐助承诺在 2013 年达 67000 万美元，比 2002 年至 2005 年基线平均值增长近 8 倍。最大的受益者是非洲，在 2013 年收到 26800 万美元，在 10 年中增长了 25 倍。除 2011 年因金融危机影响而短暂下降外，贸易便利化援助增长强劲，并在 2012 年反弹增长 26%。此外，贸易便利化改革所需的设备和基础设施也已从用于贸易相关的基础设施的大量资金中受益，在 2013 年 187 亿美元用于交通和存储，10 亿美元用于通信。

（百万美元）

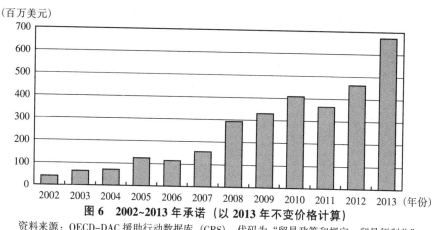

图 6　2002~2013 年承诺（以 2013 年不变价格计算）
资料来源：OECD-DAC 援助行动数据库（CRS），代码为"贸易政策和规定；贸易便利化"。

贸易便利化援助互动数据库向 OECD 债权人提供了报告体系（CRS）报告的捐助国贸易便利化援助项目信息。用户可以按国家和年份查询信息，下载数据，比较并观察项目说明。

OECD 贸易便利化指标——中国

为帮助政府改进边境程序、降低贸易成本、增加贸易流量并从国际贸易中获取更大利润，OECD 开发了一系列贸易便利化指标（TFIs），这些指标定义了作用区域，并测度了改革的潜在影响。基于这些指标的估算为政府提供了优先贸易便利化措施的基础，也为发展中国家政府更有目标地调动技术支持及能力建设的行动提供了基础。TFIs 还为各国提供了包含在WTO 贸易便利化协定中的各种政策及措施实施情况的可视化工具。

TFI 数据分析显示，通过生产投入品可获得性的增强和国际贸易体系中参与度的提高，贸易便利化措施能使货物出口国和货物进口国都获利。

一、中国的贸易便利化表现

中国除文件和内部边境署合作简化和协调外，在所有贸易便利化指标中都达到或超越中高收入国家的平均表现。2013~2015 年在贸易团体参与度、提前裁决和边境程序简化方面表现都有所提高。

除上诉程序、费用和报价及管理和公平性失去一些表现范围外，在其他贸易便利化指标方面表现稳定。总贸易便利化指标表现仍在最佳方案之下。

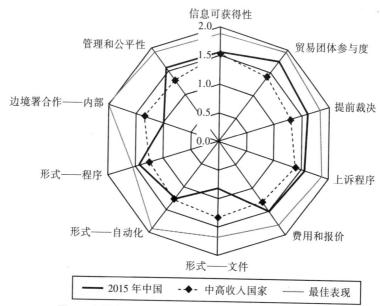

图 1　中国贸易便利化表现：OECD 指标（2015 年）

注：该分析基于 2015 年 5 月贸易便利化指标最新可得数据，及《贸易便利化指标：对贸易成本的影响》（OECD 贸易政策论文 2011 年 118 号）中为 OECD 国家建立的一套指标。"最佳表现"代表数据库内所有国家中所涉及的每项贸易便利化方面的前 1/4 的平均值。在此，2 代表最佳表现。

二、贸易便利化措施方面

对中国所属的中高收入国家组来说，贸易便利化措施对双边贸易流量及贸易成本的影响评估显示，在形式（简化边境程序，简化和协调文件及自动化）、管理和公平性、信息可获得性方面的改革取得了最大的收益。包含贸易团体、提前裁决及费用和报价的指标也对贸易流量有重要影响。

考虑到以上强调的政策方面贸易流量增加及成本下降潜力，及中国目前尚未达到最佳表现等因素，中国将在以下方面的不断改进中获益：

信息可获得性：

● 改进税率及关税分类决议和案例的信息可获得性。

形式——文件：

- 扩大文件复本接受度。
- 减少进口和出口所需的文件数量及准备这些文件的时间。

形式——自动化：

- 提高海关全日制自动化处理的可能性。

形式——程序：

- 减少平均清关时间并提升清关过程的效率。
- 加强授权的经济运行程序。
- 依商业需求调整海关工作时间。

管理和公平性：

- 公布年度海关活动报告。

三、OECD 贸易便利化指标

OECD 开发了如表 1 所示的一套评估贸易便利化政策的指标。

表 1　评估指标

信息可获得性	查询处；包括网上的贸易信息公布
贸易团体参与度	同交易者磋商
提前裁决	行政部门的事先声明，从而要求交易者关注进口时应用于特定商品的分类、原产地、定价方式等；应用于声明的原则和过程
上诉程序	边境署上诉行政决议的可能性及方式
费用和报价	进口和出口的费用和报价规定
形式——文件	复本接受度，贸易文件简化；与国际标准协调一致
形式——自动化	电子交换数据；使用风险管理；自动边境程序
形式——程序	边境管理简化；全部所需文件单一提交处（单一窗口）
内部合作	控制海关当局授权；该国各边境署之间的合作
外部合作	与相邻的第三国合作
管理和公平性	海关结构和功能；责任；道德政策

附表

自贸试验区服务业开放细则

服务部门	细目	细则	
金融服务领域开放	银行服务	银监发〔2013〕40 号	
	专业健康医疗保险	无	
	融资租赁	上海海关公告 2014 年第 12 号	
航运服务	远洋货物运输	交通运输部公告 2014 年第 2 号	
	国际船舶管理	交通运输部公告 2014 年第 2 号	
电信服务	增值电信	工信部通〔2014〕130 号	
商贸服务	游戏机、游艺机销售及服务	沪府办发〔2014〕18 号	
专业服务	律师服务	司复〔2014〕3 号	
	资信调查	无	
专业服务	旅行社	无	
	人才中介服务	无	
	投资管理	无	
	工程设计	沪建交联〔2013〕997 号	
	建筑服务	沪建交联〔2013〕997 号	
文化服务	演出经纪	沪府办发〔2014〕18 号	
	娱乐场所	沪府办发〔2014〕18 号	
社会服务	教育培训、职业技能培训	沪府办发〔2013〕64 号	
	医疗服务	沪府办发〔2013〕63 号	